统计学原理

（第二版）

邢西治 编著

南京大学出版社

图书在版编目(CIP)数据

统计学原理 / 邢西治编著. —2版. — 南京：南京大学出版社，2019.7(2022.7重印)
ISBN 978-7-305-20698-6

Ⅰ. ①统… Ⅱ. ①邢… Ⅲ. ①统计学－高等学校－教材 Ⅳ. ①C8

中国版本图书馆 CIP 数据核字(2018)第 176517 号

出版发行	南京大学出版社
社　　址	南京市汉口路 22 号　　邮　编　210093
出 版 人	金鑫荣
书　　名	统计学原理(第二版)
编　　著	邢西治
责任编辑	李曾沛　蔡文彬　　　编辑热线　025-83592315
照　　排	南京开卷文化传媒有限公司
印　　刷	徐州绪权印刷有限公司
开　　本	787×1092　1/16　印张 16.5　字数 381 千
版　　次	2019 年 7 月第 2 版　2022 年 7 月第 4 次印刷
ISBN	978-7-305-20698-6
定　　价	41.50 元

网　　址：http://www.njupco.com
官方微博：http://weibo.com/njupco
官方微信号：njupress
销售咨询热线：(025)83594756

＊版权所有，侵权必究
＊凡购买南大版图书，如有印装质量问题，请与所购
　图书销售部门联系调换

商学院文库编委会

主 任 委 员 洪银兴　赵曙明

副主任委员 刘厚俊　左　健

委　　　员（按姓氏笔画排序）

　　　　　　　左　健　刘志彪　刘厚俊

　　　　　　　刘　洪　陈传明　杨雄胜

　　　　　　　张二震　沈坤荣　范从来

　　　　　　　洪银兴　赵曙明　裴　平

前　言

统计学是高等院校财经类专业的核心课程。为适应课程改革和教材内容更新的需要，本书根据吴可杰先生编著的《统计学原理》进行修改补充，重新编写。

本书在编写中，按照统计基本理论、统计描述、统计推断构成学科体系。在内容上突出统计方法论，注重理论和实践相联系，方法和应用相结合，使统计真正成为经济分析和科学管理的有效工具。本书注意吸取并反映统计理论和方法的最新研究成果，拓宽和加深统计的研究内容。在编写中，力求言简意赅，深入浅出，尽量避免繁复的数学证明与推导，强调基本技能的训练、基本方法的掌握和应用。

本书共九章，内容有总论；统计调查；统计整理；综合指标；时间数列；统计指数；抽样调查；相关与回归分析；统计推算和预测。

在编写过程中，参考了我国社会主义统计工作的实践经验，吸取了国内外统计学界有益的成果，在此恕不一一列举。由于编者水平和能力的限制，书中难免存有错讹之处，敬请广大读者不吝批评指正。

编者

2019 年 6 月

目　　录

第一章　总论 …………………………………………………………（ 1 ）
　　第一节　统计的产生和发展 ………………………………………（ 1 ）
　　第二节　统计的研究对象 …………………………………………（ 4 ）
　　第三节　社会经济统计学和其他科学的关系 ……………………（ 8 ）
　　第四节　统计研究的方法 …………………………………………（ 10 ）
　　第五节　社会主义的统计实践 ……………………………………（ 13 ）
　　第六节　统计中的几个基本概念 …………………………………（ 15 ）

第二章　统计调查 ……………………………………………………（ 21 ）
　　第一节　统计调查的概念和分类 …………………………………（ 21 ）
　　第二节　统计调查方案 ……………………………………………（ 24 ）
　　第三节　统计报表制度 ……………………………………………（ 26 ）
　　第四节　普查 ………………………………………………………（ 31 ）
　　第五节　重点调查和典型调查 ……………………………………（ 33 ）

第三章　统计整理 ……………………………………………………（ 37 ）
　　第一节　统计整理的概念和内容 …………………………………（ 37 ）
　　第二节　统计分组 …………………………………………………（ 38 ）
　　第三节　变量数列 …………………………………………………（ 44 ）
　　第四节　变量数列的表示方法 ……………………………………（ 51 ）
　　第五节　统计汇总的组织与技术 …………………………………（ 56 ）
　　第六节　统计表 ……………………………………………………（ 60 ）

第四章　综合指标 ……………………………………………………（ 65 ）
　　第一节　总量指标 …………………………………………………（ 65 ）
　　第二节　相对指标 …………………………………………………（ 68 ）
　　第三节　平均指标概述 ……………………………………………（ 79 ）
　　第四节　数值平均数 ………………………………………………（ 80 ）
　　第五节　位置平均数 ………………………………………………（ 92 ）
　　第六节　应用平均指标的基本原则 ………………………………（ 96 ）
　　第七节　标志变异指标 ……………………………………………（ 98 ）

第五章　时间数列 (109)
  第一节　时间数列概述 (109)
  第二节　发展水平指标 (112)
  第三节　发展速度指标 (121)
  第四节　时间数列的变动分析 (130)

第六章　统计指数 (147)
  第一节　统计指数概述 (147)
  第二节　综合指数 (149)
  第三节　平均数指数 (154)
  第四节　指数体系和因素分析 (158)
  第五节　指数数列 (170)

第七章　抽样调查 (173)
  第一节　抽样调查概述 (173)
  第二节　抽样推断的基本原理 (176)
  第三节　抽样误差 (179)
  第四节　抽样调查的组织方式及其误差的计算 (188)
  第五节　抽样单位数目的确定 (197)
  第六节　全及总体指标的推断 (200)

第八章　相关与回归分析 (205)
  第一节　相关分析的概念和任务 (205)
  第二节　直线相关系数 (208)
  第三节　等级相关系数 (212)
  第四节　回归分析 (216)

第九章　统计推算和预测 (232)
  第一节　统计推算和预测的意义及其原则 (232)
  第二节　统计推算的基本方法 (233)
  第三节　统计预测的一般问题 (239)
  第四节　统计预测的基本方法 (241)
  第五节　预测误差分析 (250)

附录一　随机数字 (252)

附录二　正态概率表 (254)

第一章 总 论

第一节 统计的产生和发展

统计实践已有四五千年的历史。最早产生的统计则是社会统计,它是随着人类社会活动的需要而产生和发展的。

在阶级社会中,统计为一定的阶级利益服务。最早的统计可以追溯到原始社会末期。在奴隶社会和封建社会,奴隶主、封建主统治的国家为了征兵和课税方面的需要,开始进行人口、土地和财产统计。我国早在公元前 2000 多年的夏期,已有人口和土地的数字记载。在欧洲,古希腊和古罗马时代已开始对人口和财产的统计调查。自从统计实践萌芽于奴隶社会直到封建社会,这个时期的统计都是对事物进行原始的调查登记和简单的计数汇总工作。以后,随着社会的发展,统计的范围已由人口、土地、财产等扩大到社会经济生活的各个方面,逐渐成为管理国民经济、组织和指挥生产的重要手段。

随着资本主义的产生和发展,生产日益高度社会化。资产阶级及其国家由于追求利润、争夺市场和对外扩张的需要,资产阶级统计除了原有的人口、土地和财产等统计外,逐渐扩展到工业、商业、贸易、银行、保险、交通、邮电、海关等各个方面,其内容和方法更趋复杂,形成了资产阶级各个专业的社会经济统计。

随着资产阶级统计工作的发展,人们开始对不断丰富的统计实践经验加以总结,逐步形成比较系统的统计理论知识。与此同时,各门科学的建立和发展,如经济学、人口学和生物学等方面的调查研究或实践,都离不开统计数字和统计方法。此外,哲学和数学的发展对统计理论和方法的形成有着深远的影响。以上这些因素不仅对统计学的建立提供了条件,而且也对统计学的发展提出了新的要求。

由于统计学在创立初期,人们对统计学科的内涵和外延界定理解不同,对统计实践活动的理解也不一样,因此在统计学发展史上,曾产生过不同的学派渊源。粗分起来,有两大体系三大学派。

(一) 政治算术学派

其主要代表人物是英国的约翰·格朗特(L. Graunt,1620～1674)和威廉·配第(W. Petty,1623～1687)。格朗特在 1662 年发表了第一本关于人口统计的著作《对死亡率公报的自然观察和政治观察》,他最先对当时伦敦市人口的出生率、死亡率和性比例等进行分析计算,根据发现的数量关系对人口发展趋势进行推算和预测,揭示了人口统计现象中的某些规律性事实。到 1690 年,威廉·配第发表了《政治算术》一书,该书的问世标志着统计学一个分支学派的初步创立。《政治算术》一书对英国、法国和荷兰三国的经济实力从数量上进行了系统的分析,他以古典资产阶级政治经济学为理论基础,利用各国的实际统计数据资料,"用数字、重量和尺度来说话"。他首创的系统的数量对比和分析方法运用于社会科学规律的宏观分析和说明,为统计学的产生奠定了良好的基础。实际上,配第并没有使用统计学这一名词,但他使用的社会宏观数量对比和分析方法揭示了统计学所要研究的内容。因此,人们将《政治算术》为代表的学派看作"有实无名"学派,认为它开创了统计学学科。正是在这种意义上,马克思认为配第既是"政治经济学之父,在某种程度上也可以说是统计学的创始人。"[①]

(二) 国势学派

又称记述学派。这一学派与政治算术学派产生于同一时期,发源于德国,其创始人为德国的康令(1606~1681)和阿亨瓦尔(1719~1772)。"国势学"的德语原文可以解释为"各国事项的比较与叙述",这一学派认为"统计学是研究一国或多数国家的显著事项之学"。阿亨瓦尔的主要代表著作为《近代欧洲各国国势学概论》。他强调,国势学是以现实的国家的领土、人口、财产、贸易、货币、阶级、政治制度等领域为研究对象,采用记述的方法,以文字描述,罗列各国的显著事项。他认为国势学的任务在于为政治家提供必需的治国的知识。由于德文中"国势"与"统计"一词词源相通,故这一学派一直以有统计学命名。但又由于它缺乏数量分析的结论和方法,无论从方法论上或是从实质性科学上,都没有现代统计学所研究的内容。但在当时,由于它有社会宏观定性分析的特点,加之,统计学的学科内涵外延不清楚,这一学派一直以有统计学之名称而无统计学之内容与政治算术学派共存近200年,并一直处于争论之中。直到统计学公认为必须与数量分析方法和手段联系在一起时,争论才告结束。

上述两个学派几乎同时并存,其共同特点都是以社会经济现象作为研究对象,二者统称为社会经济统计学派。

(三) 数理统计学派

以比利时的凯特勒(L. A. J. Quetelet,1796~1874)为主要代表,著有《统计学的研究》《关于概率论的书信》《社会物理学》等。他最先把概率论原理应用于人口、人体测量和犯罪等问题的研究,并对观测的数据进行误差计算和分析,论证社会现象的发展并非偶然,具有内在的规律性。这是他的重要贡献。但在分析这种规律时,他把社会规律和自然规律等同起来,认为都是稳定不变的,这显然是错误的。凯特勒在统计理论方面的主要功绩是将概率论引入社会经济现象的统计研究之中,从而开辟了统计学的新领域,创立了数理统计学派。该学派发展较快,影响很大。在此基础上,经过许多人从多方面加以研究,逐渐形成了一门独立的学科——数理统计学。凯特勒因此被欧美统计学界称之为"近代统计学之父"。数理统计学的建立,使数理统计方法在研究自然、技术现象以及带有随机性的社会经济现象等方面得到了广泛的应用,对科学技术的发展起过一定的推动作用。

[①] 马克思:《资本论》第1卷,人民出版社1975年版,第302页。

自19世纪到20世纪以来,统计学家高尔登(F. Galton)提出了回归和相关的概念,皮尔逊(K. Pearson)发展了回归和相关理论,戈塞特(W. S. Gosset)等发展了抽样原理与实践,从而促进了统计学对于社会经济现象数量关系的研究,以适应社会生产、科学技术和经营管理现代化的需要,取得了显著成效。

应该看到,数理统计把概率论引入统计学的研究之中,发展了数理统计的方法论,使统计学在定量研究方面走上了新的发展阶段。但囿于资产阶级的阶级利益,在社会现象的定性分析中,由于他们不能认识或不敢认识社会现象的本质,而最终走向以概率论作为统计学的唯一的理论基础,完全抽象了统计学的社会经济现象的研究内涵。他们采用抽象的数学分析和推断技术来替代对社会现象本质的研究,从而使统计学逐渐成为一门没有专门研究对象的通用方法论科学,即应用统计方法研究自然和社会现象规律的科学。至此,数理统计学完全脱离了社会经济现象的研究内涵,也最终脱离了社会经济统计学,成为现代应用数学的一个分支,完全演变为抽象研究自然和社会随机现象的方法论科学。

19世纪中叶,马克思主义的产生,为建设社会主义统计理论体系奠定了基础。马克思、恩格斯和列宁都曾揭露了资产阶级统计的辩解性和反科学性,在《资本论》《英国工人阶级状况》《俄国资本主义的发展》等著作中,他们在批判地运用资本主义国家官方统计资料的同时,科学地阐明了统计调查、统计分组和统计分析等的基本原理,高度概括了统计的作用,亦即作为认识的工具、斗争的工具和管理的工具。马克思不仅把统计作为一种了解情况和研究问题的武器,同时提倡建立工人阶级自己的统计,以推动工人阶级的革命斗争。列宁继承和发展了马克思主义统计理论,在创建社会主义国家的统计工作过程中,肯定社会经济统计是认识社会的最有力的武器之一,十分重视统计在社会主义管理中的作用,特别强调统计监督的意义。

革命导师马克思和列宁论述的统计都是指社会经济而言的,虽未涉及数理统计,但并不排斥运用数学方法和数理统计方法,对事物的数量关系进行精密的分析。马克思认为,一种科学只有在成功地运用数学时,才算达到了真正完善的地步。列宁也十分注意经济研究中的数量分析,曾号召实事求是的经济学家要细心研究事实、数字和材料。同时,他曾多次强调政治经济理论在对经济问题做统计研究时的指导作用。这是统计学方法论问题中的科学论述。

综上所述,可见统计和统计学是随着人类社会活动的需要而产生和发展的。历史上一切统治阶级为了维护其政治统治和经济管理,都在不同程度上利用统计这一工具。在阶级社会里,统计具有历史性和阶级性的特点。随着资本主义统计实践的发展,在17世纪,作为统计实践的理论概括的统计学产生了。统计学在其发展过程中出现过两大体系三大学派。在资本主义条件下,资产阶级为了维护其利益,曾大力发展统计工作和统计理论,但资本主义生产方式的局限性,却又限制了统计实践和统计学的发展。马克思列宁主义理论的创立,奠定了统计学作为一门社会科学的理论基础。社会主义生产方式的建立,使统计工作更能适应社会生产、科学技术和经营管理现代化的需要;统计实践经验的不断丰富,又促进了统计科学的发展。

第二节 统计的研究对象

一、统计的含义

统计一词由来已久,起初泛指对大量事物的数量关系进行简单的计数汇总工作。而统计语源则出自中世纪拉丁语的 status,意思是指各种现象的状态和情况。至 18 世纪,阿亨瓦尔首先为"国势学"定了一个新名词 statistik,即统计学。18 世纪后期,齐默尔曼(E. A. W. Zimmerman)将英语 statistics 作为德语 statistik 的译文传入英国,当时认为统计就是用数字表述事实。

现代生活中"统计"一词的含义,延伸得更为广泛。可以分别从不同角度将其理解为:

(一)统计活动

表示从事具体的统计工作和实践活动。具体地说,社会经济统计活动,就是对社会经济现象总体的数量方面进行调查、整理和分析的全部活动总和。统计工作是统计实践活动的重要组成部分。

(二)统计学

阐述统计理论和方法的科学。从广义上说,统计学是包括自然科学和社会科学在内的统计科学理论的总和。其中,既有运用数理统计方法对自然现象进行研究的各自然学科统计学,如生物统计学、医学统计学、气象统计学等等,也有作为观察和分析社会经济现象的社会经济统计学及其分支学科,如社会经济统计学、工业统计学、商业统计学等等。本书则专门论述作为社会科学分支的统计学理论和方法,也称之为社会经济统计学。

(三)统计资料

即统计实践活动的工作成果,是进行统计调查、整理和分析所得出的数字状况和有关数量变动的规律。同样,英文"statistics"一词作统计的理解时,如其为单数,表述为统计学,如其为复数时,表述为统计或统计资料。

统计的三种含义是紧密结合,相互联系的。首先,丰富的社会统计实践活动为认识社会提供了有效的工作成果,这就是统计资料。反过来,社会统计工作和实践又需要正确的统计理论和方法做指导。统计学对统计实践活动的推动与发展具有重要的指导意义,但统计学的发展又是统计实践活动智慧的结晶和经验的提炼与升华。这些都说明统计学的理论和方法来源于丰富的社会统计实践,实践又不断检验和发展统计理论,并提出新的统计理论需求,它的产生又对统计实践有着重要的指导作用。由此可见,统计理论—统计实践—统计资料,三者之间构成一组相互联系、相互作用的辩证逻辑关系,是我们进一步理解统计一词的关键。

二、社会经济统计的研究对象

统计是调查研究工作的一个组成部分。要认识社会,就必须向社会调查,要对社会现象的数量方面进行基本的统计。社会经济统计工作的研究对象就是社会经济现象总体的数量方面。毛泽东同志曾指出:"胸中有'数'。这就是说,对情况和问题一定要注意到它们的数量方面,要有基本的数量的分析。任何质量都表现为一定的数量,没有数量也就没有质量。我们有许多同志至今不懂得注意事物的数量方面,不懂得注意基本的统计、主要的百分比,不懂得注意决定事物质量的数量界限,一切都是胸中无'数',结果就不能不犯错误。"[①]由此可见,研究社会经济现象,不能没有数量概念,只有对社会经济现象的数量方面进行统计调查研究,才能深刻地认识社会现象的本质及规律。

作为社会经济现象定量分析基础和手段的社会经济统计,如何正确反映、科学解释社会客观现实的数量特征,完成现实社会的数量关系到理论分析的抽象归纳的过渡,最终得到关于社会经济运动规律性的认识,这就需要我们正确认识社会经济统计的研究对象。

社会经济统计的研究对象具有如下特点:

(一) 数量性

统计的首要特点是从数量上说明社会现象的。运用数字说话,这就是最简洁的统计表述。统计研究一般从社会经济现象总体数量的描述开始。描述就是统计设计、统计调查,然后,运用汇总、分组、分析、归纳、推断等手段,找出事物之间数量关系和数量变化的界限,推断事物的数量趋势和规律性。因此,统计是现实社会的描述和反映,也是现实社会的数量分析与数量推断。它完成了现实社会的数量关系到理论分析的过渡,完成了现实到规律之间的过渡,这种过渡是通过数量分析手段完成的。由于统计所研究的数量是与事物的质量紧密结合在一起的,所以,我们不能为数量而数量,为统计而统计,而必须在质与量的辩证统一中,进行统计研究。这就要求我们根据经济理论范畴的质的规定性,确定相关统计指标概念,搜集统计指标数值,观察其变化,进行必要的统计分析和统计预测。这些分析过程说明,统计所研究的各阶段无不与客观现实的量联系在一起,这就是定量性,也就是说统计是在"定性—定量—定性"的辩证统一中认识事物规律的。

(二) 社会性

社会经济统计所研究的数量不是纯数量研究,更不是抽象数字,而是具体的活生生的社会现象。它与撇开自然和社会现象的具体内容进行抽象研究的纯数学研究有显著差异,统计则是紧密结合社会经济现象质的内容研究量的关系。社会物质生活包括了人类物质生产活动的全部内容。其中,包括社会生产要素的投入、生产活动和物质产品的产出。社会精神生活则包括人类精神文明的全部内容,其中,既有文化活动,也有道德规范等等。研究社会物质和精神生活,既要注重人与物的关系,分析生产力的发展水平和发展

---

① 毛泽东:《党委会的工作方法》,《毛泽东选集》合订本,第 1332 页。

速度,分析物质生产的速度、经济结构和经济效益等问题;也要注重人与人的关系,揭示在社会物质生产过程中,人对物质生产资料的占有关系、分配关系和交换关系,也反映人类与自然的协调及人类精神文明的进步状况等等。无论从哪一方面看,统计所研究的量都具有一定的社会内容,这就决定了统计所研究的对象及采用的研究方法,也为统计学的发展指明了方向。

(三) 总体性

社会经济统计的认识对象不是个别事物,而是社会经济现象总体的数量方面。总体是一个集合,由许多个体单位组成。统计研究是以社会现象总体为观察对象的,它描述、分析社会现象总体的规模、水平、比例和速度等数量关系及其表现。这就说明统计的研究对象具有一定的宏观性,它不是以研究个别事物为目的,而是以一个单位、一个企业、一个地区、一个国家为研究客体的,它强调研究对象的集合特征。通过对总体现象的整理归纳,消除个别的、偶然的因素影响,使统计总体呈现出相对稳定的规律性事实,这是统计研究的重要任务之一。

一般地说,统计研究范围的大小是相对的。统计研究的范围越大,统计所揭示的内容也就越丰富,分析也就可能越深入。例如,一个地区比一个企业所要揭示的统计分析内容要深入的多。但是,随着总体范围的扩大,统计研究的难度也相应增大,但统计研究的地位也更加显得重要。

相对于微观来说,统计更侧重于宏观经济问题的定量分析。但是,统计研究的总体数量特征并不能脱离个体的数量特征而存在,而是对个体数量特征的综合反映。因此,它不能撇开丰富的具有个性的个别具体事实,而要在个别事物深入解剖的基础上,达到对总体的数量特征的认识。例如,工业生产经营状况统计,必须从工业企业的基本特征了解开始,直至综合反映工业总体的状况和特征。从这种意义上说,对于个别单位的统计调查登记是统计研究的起点和基础,是十分重要的基础环节。忽视这一环节,低估微观统计在宏观统计中的地位,就不可能获得正确的总体数量特征的规律和认识,甚至得到错误的信息。所以,大力加强和完善微观统计工作,是进行宏观统计研究和分析的起点,切切不可忽视。这就是总体与个体、宏观与微观的辩证统一观。

由于统计研究的对象具有总体性,而统计总体又无所不在,它广泛地存在于社会之中,因此,统计认识活动具有广泛性。任何利用数量分析手段认识总体的数量状况,都离不开统计。统计已深入到社会生活的各个领域,几乎有一个较为稳定的总体,就构成一项统计活动。统计活动已深入到社会生活的各个方面,如工业、农业、商业、科学技术、卫生、体育、教育、环境保护等等,每一个国民经济管理行业都有自己的统计,以确保管理活动的顺利进行。这充分说明了统计研究对象范围的广泛性。

综上所述,社会经济统计的研究对象是社会经济现象总体的数量方面。统计研究的任务之一就在于揭示社会经济现象总体的数量规律性。

社会经济统计的研究是认识社会总体的数量方面,包括统计调查和整理、分析活动。这一活动根据研究的具体内容分为两个方面:其一是对社会经济现象的数量特征和规律的认识,表现为统计数据和资料的加工分析及对社会数量规律的认识成果;另一方面是探讨如何正确进行统计实践活动的方法,研究和总结统计工作的经验,上升为理论知识,归纳出指导统计实践的理论和方法,使对社会现象的认识更深刻、更准确。这两个方面的任务有层次递进的逻辑关系,前一方面任务主要为统计实践活动,后一方面任务主要为统计理论研究。两个方面的具体研究对象又不相同,这就使统计学的研究对象问题一直成为统计学理论研究中的热点问题。统计学在其发展过程中,曾将上述两方面的任务同时囊括在自己的研究范围之中,但随着统计实践活动的丰富与发展,统计学的研究渐渐脱离了实质性科学的研究,而偏向方法论的研究。这就出现了统计学与统计实践活动研究对象的分野。

(一) 社会经济统计工作的研究对象

社会经济统计工作和社会经济统计学之间存在着实践和理论的关系,两者的研究对象最终都是社会经济现象总体的数量方面,但由于两者的研究层次不同,而发生了分解。社会经济统计工作是一种面广量大的实践活动,它以社会经济现象总体的数量方面为研究客体,在质与量的辩证统一中,研究大量社会经济现象的数量表现、数量关系以及数量规律。它以实质性的社会规律为研究对象,通过具体的统计调查、整理和分析活动探索社会经济的变化规律。例如,年工业总产值是多少、增长多少,农轻重的比例关系是否协调,经济效益增长及变化情况以及社会各类具体经济数量关系和规律的揭示。统计工作的研究对象范围广泛、内容庞杂,并且随着社会发展而日益变化,不可能将其全部内容完全归纳到统计学的学科体系中。统计工作是统计理论的运用,是丰富的统计实践活动。它与国家各级管理职能结合起来,在国民经济管理中发挥着重要作用。

(二) 统计学的研究对象

统计学与统计工作是理论与实践的辩证关系,两者都是以社会经济现象总体的数量方面为研究客体。统计学则更深入一个层次,它从方法论上具体指导统计工作实践。一般地说,统计学是一门研究如何搜集统计资料、加工整理和分析统计资料的方法论体系。与统计工作不同,统计学的主要研究任务不在于具体探讨在一定时间、地点、条件下,某一社会现象总体的数量表现和数量关系,而作为一门有特定对象的方法论科学,为统计实质性科学的研究提供指导原则和方式方法。

统计学的研究对象一直是统计学研究与发展中的热点问题之一。统计学究竟研究什么?国内外主要分歧点集中在三个观点上:其一,认为统计学与统计工作的研究对象是一致的,两者均以实质性的社会科学规律为对象,称为实质性科学派;其二,认为统计学是专门研究关于社会经济总体现象数量的方法论科学,强调统计方法的对象性,称为特定对象方法论派;其三,通用方法论派,这一学派认为统计学所研究的数量特征及规律,既适用于自然现象,也适用于社会现象。他们认为统计学只有一门,这就是通用的方法论科学。

我们认为:把统计学与统计工作的研究对象类同起来,不能反映出统计学研究的方法论特征,加之统计学与统计工作毕竟还有区别,实质性科学派的观点难以成立。而通用方法论派,认为统计学为一切科学的"奴仆",本身并没有特定的研究对象,只有方法本身。这种对统计学进行抽象研究,脱离其应用内容,最终只能滑入到应用数学的范畴。

统计学作为一门应用性的社会科学,特别是作为一门对统计工作实践进行理论指导的科学,它不能脱离其社会经济现象数量方面认识的内容。内容是方法产生的源泉和土壤。这就说明,社会经济统计方法不是凭空产生的,不能离开社会生活实践而高度抽象。脱离了社会生活实践和社会应用,统计学方法就成了无源之水,无本之木。紧密结合社会统计实践,从现实的统计实践中加以总结和创造,各种统计方法才有用武之地。事实表明,各种统计方法的有用与无用、正确与错误,还必须在统计实践中加以丰富和发展,在统计工作实践中加以修正。作为社会科学的一个分支,它吸收一切科学研究的有用成果,在学科交叉的优势下,形成自己独特的研究领域和研究方法。其中,既有自然科学适用的方法,也有社会科学本身独有的方法。根据自己的独特的研究对象进行方法论研究,是统计学科的性质和内在特征的要求,也是统计学继续发展的方向。要在统计实践经验总结的基础上发展统计学,必须注意这一点,才能正确发挥统计作为认识的工具、管理的工具的作用。

第三节 社会经济统计学和其他科学的关系

一、社会经济统计学的分科

随着社会生产的发展,部门分工日益专门化,需要对社会生产和生活的各个领域或专门问题,分别进行统计研究,建立相对独立的社会经济统计学分科,社会经济统计学也就成为一门多科性的社会科学。其基本分科就是社会经济统计学原理、国民经济统计学、部门统计学和统计史。它们之间存在着密切的联系。

社会经济统计学原理是在统计实践的基础上,对统计理论方法的最一般的概括。内容包括统计的对象和任务,统计的理论基础和方法论基础,以及关于统计调查、统计资料整理汇总和统计分析各个基本环节的理论和方法等。

国民经济统计学是国民经济综合统计工作(它是以整个国民经济现象的数量方面为研究对象)实践经验的总结,科学地阐述国民经济统计的基本原理、原则和方法。

部门统计学又称专业统计学,它研究社会生产、生活某一领域的数量方面,研究各该部门指标体系的性质以及搜集、整理和分析运用统计资料的理论和方法。各种部门统计学是统计学原理在各个领域的具体应用。例如,人口统计学、工业统计学、农业统计学、商业统计学、基本建设统计学、物资供应统计学、文化教育统计学等等,都属于部门统计学。国民经济统计学、部门统计学的发展,又不断充实统计基本理论的科学内容和体系。

统计史研究统计工作发生和发展的历史,总结经验教训,促进统计的发展。

二、统计学和其他科学的关系

随着科学技术的发展和进步,各门科学相互协作,相互渗透,它们之间的联系日益密切。统计学是一门多科性的科学，它涉及的是复杂多样、范围广泛的社会经济现象的数量方面，因此，它和其他科学有着不同程度的联系，特别是与马克思主义哲学、政治经济学和数理统计学的关系更为密切。

（一）统计学与政治经济学的关系

研究社会经济现象的数量关系时，统计学只能提供如何研究的原理、原则和方法，而不能阐明经济现象的实质。例如，商品、劳动生产率、工资、成本、利润和国民收入等都是一定的经济范畴，对于这些经济范畴提供科学的解释，则属于马克思主义政治经济学。统计学必须以这些经济范畴为依据，才能建立相应的指标和指标体系，确定统计方法，从数量关系方面进行研究分析。进行统计分析，也必须以政治经济学的全面经济关系的分析、各种经济范畴的实质和发展规律的成果为依据。马克思早已指出："利润率趋向下降，和剩余价值率趋向提高，从而和劳动剥削程度趋向提高是结合在一起的。因此，最荒谬的莫过于用工资率的提高来说明利润率地降低了，虽然这种情况在例外的场合也是存在的。只有理解了形成利润率的各种关系，才有可能根据统计对不同时期、不同国家的工资率进行实际的分析。"[①]由此可见，政治经济学是统计的理论基础，亦即作为基本出发点的理论依据。

此外，对大量统计资料进行数量分析所得出的结论，也要用政治经济学的理论加以检验，而统计研究的成果，也丰富了经济科学的内容，有助于经济理论科学的发展。

（二）统计学与马克思主义哲学的关系

马克思主义哲学即辩证唯物主义和历史唯物主义，是研究自然界、人类社会和思维发展最一般规律的方法论科学，为各门学科提供了方法论基础。特别是作为研究社会经济现象数量关系的方法论的统计学，不仅在一般的方法论方面，而且在论述整个统计研究过程中的许多方法方面，都要以哲学中的各项基本原理为指导。例如，根据辩证唯物主义关于物质第一性、精神第二性以及来源于实践的基本原理，就要求统计调查和分析的方法必须坚持实践第一的观点，一切从实际出发，尊重客观事实，如实地反映情况，正确认识社会。根据事物的质和量相互联系、相互制约的辩证关系，运用统计方法来研究社会现象时，必须在确定社会现象质的规定性的基础上，研究其量的差别，分析大量社会现象过程和发展规律性的数量表现。根据对立统一规律以及从发展中研究事物的原理，就要运用综合指标法、动态分析法、指数分析法等，从事物的相互联系、相互制约中，从事物的运动中分析事物之间的关系、矛盾和发展变化。同时，不仅要遵循大量观察的原则，研究大量的普遍现象，而且要用典型调查方法研究个别事物及其转化的情况。可见，统计学只有在马克思主义哲学的指导下，才能科学地确立和运用统计研究的方法，正确地研究分析大量社会现象的数量关系，从而发挥统计在了解国情国力、指导国民经济和社会发展中的重要作用。

---

① 马克思：《资本论》第三卷，人民出版社1975年版，第267页。

(三) 统计学与数理统计学的关系

统计学和数理统计学是两门既有区别又有联系的不同性质的科学。数理统计学是以概率论为基础研究随机现象数量关系的规律性,是应用数学的一个分支。概率论和数理统计学中关于大数定律的数学定理,阐明了随机现象中存在的规律性,对必然性与偶然性的关系做了科学的表述,对研究随机现象的规律性提供了科学根据,适用于研究一切随机现象的数量关系。在现代科学发展中,概率论和数理统计已广泛地应用于许多科学部门,取得了许多重要成果。

统计学在研究社会经济现象数量关系时,需要编制变量数列,计算各种平均数,测定标志变动度,计算相关系数,进行统计预测等等,这些方法可以说是数学方法和数理统计方法在社会经济研究中的应用。

数理统计侧重于对自然领域中的数据进行分析研究,验证它是否符合某种数学模型,从而做出有效的推断;其中心任务就是从局部观测资料的统计特征来推断总体的统计特征。在社会经济现象中,有些数量关系是函数关系,也有一些是随机性的统计关系,因此可以用一定的数学模型来研究。对于某些随机出现的社会经济现象的数量表现,不论是数据整理、归纳数量特征,或者是分析数量关系时,都可以应用数理统计方法。特别对于科学地安排统计试验,制定抽样调查方案,确定经济数学模型,进行科学的估算和预测来说,数学方法和数理统计方法都是不可缺少的工具。因此,恰当地、广泛地应用这些方法,进一步加强这方面的研究,对于提高统计科学水平和改进统计方法,加快统计工作的现代化,具有重要的意义。

综上所述,统计学作为有特定对象的方法论科学研究,并不排斥其他科学方法,相反,它要吸收一切有用的自然科学和社会科学的研究成果,为该学科的发展服务。

第四节　统计研究的方法

社会经济统计的特定研究对象决定了统计学的研究方法,而科学的统计方法则是完成统计任务的基本手段。统计方法是统计学的精髓,它是统计实践经验的总结和理论升华。依据社会经济现象的研究特点和分析任务,可以将全部各种具体的统计研究的方法分为以下几个方面,构成统计分析方法体系的核心。

(一) 大量观察法

统计所要研究的社会经济现象,是从总体角度出发的。所谓大量观察法,是指对所研究现象的全部或足够数量的单位进行观察分析的方法。作为反映社会现象总体数量特征的重要思想方法和原则,大量观察法是统计研究的重要方法论指导原则,而不是一种具体的应用方法。

辩证唯物主义认为:社会现象是由复杂多变且普遍联系的、大量的社会个体现象组合而成的矛盾体。在观察总体的数量特征时,总体各单位的具体特征和数量表现有较大的差异性。要观察现象总体的数量特征必须按照大数定律的规律要求,从总体上去认识,而不能从个别事实出发。大数定律说明由大量的相互独立的随机现象构成的因素总体,如果每个因素对总体的影响相对较小,则这些个别现象的影响将相互抵消,而总体的数量特征,如平均数、成数等,则呈现出稳定性的法则。这也说明在社会复杂现象总体的研究中,复杂的多因素构成的总体中,有主要因素,也有次要因素,有必然和偶然因素,这些因素之间交互作用,构成错综复杂的综合体。但对大量现象的数量特征进行综合时,可以使个别的、偶然的、次要的因素作用相互抵消,使大量社会经济现象的数量特征,借助于平均数的形式显示出总体的规律性来。大数定律从数量关系上揭示出现象的偶然与必然的关系,说明必然的背后是由纯粹的偶然构成的,而偶然的事件其中也隐含着必然的道理。

  运用大数定律,必须对统计总体的足够量的单位观察分析,反对任意抽取个别或少数单位进行观察,就对事物的总体数量特征下结论的做法。因为,对总体数量特征的认识,只有足够的代表性,总结出来的统计规律才有意义,反之,就得不出事物规律性的结论,甚至得出带偏见的结论。正如列宁在《统计学与社会学》一文中写道:"在社会现象方面,没有胡乱抽一些个别事实和玩弄实例更普遍更站不住脚的方法了,罗列一般的例子是毫不费劲的,但这是没有任何意义或者完全相反的作用,因为在具体的历史情况下,一切事情都有它个别的情况……如果不是从全部总和,不是从联系中去掌握事实,而是片段的和随便挑出来的,那么,事实,就只能是一种儿戏,甚至,连儿戏也不如。"[①]列宁的这段话说明了进行社会现象统计研究的一个基本原则。

  大量观察法可以用以揭示统计规律性。我们知道,统计规律一般主要指以平均数形式表现的规律。它说明:(1)现象的规律通过对总体数量特征的综合和平均可以表现出来;(2)现象总体的平均数在次要和偶然的因素相互抵销中,以主要集中的趋势或平均值的形式加以反映,使总体的数量特征呈现出以平均数为中心的分布状态;(3)当对总体观察的单位数目越多时,平均数所反映的总体规律性越准确。

  对社会经济现象进行大量观察,可以根据具体情况采取不同的观察形式。既可以对研究对象的所有单位进行全面调查,也可以对足以表现现象本质和规律的部分单位进行各种非全面调查。此外,大量观察法并不排斥对个别单位的典型调查。大量观察与典型调查相结合,可以加深对社会现象的认识,进一步揭示其一般特征和规律性。

  (二)综合指标法

  统计研究要客观描述社会经济现象的数量特征,首先要借助于统计指标,正确记录和反映社会经济现象总体在一定时间、地点、条件的总规模、总水平以及其比例、结构和效益。如同社会运行的"仪表"一样,运用统计指标可以记录下社会经济运动的过程、特征及轨迹。这是对现实社会正确分析的关键一步,也是统计研究的起点,是统计学研究的核心内容之一。正是在这种意义上说,统计就是静止的历史,历史就是前进的统计。也是由于统计指标在社会经济分析与评价中的地位,奠定了统计学的基础学科的地位。

  综合指标不仅仅在于简单地运用指标及调查统计指标的数值,更重要的在于进一步

[①] 《列宁全集》第23卷,人民出版社1958年版,第279页。

运用各种统计分析指标对统计调查的资料、数据进行加工和再加工,使统计指标成为统计分析的重要工具。

从综合的角度看,统计综合指标除了描述功能以外,还有综合分析功能。例如,对大量原始资料进行汇总加工,得到描述性的统计综合指标数值,如总量指标、相对指标和平均指标。在综合指标的基础上,进一步运用动态分析、离散分析、周期波动与趋势分析、因素分析、综合评价等一系列统计分析方法对综合指标进行加工、再加工,增强指标的分析与评价功能,提高统计分析的水平。严格地说,这些统计方法都是综合指标运用的继续,是综合指标方法体系中的一部分。

此外,综合指标方法还包括统计分组方法。根据现象的特点和统计研究的任务,将统计总体区分为不同的类型和组,称为统计分组。这种方法是解剖分析的方法,它对总体而言,是"分组",而对个体来说,是"综合"。从一般意义上说,统计分组也是在一定的统计标志或指标下进行的,是综合指标分析的继续,为认识现象的内在本质,提供有益的工具。

(三)模型推断法

在统计指标综合分析的基础上,统计研究还要借助于数学模型为手段,对社会现象总体的数量特征进行归纳、推断和预测。这就是模型推断法。所谓数学模型,就是根据社会现象的内在、外在因素变量及其相互关系,进行抽象和假设,构造一个或一组反映社会经济数量关系的数学方程式。模型虽然是对实际状况的抽象,但为解决复杂问题提供了便利条件。利用数学模型,可以揭示事物存在的内部结构,分析变量间的相互关系,进行统计推断和预测。

统计推断分析一般是借助于统计数学模型完成的。它是利用已有信息推断未知信息的工作过程。如利用过去的资料推测未来,利用局部资料推断总体,利用相关总体的资料进行变量间关系的推断等等。推断统计是描述统计的继续,是统计研究的深入和发展。我们知道,统计研究的对象是大量社会经济现象总体的数量特征,但是,由于各方面条件的约束,我们不可能也不必要每项统计调查都是全面系统的认识总体的全部单位,而只需要抽取少部分单位的信息资料,对总体的状况进行推断或估计。如此等等,可以更有效地发挥统计的作用。所以,在统计研究中,统计推断方法占有重要的地位。

统计研究中的抽样推断方法、相关与回归分析方法、统计推算与预测、统计假设检验等方法都是模型推断法的具体表现形式。这些方法主要是从样本调查的结果推算总体,包括在一定把握条件下,对总体的数量特征做出一定区间内的推测;也可用以推断两个不同总体之间某一数量特征是否具有明显的差异,在统计假设检验中,就可以具体的应用。例如,检验两种不同工艺方法所生产的产品在质量上是否明显优于旧工艺。此外,还可以用样本回归方程对总体的参数做出估计和推断等等。统计推断方法大部分是以概率论和数理统计方法为基础的,这些方法在社会经济统计学中已经得到成功的应用。

以上内容,我们概述了统计研究的方法体系。事实上,统计研究的方法仍处在不断的发展之中。只要我们牢牢掌握统计的应用对象的特点,注意吸取一切相关科学的有益的研究成果,同时注意总结社会统计实践的丰富经验,就能够不断完善和发展新的统计方法,增强统计的整体功能,更好地为社会主义现代化事业服务。

第五节　社会主义的统计实践

统计学与统计工作是理论与实践的关系。统计学的发展离不开统计工作实践,注意从丰富的统计实践中汲取营养,是统计理论发展的一个根本方向,统计学应来源于统计实践,服务于统计实践。

一、社会主义的统计活动

社会主义统计实践活动范围广阔,内容丰富,既包括具体的统计工作,也包括其他非正规的系统的统计业务活动。一项统计实践活动通常要包括以下几个内容:即统计任务的确定、统计设计、统计调查、统计整理、统计分析和统计预测与决策等内容。这些内容一环套一环,构成一个完整的统计活动过程。具体说来,上述过程各环节的具体内容为:统计任务的确定就是提出统计的服务方向和目的,使各项统计工作具有目的性;统计设计就是统计工作的系统安排和科学规划,包括设计统计指标体系,规划调查方案,制订行动实施方案等等;统计调查就是根据统计调查方案的设计和要求,向客观实际搜集原始统计资料的工作过程;统计整理就是将分散的统计调查资料加以系统化、条理化、表格化,为统计分析服务;统计分析就是采用适当的统计方法,在对统计调查得来的数据和资料进行整理分析的基础上,揭示事物的发展特征及规律性,达到认识现象本质的目的;统计预测与决策则是在统计分析的基础上,对未来时期的社会经济现象的发展趋势做出估计或判断,或者是提供多方案的论证结果,为宏观、微观管理决策提供服务。

一项完整的统计工作是由纵横交错的统计网络组织实施的。统计工作网络系统是统计实践活动的主体。世界各国的统计组织机构一般有集中式和分散式两种体制。我国采用的是集中统一的统计系统。国家统计局作为国家统计的最高管理机构,负责实施全国的全部统计工作。国家统计实施"统一领导,分级管理"的管理体制,建立"条块结合,以块为主"的统计实施网络。所谓块块统计网就是以国家统计局和各级地方政府的统计机构所组成的行政系统所实施的统计工作,而条条统计则是以中央及各主管部门统计机构所实施的统计网络机构。统计组织网络系统的最基层是企事业单位的统计组织和人员,他们往往受双重的领导,是统计工作质量保证的重点,也是统计任务实现的微观基础。

改革开放的政策实施以来,一个开放的充满活力的社会主义市场经济的运行体制已逐步完成。相应地,统计组织体制及管理体制都要发生变化,统计工作内容也要相应完善。统计工作正在由封闭型向开放型统计方向发展,统计实践活动的内容也日益丰富。

二、统计的基本任务和职能

1983年12月颁布实施的《中华人民共和国统计法》标志着我国统计工作进入法制管理阶段。统计法中明确规定:"统计的基本任务就是对国民经济和社会发展情况进行统计调查、统计分析、提供统计资料,实行统计监督"。这是从法律上明确我国社会主义统计工作的基本任务,是对统计工作重要地位的充分肯定。

实现社会主义统计的基本任务,必须坚持以马列主义的理论指导,坚持实事求是的思想,最大限度地发挥统计的整体功能,使统计工作在社会主义现代化建设中发挥重要作用。

完成社会主义统计的基本任务,需要强化统计的整体功能。统计整体功能,就是统计信息、咨询、监督三者的协调与统一。它表示统计工作已从简单的信息提供向深层次统计服务方向发展,反映出统计影响决策、参与决策的重要作用。

统计信息功能,指在社会经济领域,经统计调查、加工、整理、分析的全部信息,向社会开放和向党政领导提供服务。一切反映国民经济各方面状况的数据、资料都是统计信息,它是经济信息的主体。统计的最基础功能是信息功能,它是统计服务和监督的基础。统计最基础的工作是信息的采集和加工,在现代社会中,信息是重要的社会资源,是科学管理的基础,发挥统计信息功能,有助于各级领导的正确决策。

统计咨询功能,指统计部门利用自己无以比拟的信息资源优势开展统计分析,为信息使用者提供咨询服务,它包括为企事业生产经营单位提供经济信息、市场信息、政策信息等;包括向人民群众提供国民经济发展状况信息和社会经济动态发展的信息;还包括向科学研究工作者提供社会科学研究的有关信息资料等等。咨询服务的基本特征是根据使用者的需要对统计数据进行再加工。它以一系列统计计算和量化分析为基础,提供详细的实证研究报告,对社会经济现象总体的数量关系及数量规律,进行咨询和解释。统计咨询功能是统计信息功能基础上的深入和发展。在统计实践日益丰富和发展的条件下,仅仅提供原始基础信息已不能适应社会各方面的需要,因此要求统计专业工作者利用自己的优势拓宽信息的应用范围和深度,以适应广泛的社会需要,使统计工作不仅发挥数据库、信息库的作用,而且发挥思想库、智囊库的作用。

统计监督功能就是运用统计手段,及时准确地从总体上对经济、社会和科技的运行状况实行全面、系统的定量检查、监督和预警,以促使社会经济活动按照客观规律的要求,稳定、协调地发展。与其他监督手段相比,统计监督具有数量性的基础和全局性的高度。管理学原理说明,一个有效的管理系统必须有一个有力的反馈和控制系统,才能达到科学管理的要求。通过统计监督,对宏观和微观经济运行实行有效的监督,才能做到经济管理的科学化。统计监督是信息功能的发展,实施有效的统计监督,可以防止产生管理偏差,防止虚假瞒报,控制政策失误,是统计优质服务的重要内容之一。统计监督的标准是党和国家的政策法令、各级计划以及各级政府的发展战略目标。统计监督的内容主要有国民经济发展的规模、水平、比例、结构及效益,范围包括国民经济和社会再生产过程的各个领域。强化统计监督职能,提高统计监督的水平,是党和国家对统计部门的重托,是历史赋予中国统计工作者的光荣使命。

上述三种统计职能彼此依存、相互关联,构成协调统一的整体。没有信息功能,咨询和监督就成了无源之水、无本之木;没有咨询功能,统计信息功能也不能深入,只能成为封闭式的自我服务;而没有监督功能,则无法反映统计信息的可靠性,而从更广泛的意义上说,监督也是一种咨询。由此可知,正确认识统计的整体功能,有利于统计由封闭型向开放型发展,由被动式服务向主动式服务方向发展,由单一信息渠道来源向多渠道的信息来源发展,由手工操作的信息加工技术向电算化方向发展,由统计数据的粗加工向统计数据的深加工方向发展,由统计工作规范向统计法律规范的方向发展,真正发挥出社会主义统计的重要作用,为社会主义现代化事业发展服务。

第六节　统计中的几个基本概念

统计工作的全部过程,主要分为统计调查、统计整理和统计分析三个阶段或基本环节。这些基本环节虽然各有一定的侧重点和要求,但它们是相互衔接、紧密联系的。就其主要内容来说,通常要建立相应的统计指标体系,运用统计方法搜集统计指标数值,进行综合研究,阐明社会现象的数量特征及其规律性,以充分发挥统计的服务作用和监督作用。围绕这些问题,涉及一系列的概念,兹先介绍统计研究中最基本的常用概念。

一、统计总体和总体单位

根据一定的目的和要求,统计需要研究有关的统计总体。所谓统计总体,是由客观存在的、具有某种共同性质的许多个别单位所构成的整体,简称总体。它是由特定研究目的而确定的统计研究对象。例如,研究某个工业部门的企业生产情况时,该部门的所有工业企业可以作为一个总体,因为它是由许多客观存在的工业企业组成的,而每个工业企业都是进行工业生产活动的基层单位,具有同质性。又如,各个工业企业或整个工业企业中的职工可以作为一个总体,因为它是由客观存在的许多工业企业的职工组成的,而每个职工都是在工业企业中从事生产或工作的人员,就这一方面来说,他们都是同质的。

如果一个统计总体中包括的单位数可以是无限的,称为无限总体,例如,连续大量生产某种零件时,其总产量是无限的,构成一个无限总体。总体中包括的单位数可以是有限的,称为有限总体。例如,在特定时点上的人口总数、工业企业总数等等,都是有限总体。对于有限总体,既可以进行全面调查,也可以抽样调查。对于无限总体来说,只能进行抽样调查,根据样本数据推断总体特征。此外,统计总体还可以分为静态总体和动态总体,前者所包含的各个单位属于同一个时间,后者所包含的各个单位则属于不同时间。根据一定的目的,针对这两类总体就可以分别进行静态研究或动态分析。

综上所述,可见总体和总体范围的确定,取决于统计研究的目的要求。而形成统计总体的必要条件,亦即总体必须具备三个特性：大量性、同质性和变异性。

(一) 大量性

大量性是总体的量的规定性,即指总体的形成要有一个相对规模的量,仅仅由个别单位或极少量的单位不足以构成总体。因为个别单位的数量表现可能是各种各样的,只对少数单位进行观察,其结果难以反映现象总体的一般特征。统计研究的大量观察法表明,只有观察足够多的量,在对大量现象的综合汇总过程中,才能消除偶然因素,使大量社会经济现象的总体呈现出相对稳定的规律和特征,这就要求统计总体必须包含足够多数的单位。当然,大量性也是一个相对的概念,它与统计研究目的、客观现象的现存规模以及总体各单位之间的差异程度等都有关系。

(二) 同质性

总体的同质性是指构成总体的各个单位至少有一种性质是共同的,同质性是将总体各单位结合起来构成总体的基础,也是总体的质的规定性。例如,全国工业企业作为统计总体,则每个总体单位都必须具有从事工业生产活动的企业特征,而不具有这些特征的就不能称之为工业企业。如果违反同质性,把不同性质的单位结合在一起,对这样的总体进行统计研究,不仅没有实际意义,甚至会产生虚假和歪曲的分析结论。

同质性的概念是相对的,它是根据一定的研究目的而确定的,目的不同,同质性的意义也就不同。例如,研究全国工业企业的生产状况时,所有工业企业都是同质的,而研究乡镇工业企业生产状况时,那么,乡镇工业企业与国有工业企业就是异质的。可见,同质性是相对研究目的而言的,当研究目的确定后,同质性的界限也就确定了。

(三) 变异性

总体各个单位除了具有某种或某些共同的性质以外,在其他方面则各不相同,具有质的差别和量的差别,这种差别称为变异。正因为变异是普遍存在的,才有必要进行统计研究,是统计的前提条件。总体中各个单位之间具有变异性的特点,这是由于各种因素错综复杂作用的结果,所以有必要采用统计方法加以研究,才能表明总体的数量特征。

构成总体的每一个事物或基本单位称为总体单位。原始资料最初就是从各个总体单位取得的,所以总体单位是各项统计数字最原始的承担者。例如,研究某个工业部门的生产情况时,该工业部门的所有工业企业可以作为一个总体,每个工业企业则是总体单位,将每个工业企业的某些数量特征加以登记汇总,就取得该工业部门的统计资料。为了研究某一工业企业生产设备构成情况,可以把该企业拥有的各种机器和车床看作是一个总体,其中每台机器或车床就是总体单位,登记汇总这些设备的有关特征,就取得该企业生产设备的统计资料。

总体和总体单位是相对而言的,随着研究目的的不同,同一事物在不同情况下,可以作为总体,也可以作为总体单位。例如,在上述某一工业部门所有工业企业的统计总体中,每个企业是一个总体单位。但为了要研究一个典型企业的内部问题时,则被选作典型的某一企业又可作为一个总体。

二、标志与变量

每个总体单位都具有许多属性和特征。例如,就工业企业这一总体来说,每个工业企业所属的经济类型、主管系统、职工数目、产品产量和产值等的特征,可以说明每个企业的具体情况。这些说明总体单位属性或特征的名称,在统计上称为标志。又如在工人总体中,每个工人的性别、年龄、个人成分、工龄和工资等特征,就是该总体单位的标志。

标志按其性质可以分为品质标志和数量标志。例如,工人的性别、民族、文化程度、工种等这一类标志,不能用数量而只能以性质属性上的差别来表示,称为品质标志,表示事物的质的特征。如果标志能以数量的多少来表示,称为数量标志,表示事物的量的特性。

例如,工人的年龄、工龄、工资;工业企业的工人数、产量、产值、固定资产等等。每个标志的具体表现就是在标志名称之后所表明的属性或数值,例如某工人的性别是男,民族是回族,工龄是 10 年,工资是 540 元,其中:性别、民族是品质标志的名称,"男""回族"则是这类标志的具体表现;工龄和工资是数量标志的名称,"10 年""540 元"则是相应的数量标志的具体表现。

标志按变异情况可以分为不变标志和可变标志。如上所述,标志在总体单位之间各有一定的具体表现,有的相同,有的则不尽相同。标志如果在总体各单位之间的具体表现完全相同,该标志就称为不变标志。例如,国有工业企业的经济类型是属于国家所有,这个标志对国有工业企业这一总体来说,就是不变标志。任何总体的各个总体单位至少要有一个共同的不变标志,才能使它们结合在一起,这个不变标志就是构成总体同质性的基础。总体单位的标志的具体表现,大多数都是在各单位之间变化其性质和数值的。如果某些标志在总体各单位上的具体表现不完全相同,这些标志称为变异标志或可变标志。例如,国有工业企业的产量、产值、工人数等标志,是随着每个企业的具体情况而变动的,这些标志就是可变标志。

可变的数量标志称为变量,各种统计指标也是变量。变量的具体表现,就是可变数量标志或统计指标的不同取值,称为变量值(亦即标志值)。例如,工资是可变数量标志,也是一个变量。某企业各个职工的工资为 242 元、258 元、279 元、306 元……,都是工资这一变量的不同取值,即变量值。事实上,统计调查都离不开对总体单位的数量标志进行观察和计量,汇集得来的某一数量标志的一系列数值,在统计上又称为数据。这些数据总是在一定的时间和空间范围内不断变化,具有变异性的特点,所以称之为变量值。就同一个数量标志的一系列变量值而言,其变化并非杂乱无章,而在一定范围内具有一定的规律性。因此,针对不同类型的变量值,应该采用不同的统计方法进行处理,探讨其数量特征及其规律性。

在统计实践中,按照研究的目的,需要采用合适的可变标志将同质总体划分为若干类型或组别,然后分门别类将其中的单位数和变量值加以综合计算和分析。因此,可变的品质标志和可变的数量标志是统计分组和统计计算分析的基础,而变量值的处理,则是统计的一项具体工作。

汇集的各个变量值或数据,不外乎是计数的结果或测量和计算的结果。按照变量值的连续性,变量可以分为连续变量和离散变量(即不连续变量)。前者是指它的数值是连续不断的,即在任意两个相邻数值之间可以取无限多个不同的数值。例如,人体的身长、体重等都是连续变量。连续变量的数值通过测量或计算方法取得的,实际测量或计算所得的数据,其精确度只能要求达到一定的限度,是一种近似的结果,这就涉及一个数值的实限问题[①]。离散变量的数值是通过逐个计数的方法得出的,所取的可能数值只能按整数计数,不可能有小数。例如,职工人数、企业数、机器台数等都是离散变量,其可能数值

---

① 一个数值的实限,是指位于这个数值的上下各半个测量单位的界限。例如,测量操作时间以秒为单位,如果实际测得的结果为 30 秒,这仅是一个近似值,其实限为 30±0.5 秒,意味着在 29.5 和 30.5 秒之间。

的个数是有限的,构成有限总体。

变量按其性质可以分为确定性变量和随机变量。在一个系统中,如果某一变量之值能够被另一个变量或若干个变量(因素)的值,按一定的规律唯一地确定,则该变量就可以称之为确定性变量。例如,在销售价格 P 为一定的条件下,某商品的销售额 Y_i 的变动完全由销售量 X_i 所确定,Y 就成为确定性变量。所谓随机变量,其数值的变动受到许多种因素的影响,在相同条件下进行观测,由于影响因素的作用不同,其可能的实现值(或观测值)不止一个,数值的大小随机而波动,带有偶然性,事前无法确定。例如,除了某种不正常的、起决定性的因素外,影响某企业生产的同一批次灯泡的质量波动还有许多因素,如果抽取一部分灯泡进行检验,这种灯泡的寿命值不尽相同,数值的大小带有偶然性的波动,检验前是不能预先确定的,则灯泡寿命就是随机变量。随机变量具有随机性或偶然性,但它的数值变动却有一定的规律性,通过大量观察,应用统计技术方法,可以揭示和描述其数量特征以及变动的规律性。

三、统计指标和统计指标体系

根据统计研究的目的和要求,确定了总体、总体单位及其各种标志以后,就应采用一定的统计方法对各单位的标志的具体表现进行登记、核算、汇总和综合,以说明各个总体的数量特征。这主要是通过统计所特有的指标来实现的。

(一) 统计指标

统计指标是反映社会经济现象总体的数量特征的概念和数值。与标志不同,它是依附于统计总体的。例如,人口数目、土地面积、工农业产品产量、工农业总产值、成本、利润、国民收入等等,这些概念用于反映一定统计总体的数量方面时,就是统计指标。任何统计指标总是要通过一定的数值来加以说明的,这种数值称为统计指标数值。统计指标数值是社会经济现象发展变化的规律性在一定时间、地点和条件下的数量表现。统计实践活动中,从不同角度出发,有时仅把指标概念理解为统计指标,有时又把指标数值视为统计指标。这种理解实际上是把统计指标的两部分分开来理解的,事实上,每种理解又都是以另一部分的存在作为前提的。因此,一个完整的统计指标应该是由两个部分所构成,即指标名称和指标数值。可见,指标名称和指标数值是两个既有联系又有区别的概念。指标名称是统计所研究的社会经济现象的科学概念,表明社会经济现象的质的规定,反映某一社会现象内容所属的范围;指标数值则是统计所研究现象的具体数量综合的结果,对某一社会经济现象总体特征从数量上加以说明。统计指标名称及其指标数值的有机结合,也就是事物质的规定性和量的规定性有机联系的表现。

统计指标一般包含有六个要素:即指标名称、计量单位、核算方法、时间限制、空间限制、指标具体数值。例如,我国 1997 年 4 月工业总产值按现行价格计算为 5 983.22 亿元。该统计指标就包含上述六个要素。从事统计指标的理论设计主要是制订和规范前三个要素,而从事具体的统计调查和数据搜集工作,则是准确核算后三个要素,这也是具体统计工作所要承担的繁重任务。

根据统计指标的定义略加分析,可知统计指标具有以下三个特点:

1. 数量性。统计指标反映的是现象总体的数量特征,因此都是可以用数字来表现的。能够用统计指标来表述的现象,其前提条件必须是可以度量的。

2. 综合性。统计指标是大量同质总体单位的数量综合的结果,通过将总体各单位的数量差异抽象概括,来反映现象总体的综合数量特征。

3. 具体性。统计指标是现象总体在一定时间、地点、条件下的数量特征的具体表现,并不是抽象的概念和数字,它是客观存在的事实的真实反映。

通过统计指标,可以反映社会经济现象的规模、水平、比例和速度等,研究社会经济发展规律的数量表现,检查国民经济和社会发展计划以及各项政策的执行情况,衡量生产经营活动的经济效益。因此,统计指标成为认识社会、管理经济、科学研究的基本依据之一,起着社会指示器和反映数量规律性的作用。

统计指标按其所反映的数量特点和内容的不同,可以分为数量指标和质量指标两类。凡是反映社会经济现象范围的广度、规模大小和数量多少的指标叫数量指标,它表示事物外延量大小。例如人口总数、企业总数、耕地面积、工业总产值和商品流转额等,都属于这一类指标。数量指标是用绝对数表示的,并具有实物的或货币的计量单位。统计实践中这类指标通常是以总量指标的形式出现。由于数量指标反映的是现象总体的绝对量,因此其指标数值大小随总体范围的大小而增减变动。

反映现象本身质量、现象的强度、经营管理工作质量和经济效果等的统计指标,称为质量指标,它表示事物的内涵量状况。例如产品一级品率、固定资产的利用程度、单位成本指标、利润率、劳动生产率等等。质量指标是用相对数或平均数表示的,统计工作中,这类指标通常是以相对指标或平均指标的形式出现。由于质量指标反映的是现象总体内部的数量关系,因此其指标数值大小与总体范围大小没有直接的关系。

最后还应指出,统计指标与标志之间的区别和联系。

两者的区别主要表现在:(1) 反映的范围大小不同。统计指标说明的是总体的数量特征,而标志则是反映总体单位的数量特征。(2) 表述形式不同。统计指标都可以用数值表示,而标志既有能用数值表示的数量标志,又有不能用数值只能用文字表述的品质标志。两者的联系主要表现为:(1) 具有对应关系。在统计研究中,标志与统计指标名称往往是同一概念,具有相互对应关系。因此,标志就成为统计指标的核算基础。(2) 具有汇总关系。许多统计指标的数值是由总体单位的数量标志值汇总而来的。如某地区工业总产值就是各企业总产值加总之和,这里,地区工业总产值就是统计指标,而各企业总产值则是标志。(3) 具有变换关系。由于统计研究的目的不同,统计总体和总体单位具有相对性。统计总体和总体单位规定的非确定性,导致相伴而生的统计指标和标志也不是严格确定的。随着研究目的的变化,原有的总体转变为总体单位,相应的统计指标也就成为标志,反之亦然。这说明指标与标志之间存在着一定的联系和变换关系。

(二) 统计指标体系

任何一个统计指标都只能反映社会经济现象某一侧面的特征,说明一个简单的现象的数量关系。而社会经济现象是一个复杂的整体,各类现象之间又存在着相互联系和相互制约的关系,这就是产生统计指标体系的客观基础,同时也就要求采用一套相互联系的统计指标,借以反映社会现象各个方面的特征以及事物发展的全过程,说明比较复杂的现象数量关系。由若干个相互联系的统计指标所组成的整体,叫作统计指标体系。例如:

粮食总产量＝亩产量×播种面积,反映构成粮食总产量的各个因素之间的联系;

社会产品生产量＝消费量(生产和非生产消费)＋积累量,反映社会产品的生产、分配和消费之间的数量关系。

在上述列举的统计指标体系中,统计指标之间的联系是社会经济现象数量之间联系的一种反映。由于社会经济现象之间的联系是多种多样的,所以反映各种相互联系的统计指标体系也是多种多样的。通过人们对客观存在的各种现象之间相互联系的认识,结合各种需要和说明不同的问题,可以拟定不同种类的统计指标体系:

1. 基本统计指标体系。即反映国民经济和社会发展及其各个组成部分的基本情况的指标体系。其中,首先是以反映整个国民经济和社会发展的统计指标体系最为主要,设置这类指标体系的目的在于研究社会扩大再生产过程,全面检查分析经济与社会发展计划的执行情况,以及编制综合平衡统计表。因此,这类指标体系是以社会再生产过程各个基本环节及其经济效益为中心,包括经济与社会发展条件的统计指标,物质产品的生产、流通、分配和消费的统计指标,教育、科学与保健医疗统计指标,社会服务、社会福利和社会治安统计指标,对外经济、贸易与文化交往统计指标,以及其他如政治、行政活动和设施统计指标等。

其次,就是各地区和各部门的统计指标体系。设置这类指标体系时,既要考虑到全局的要求以及纵横交错的联合,又应该结合各该地区或部门的特点,以便更好地发挥统计指标体系对本地区或本部门的社会管理服务和检查监督的作用。

第三,就是基层企业事业单位的统计指标体系。既要为本单位的经营管理进行服务和监督,又要符合上述两类的统计指标体系的要求。

2. 专题研究用的指标体系。为了配合生产、经营管理和经济研究的需要,按各个专门问题而设置相应的统计指标体系,例如主要经济效果统计指标体系,能源问题研究的统计指标体系等等。由于这种统计指标体系的内容具有专门化的特点,因此,必须与相应的经济问题和社会问题研究具体结合,才能建立符合研究目的和实际要求的指标体系。

经过反复实践和研究而确定的统计指标体系,在一定时期内具有相对的稳定性,但随着社会生产和国民经济的发展以及社会实践的要求,其内容应该做相应的调整和改变。当前,我国社会主义现代化建设正向纵深发展,为了适应新形势的发展要求,逐步建立和完善基本统计指标体系,这对于正确反映社会经济发展水平、人民生活水平的提高,制订我国经济发展战略,加强宏观经济控制和调节微观经济生活等等,都有重大的意义。从我国的实际情况出发,兼采国际上各种指标体系的长处,建立起具有中国特色的统计指标体系,则是全国综合经济部门、统计部门、教学和研究等单位的理论工作者和实际工作者的一项极为重要的研究课题。

第二章 统计调查

第一节 统计调查的概念和分类

对社会经济现象进行统计调查研究,以达到认识事物的特征及其规律的目的,是一项严密科学的工作。在完成每项统计任务时,一般需要经历三个不同而又密切相连的基本环节,即统计调查、统计整理和统计分析。这三个环节虽然各有其相对的独立性,但又相互渗透,常常是交叉进行的。任何环节上出现偏差或失误,都会影响统计工作的质量。

统计调查是统计研究工作的开始阶段,是决定整个统计研究工作质量的基本环节。

一、统计调查的概念

统计作为认识社会的有力工具,首先要对社会实际情况作周密系统的统计调查。统计调查就是按照统计研究所预定的目的和任务,运用各种调查的组织形式和方法,有组织、有计划地向调查对象搜集各种原始资料以及次级资料的工作过程。原始资料是指向调查单位直接搜集的、未经加工整理而保持其原始状态的第一手资料。次级资料是指已经过加工整理、能在一定程度上说明总体特征的统计资料,又称为间接资料。例如,从统计年鉴、各种报表以及报纸杂志上所搜集的数据资料。显然,任何次级资料都是在原始资料的基础上加工整理得到的,因此,统计调查的基本任务就是取得反映调查对象各个单位的原始统计资料。

通过统计调查,初步接触实际情况,直接占有原始资料,这是统计研究的开端,又是统计整理和统计分析的前提。因此,统计调查是统计工作的基础,是决定整个统计工作质量的重要环节。这一阶段工作质量的好坏,会影响到统计整理和分析结果的可靠性、真实性,关系到能否确切地反映客观实际,得出正确的结论。因此,对一项统计调查的基本要求是:准确性、及时性、全面性和经济性。

准确性就是要求搜集的资料必须真实可靠,符合实际,具有的调查误差较小。统计调查只有做到了准确性,才能为正确的分析提供客观依据,做出科学的结论。

及时性就是要求保证统计调查所得到的资料的时效性,及时地向各级领导提供所需的资料,从时间上满足各层次对统计资料的需求。资料提供得越及时,其时间效用就越大,就越能提高资料的使用价值。

全面性就是要求搜集的资料必须全面系统。即应该包括所要调查的全部单位的资料,不但要有数字资料,而且还应搜集能深入说明现象具体情况的文字资料,做到数字与情况相结合。同时,搜集的资料要具有系统性,便于系统观察,这样才能从不同层次、各个方面反映现象发展的过程、特征及问题,从而做出正确的判断。

经济性就是指在满足一定准确度要求的前提下,能以最少的调查费用取得所需的统计资料。通常,对调查资料的准确度要求越高,则调查的费用就越大。由于任何一项统计调查总有一定的费用约束,因此,如一味强调资料的准确性,而无视经济性的要求,盲目追求那种不计调查成本,只讲资料取得的所谓"高质量",就会造成不必要的人力、物力和财力的浪费。例如,有些可以通过抽样调查的方法取得的资料,却采用全面调查的方法来搜集,两者的准确度相差无几,但后者花费的人、财、物力则远远超过前者。可见,统计调查同样要讲究经济效益,重视经济性要求,努力降低调查成本。

以上四个基本要求是相互结合相互依存的,在每一次统计调查的实践中,要根据具体情况,分清主次缓急,正确处理好它们之间的关系。一般而言,应以准为基础,力求准中求快,准快结合,以尽可能小的成本取得完整而系统的资料。

二、统计调查的分类

社会经济现象错综复杂,千变万化。为了准确及时地搜集原始资料,就应根据不同的调查对象和调查目的,采用各种不同的调查方式和方法。统计调查可以从不同的角度进行分类。

(一) 按组织方式的不同,可以分为统计报表制度和专门调查

统计报表制度是社会主义国家组织统计调查的一种重要方式。亦即所有企业、事业单位按照规定的表式、日期和程序,向上级和国家提供统计资料的一种报告制度。统计报表反映了国家的政治、经济、文化等方面的基本指标,可以用来检查计划的执行情况,为各级领导部门制定方针政策、领导日常工作服务。

除了统计报表制度外,还需要对社会经济情况组织专门的统计调查。专门调查是针对调查对象的特点,为了某一特定目的而组织的一种搜集资料的调查组织形式。例如,为了提供确实的人口数字而组织的人口普查,为了研究职工生活状况而组织的职工家计调查等,都是专门调查。在我国统计实践中,专门调查有普查、重点调查、典型调查和抽样调查等,这对于了解国民经济和社会发展情况、实行科学管理、编制长期规划来说,都是非常需要的。

(二) 按调查对象包括范围的不同,可以分为全面调查和非全面调查

全面调查就是对构成调查对象总体中的所有单位进行调查登记,为取得比较准确、全面的统计资料而组织的一种调查组织形式。例如,人口普查、物资库存普查等都是全面调查。又如我国的统计报表制度,在其实施范围内包括应填报的全部企事业单位,基本上也是全面调查。组织全面调查,应考虑实际需要与可能。因为全面调查往往耗费大量的人力、物力和时间,而且可能出现的调查误差也比较大,所以除了贯彻执行统计报表制度,全面、系统地搜集国民经济的基本统计资料外,只有某些必须掌握的全社会基本情况才进行全面调查,其调查内容仅限于最重要的少数基本指标。

所谓非全面调查,就是对构成调查对象总体中一部分单位进行调查登记的一种调查

方式。例如,为了研究新技术、新经验在工业企业中的推广情况,一般不需要对所有工业企业一一进行调查;又如对产品进行具有破坏性的质量检验,只能从中抽取一部分产品进行检验。重点调查、典型调查、抽样调查以及非全面贯彻执行的统计报表,均属于非全面调查。由于调查单位少,可以用较少的人力和时间,及时取得比较深入细致的资料。

(三)按登记事物的时间是否有连续性,可以分为经常性调查和一次性调查

经常性调查是连续性调查,即随着调查对象的发展变化的情况,随时进行连续不断的登记。例如,工业产品产量,主要原材料、燃料、动力的消耗,货运量的发展变化过程等等,通常需要采用经常性调查,其目的在于取得事物全部发展变化过程及其结果的统计资料。

一次性调查是不连续的调查,是间隔一段较长的时间进行的调查。主要是对事物在一定时点上的状态进行登记,其目的在于取得该事物在特定时点上的水平、状态的资料。例如,工业企业固定资产总量、原材料库存量等,在一定时期内变动不大,通常采取一次性调查。一次性调查根据客观需要和研究任务的不同,分为定期和不定期的两种。前者是指每隔一定时期进行一次,其时间间隔大体相等,如规定以后每十年进行一次人口普查;后者是指在相邻两次调查之间的时间间隔不相等,例如科学技术人员的普查。

(四)按照搜集资料的方法,可以分为以下几种:

1. 直接观察法。就是由调查人员在现场对调查对象进行直接观察、计数、测量,以取得资料的一种调查方法。例如,对商品库存的盘点、农作物产量的实割实测等。这种方法取得的资料比较真实可靠,但需要花费大量的人力、物力和时间。同时,对于历史资料的搜集,无法直接进行观察和计量,因此,还要利用报告法和采访法。

2. 报告法。就是以各种原始记录和核算资料为基础,由调查单位按照有关规定和隶属关系,逐级向上提供统计资料的方法。我国目前各企事业单位填报的统计报表就是采用这种方法逐级上报的。如果原始记录和核算工作健全,各个企业和单位能遵守统计制度和法规,采用这种方法可以保证取得可靠的资料。

3. 采访法。即根据调查项目由被调查者答复来搜集调查资料的方法。它又可以分为个别询问、开调查会和自填法。个别询问法又称派员法,即在调查过程中,由调查人员对被调查者逐项询问,及时纠正资料的差错;同时,调查人员对调查项目有统一的理解,因此可以保证调查资料的准确性和一致性。这是人口普查中常用的方法,但需要花费大量的人力和时间。开调查会法就是邀请熟悉情况的人员座谈,调查者和被调查者共同商讨,相互核对,深入了解实际情况,取得较为可靠的资料。自填法就是调查机构把调查表分发给被调查者,要求填好后送还。这种方法可以节省人力和时间,但调查资料的质量,与被调查者的政治觉悟和文化水平有关,常因对调查的问题及其要求的理解不一致而受到影响。如果调查的问题不复杂,对调查结果并不要求过于精确,而被调查者为数不多,则在一定的条件下,自填法可以作为一种辅助的调查方法。

以上所述的各种统计调查方式和方法,各有不同的特点、局限性以及不同的实施条件。只有针对不同的对象、调查目的和要求,因时、因地、因事制宜地灵活运用各种调查方式和方法,才能及时、全面、系统地提供准确的资料和情况,取得良好的效果。特别是在改革开放期间,新情况不断出现,其变化又十分迅速,同时,经济形式和经营方式也日益多样化,在这种条件下,如果习惯于布置全面统计报表,依靠层层上报来取得资料,统计就难以及时地为当前的经济体制改革和经济建设服务。因此,对于比较复杂的社会经济问题如物价改革、调整农村经济结构、加强宏观经济控制和调节等等,善于运用多样化的方式和方法进行统计调查,具有重大的现实意义。而对各种调查方式和方法及其相互配合、交叉运用进行深入的研究,则是一个重要的课题。

第二节 统计调查方案

统计调查是一种复杂而又细致的工作,规模较大的调查项目,面广量大,需要动员成千上万的人员协同工作才能完成。因此,进行统计调查时,必须全面地计划,严密地组织,事先要制订统计调查方案,以便在调查过程中统一认识、统一内容、统一方法、统一步调,顺利完成统计调查的任务。

统计调查方案又称统计调查计划。主要包括以下几项内容,亦即组织统计调查必须解决的基本问题。

一、确定调查目的

确定调查目的,就是要明确通过调查需要解决什么问题,搜集哪些资料,这是统计调查的首要问题。有了明确的目的,才能有的放矢,确定向谁调查,调查什么,采取什么方式和方法进行调查等一系列问题。

实践证明,每次调查,确定的调查目的要明确,突出中心问题,不应面面俱到;规定的调查任务要具体,以便搜集真正需要的资料。否则,就会使工作带有盲目性,严重影响统计调查的质量,甚至浪费人力、物力和时间。

调查目的和整个统计研究的目的应该是一致的,要根据社会主义建设与科学研究的需要,各级领导提出急需解决的新情况和新问题,以及统计分析中的突出问题加以确定。例如,我国1978年进行科学技术人员的普查,其目的"主要是确切掌握当前全国科学技术队伍的基本情况,为加速发展我国科学研究事业,制定科学技术规划提供必要的依据,以便为切实贯彻执行党的向科学技术现代化进军的重大政策,充分发挥科学技术人员的作用,加快实现我国科学技术的现代化服务。"又如,1982年全国第三次人口普查,目的是为制定符合国情的国民经济计划,加强计划生育、控制人口增长以及统筹安排人民物质和文化生活提供准确的人口数字资料。

二、确定调查对象和调查单位

调查对象就是根据调查目的确定的、需要进行调查研究的某一社会经济现象的总体。调查单位就是构成该总体的个体,是在调查过程中应该登记其标志的具体单位。例如,调查目的是搜集工业企业生产情况的资料,则调查对象就是所有的工业企业,而每个工业企业都具有所要调查的各种标志(如产品产量、质量、成本等),所以是调查单位。又如,调查目的是要搜集工业企业职工状况的资料,调查对象就是所有工业企业的职工,每个职工就成为调查单位。在统计调查阶段,除了确定调查单位外,还要规定报告单位,即按规定日期、表式负责提交统计资料的企事业单位。在多数调查中,调查单位与报告单位是一致的,但有时是不一致的。在上述第一个例子中,每个工业企业既是调查单位又是报告单位。在第二个例子中,调查单位是工业企业的每个职工,而报告单位则是每个工业企业。确定调查单位,是为了明确向谁调查所要研究的各种标志;规定报告单位,即明确由谁负责提交统计资料,以保证调查工作顺利进行。

由于社会经济现象非常复杂,彼此之间相互联系、相互交错,科学地确定调查对象具有十分重要的意义。其关键就是要以马列主义的理论为指导,从质的方面划分现象的类别,结合实际情况,明确规定统计调查总体的范围,分清应该调查和不应调查的现象之间的界限。例如,以全部工业企业为调查对象,就必须根据马克思主义政治经济学原理,把工业部门与其他物质生产部门区分开来,又如,以所有工业企业职工为调查对象,除了明确工业的范围外,还应按照有关规定,划分工业企业职工与其他劳动者的界限。确定调查对象,即明确规定有关总体的范围和界限,可以避免因界限不清而导致调查登记的重复或遗漏,保证调查资料的准确性。此外,要注意调查单位与总体单位的关系。全面调查中,二者是一致的,而非全面调查中,二者是不一致的,前者仅是后者的一部分。

三、拟定调查提纲和调查表

按照调查目的确定调查对象和调查单位后,应拟定调查提纲。调查提纲是在调查前所确定的调查项目,包括需要向调查单位了解的有关品质标志、数量标志和其他情况。

调查项目直接关系到调查资料的数量和质量,因此,调查项目的繁简和选择标志的多寡,应该根据调查目的和对象的特点,贯彻少而精的原则,妥善处理。一般说来,确定项目应该注意以下几点:(1)只列入为实现调查目的所必需的项目,只登记与问题本质有关的标志,不应包括可有可无、备而不用的标志,以免内容庞杂,造成不必要的延长调查时间,影响调查工作的质量。(2)要从实际出发,只提出能够取得确切资料的项目。有些虽属需要,但还没有条件取得资料的项目,就不该列入。例如,我国1953年的人口普查,根据调查目的,并考虑了多方面的条件,规定只登记与户主的关系、姓名、性别、年龄、民族等基本项目,至于婚姻状况、文化程度、行业、职业等等,都未列为调查项目。(3)列入的调查项目之间尽可能相互联系,以便对有关项目相互核对和检查错误,资料汇总后也便于分析总体的实质。同时,还应考虑此次调查项目同以往同类调查项目之间的衔接,以便进行动态对比,研究现象的发展变化情况。(4)列入的调查项目或标志的含义要明确具体,做出统一的解释或提示,以免调查人员或被调查者按照各自的理解填写,造成答案不一致,结果无法汇总。(5)调查项目的答案要有确定的表示形式,即文字式、是否式和数字式,对数字式应标明计量单位,以便取得确切的答案并有利于及时汇总。

已经确定的调查项目按照合理的顺序排列在表格上,就构成调查表,它是搜集原始资料的基本工具,也便于调查后对资料进行汇总整理。

调查表有两种形式,即单一表和一览表。单一表是在一张表上只登记一个调查单位,可以容纳较多的标志，在整理汇总时也便于利用调查表按各种标志进行分组计算。工业企业的产量、成本等定期报表，都采用单一表形式。一览表是在一张表上登记若干个调查单位，全国人口普查登记表就是一览表形式。其优点是每个调查单位的共同事项只要登记一次，节省人力和时间；表中有关单位的资料可以互相核对，便于检查填报的正确性。其缺点是不能容纳较多的标志。

为使填表者正确填写调查表，可以编制填表说明，内容包括调查项目解释、填写方法和有关注意事项。说明应力求确切、简明扼要、通俗易懂。

四、制定调查组织实施计划

调查的组织实施计划是从组织上保证调查工作顺利开展的重要依据，主要内容包括以下几个方面：(1) 确定调查时间，亦即要确定资料所属的时点或时期以及调查期限。如果要对时点现象如人口数、企业数、原材料库存额等进行调查，要规定统一的时点，例如月末的库存额、季末职工在册人员等；对普查来说，统一规定的时点称为标准时间。对时期现象如产品产量、原材料消耗总量、基本建设投资额等进行调查，要规定资料所属时期的长短（一月、一季或一年），所登记的资料是指该时期自第一天至最后一天的累计数字。可见，明确规定调查的时点或时期，是保证统计资料准确性的前提条件。为了保证统计资料的及时性，必须设法缩短调查期限。调查期限是进行调查工作的起讫时限，包括搜集资料和报送资料的时间。(2) 规定调查地点。调查地点是指登记调查资料的地点。通常，调查地点和调查单位所在地点是一致的，例如企业的报表就是在企业所在地编制的。但在两者不一致的情况下，必须明确规定进行调查的地点。例如，进行人口调查登记时，如果调查"常住人口"，不论被调查者是否暂时外出居住，都应在每个居民的常住地点进行登记。(3) 做好各种准备工作。在确定调查的组织机构、参加调查的单位和人员的同时，要做好调查前的各种准备工作，如宣传教育的思想准备工作、干部培训的组织准备工作、文件准备和开支预算等。对于规模大而又缺少经验的统计调查，需要进行试点调查，以便取得经验，来验证原定的调查方案。有时还可以根据试点工作中发现的新问题和新情况，对调查方案做必要的补充或修正。

第三节 统计报表制度

一、统计报表制度的概念和作用

统计报表制度就是基层企业、单位和各级主管机关，根据一定的原始记录和核算资料，按照国家或上级统一规定的表格形式、指标和内容、上报时间和程序，定期向上级和国家报告计划执行情况和重要经济活动的报告制度。

只有在社会主义国家里，实现了生产资料的社会主义公有制，国家集中统一地管理国民经济，才有可能实行科学的统计报表制度。我国的统计报表制度，已成为一种经常使用的统计调查的组织方式。按照国家的规定,执行统计报表制度,则是各地区、各部门、各单位必须向国家履行的义务。

按照统计报表制度的规定,以表格形式提出的各种书面报告,叫作统计报表,是经常取得全面统计资料的主要途径。从不同角度和要求来分,统计报表可以做如下的分类:

(一)按制发单位的不同,可分为国民经济基本统计报表和专业统计报表

基本统计报表是由国家统计部门统一制发,用来搜集工业、农业、交通运输、基本建设、商业、劳动工资、物资、财政金融、文教卫生、科学研究等方面最基本的统计资料。用以反映国民经济和社会发展的基本状况,是进行宏观决策和编制计划的重要依据。专业统计报表是各有关部门为适应本部门业务管理的需要而制订的,在本系统内实施。用以搜集有关本部门的业务技术资料,作为基本统计报表的必要补充。

(二)按报送周期长短的不同,统计报表可以分为日报、旬报、月报、季报、半年报和年报

报表报送周期的长短与填报指标项目的详简密切相关。日报和旬报只限于生产中最主要的指标,主要是为了较快地反映中心工作进展和主要产品生产进度,所以又称为进度报表。月报和季报的指标项目较多,主要用来检查各部门计划执行情况,反映生产与经济的动态。年报是具有总结性质的报表,指标项目最多,内容全面完整,是检查当年计划执行情况和制定新的年度计划的依据。

(三)按照报送方式的不同,统计报表分为邮寄报表和电讯报表

电讯报表又分为电报、电话和电视传真等方式。采用什么方式,主要取决于报表内容的详简及其需要的紧迫程度。

(四)按照填报统计指标的调查单位的范围不同,分为全面的统计报表和非全面的统计报表

前者要求调查对象的每个单位都要填报,后者只要求调查对象的一部分单位填报。目前,大多数报表都属于全面的统计报表。非全面统计报表的运用,一般是结合重点调查、典型调查或抽样调查等方式方法,抽选出一部分调查单位,再将统计报表布置给这些单位填报。例如,调查工业主要技术经济指标,只要求重点企业填报这种统计报表。

(五)按照填报程序和单位的不同,分为基层报表和综合报表

前者是由基层单位填报的统计报表,填报单位称为基层填报单位;后者是由各地方统计部门或上级主管部门根据基层报表逐级汇总填报的统计报表,填报综合报表的单位或部门称为综合填报单位。

以上各类统计报表的共同特征,反映了我国统计报表制度的基本特点,即:(1)统计报表的指标项目、内容和报送时间由国家统一规定,在实施范围内,各单位必须贯彻执行,以保证资料的统一性和时效性。(2)报表中的统计指标含义、口径和计算方法均有统一规定,而且与相应的计划指标相一致,既便于资料在全国范围内进行汇总和综合,又便于检查有关计划的执行情况。(3)统计报表提供的资料是以基层单位的原始记录、核算资料为依据,具有一定的可靠性。(4)统计报表是定期连续地调查登记的,便于完整地积累资料,用来进行动态对比。

可以肯定,统计报表制度在我国社会主义建设事业中起着重大的作用。通过统计报表制度,可以准确、及时、全面、系统地搜集国民经济的基本统计资料。统计报表资料既是党和国家制订经济和社会发展计划、有关方针政策并检查其执行情况的基本依据,又是反映我国社会主义现代化建设成就和从数量方面研究社会经济发展规律性所不可缺少的依据。各个业务系统的报表资料,对于指导各项工作和改善经营管理具有重要的意义。

统计报表制度是我国搜集统计资料的一种主要的组织方式,起着重要的作用,但也有其局限性。由于通过全面的定期统计报表搜集资料,需要占用大量的人力、物力;报表内容比较固定,要按规定程序逐级报送和汇总,经过较长的时间才能取得资料,往往不利于及时地跟踪和检查计划、政策的执行情况;逐级上报汇总的中间环节较多,出现登记误差的可能性也随之而增加。此外,在一定的条件下,对于某些情况的调查,不可能或者不需要采用全面的定期统计报表来取得资料,例如职工生活水平的资料、居民消费结构的资料、有关市场调节范围的经济活动方面的资料,等等。因此,不能因过高估计统计报表的作用而不注意各种调查方式的相互交叉配合、灵活运用。特别是随着我国四化建设的进行和改革的深入,在管住宏观、放活微观的要求下,更有必要开辟多种调查渠道,运用多种调查方法,提供更多的合乎需要的资料,充分发挥统计服务和统计监督的作用。

二、统计报表制度的基本内容

统计报表制度在国民经济管理中具有重要的作用,它的制订是一项复杂细致的科学工作。其基本内容包括两个方面:

(一)表式

即统计报表的具体形式。每张报表除了列出表名、表号、填表单位、报出日期以及报送单位负责人和填表人的签署外,表式的主要内容是主栏项目、宾栏指标以及补充资料项目等。统计调查资料就是通过这类表式的填报而取得的,所以表式是统计报表制度的主体。

(二)填表说明

为了使基层单位对报表内容有统一的理解,正确填报,保证报表资料的质量,必须编制填表说明。主要包括:

1. 填报范围,就是报表的实施范围。既要指明每种统计报表应由哪些单位填报,即规定填报单位或报告单位,又要指明各级主管部门或统计部门进行汇总时的综合范围。明确规定填报范围,可以避免填报单位遗漏,同时在填报范围发生变动时,便于调整统计资料,使不同时期或不同地区的统计资料具有可比性。

2. 分类目录,即统计报表主栏项目一览表。例如,工业企业填报产品产量报表时,根据的是"主要产品产量目录";商业部门填报主要商品购销存报表时,则根据"主要商品目录"。分类目录是填报单位填报有关统计报表的重要依据。各类目录并不是一成不变的,随着客观情况的变化和管理工作的改进,需要做必要的修订。

3. 指标解释,是统计报表制度中的一项重要内容。对列入表式的统计指标的解释,力求达到:指标的概念简明清晰,计算的范围界限分明,计算方法具体详细。填报单位对指标的概念有了统一的理解,在计算范围和计算方法上有了统一的标准,才能正确填报,保证统计数字的准确性和统计资料的可比性。

为了保证统计报表制度的贯彻执行,制定统计报表制度时一般应遵循以下的原则:(1)关于表式和指标的确定,既要适用,又应精简。即在满足党政领导和有关部门了解情况、计划管理和业务领导的需要这一前提下,表式和指标要力求精简,避免烦琐重复。(2)根据实际需要,确定各种统计报表的报告周期,分别轻重缓急,规定按月、按季或按年进行统计调查,如期编报。(3)基层报表应逐步做到统一、配套。一般可以由统计部门会同有关主管部门共同制订一套基层企业统一使用的统计表式,或者划分不同类别的报表,由统计部门和各主管部门分别制订,最终配成一套基层企业统一适用的统计表式。这套表式一经制订,在一定时期内应保持相对稳定。(4)结合地区性特点,地方综合统计报表在满足上级综合部门需要的前提下,可以增加地方需要的指标和分组。(5)国家、部门和地方的统计报表制度必须适当分工,互相配合。凡是在国家统计报表的基层表中可以取得的资料,部门和地方的统计报表不应要求基层单位重复填报,以减轻基层单位的负担。

总之,制订的统计报表制度应符合科学、统一、适用、精简的要求。制订统计报表时,还要考虑基层单位的负担。

三、原始记录和统计台账

统计报表资料来源于基层填报单位的原始记录和统计台账。建立和健全原始记录、统计台账是加强企业单位经营管理,做好统计工作的重要基础工作之一。

(一)原始记录

原始记录是基层单位通过各种表、票、单、卡和册等形式,对生产、经营活动的过程和成果所做的第一手的数字或文字记录,是未经加工整理的初级资料。例如,企业的产品产量、质量记录,工人出勤和工时记录,原材料、燃料、动力消耗记录等,是反映企业各种生产情况的原始记录;商品销售记录、现金收支凭证、库存物资收付记录等,则是反映企业经营情况的记录。

在基层企业中,哪里有生产经营活动,哪里就有原始记录,其范围广泛,种类多样。但一般说来,每种原始记录须具备三个要素:(1)时间,即生产经营活动发生的时间;(2)项目,即生产经营活动的内容,例如工人加工某种零件等;(3)数量,即实际完成或实现的数量。同时,原始记录具有以下四个特点:(1)记录内容的广泛性,即涉及企业的生产经营活动的各方面的情况,如人员的工作情况、物资的变动情况、生产活动情况、业务工作情况等等。(2)记录事项的具体性,即按照生产活动和业务经营工作中发生的具体事实和项目,如实地加以记载。(3)记录时间的经常性,即随着生产经营活动的不断进行,经常及时地登记各个事项。(4) 记录工作的群众性,这是由于原始记录涉及的范围广泛,必须动员群众,特别要依靠直接参加各项具体工作的人员和工人分别记载,与职工参加管理相结合。

由于原始记录具有上述几个要素和特点,所以对于做好统计工作和加强企业管理具有重要作用:即原始记录是企业单位编制统计报表和进行经济核算的依据,又是基层单位进行科学管理的基础,也可以为群众性的劳动竞赛和职工参加管理提供根据。

为了适应企业经营管理和统计、会计、业务技术三种核算的需要,科学地设置原始记录是基层单位搞好经营管理的一项基础工作。原始记录的设置,主要包括记录表格的设计、记录指标的确定、记录方法的规定以及制度的建立等。设置原始记录,应遵循如下的基本原则:

首先,从实际出发,使原始记录符合企业生产经营的特点,适应经营管理的要求。不同的企业或同一企业的不同车间、工段和小组,不仅在生产条件和经营管理水平上不尽相同,而且在具体业务项目和范围方面存在着较大的差别,因此,对于原始记录的类别、范围、形式、内容、方法和程序等问题,应根据实际情况,区别对待,具体解决。同时,也应随着生产业务的发展和经营管理水平的提高,对原始记录进行整顿和改进。

其次,兼顾企业经济核算的统一需要的同时,还要符合国家统计制度和会计制度的要求。企业的统计、会计和业务技术核算虽有区别,但客观上存在着有机的联系,对于原始记录的要求基本上是一致的,但也会有不尽一致的要求。因此,原始记录的设置,有关部门应互相配合,通盘考虑原始记录的范围、项目、指标及其计算方法、传递程序等,以利于各个部门能相互为用,统筹兼顾三种核算的要求,使原始记录为企业统计核算、会计核算和业务管理提供可靠的依据。此外,基层单位的有关原始记录的各项规定,必须符合国家统计制度和会计制度的要求,为执行国家和主管部门规定的统计工作和财务工作任务奠定基础。

第三,应该和企业各项管理制度密切结合。原始记录的设置与各项管理工作配合进行,使原始记录成为企业和生产单位整个管理制度的有机组成部分。例如,职工考勤记录要与职工考勤制度相结合,产品质量记录要与产品质量检验制度相结合,原材料收发记录要与原材料管理制度相结合,等等。这样,可以发挥原始记录在企业经营管理中的作用,也有利于各项记录工作的开展。

第四,原始记录力求简明扼要,通俗易懂,记录的方式方法也简便易行,便于群众填写,保证资料的质量。

(二) 统计台账

统计台账就是根据填报统计报表和统计核算工作的需要,将分散的原始记录资料按时间顺序进行系统登记、积累统计资料的表册。

统计台账种类繁多,格式多样,应视各个基层单位的具体情况和实际需要而定。其基本形式大体上可以分为多指标的综合台账和单指标的分组台账。多指标综合台账是在同一个表册上,按时间顺序,同时登记若干个有关指标数值的动态情况,例如,企业或车间为检查各项主要指标完成情况而设置的主要指标完成情况台账;单指标分组台账是在同一个表册上,按时间顺序,同时登记各个下属单位某一项指标数值的动态情况,例如,分门别类设置的产品进度台账、设备利用台账、原材料消耗台账,等等。通过统计台账,可以取得比较全面而系统的统计资料,有利于准确、及时地编制统计报表,有利于系统地积累资料,便于反映生产经营活动的动态,及时检查生产工作的进度,为开展研究分析工作打下基础。

综上所述,可见原始记录、统计台账和报表三者之间有着密切的联系。就企业内部统计资料汇总的基本过程而论,原始记录是进行大量观察、取得最基本的数字资料的最初环节,是统计报表资料的主要来源。通过中间环节即统计台账,将原始记录的数字资料,分门别类,逐日登记,进行系统整理和综合,是积累统计资料的手段。最后,将整理过的资料进行汇总和核算,按照一定报表形式加以反映。报表就是反映和提供统计资料的一种重要方式。企业按照经营管理和核算工作的要求,根据原始记录或统计台账的资料,汇总编制各种企业内部报表,在企业内部逐级上报。企业内部报表为企业各级领导和业务部门指导生产、加强经营管理提供依据,也是保证完成国家统计部门和业务部门统计任务的重要工具。

上述原始记录、统计台账、报表之间的关系,表明了统计资料的一般汇总过程及其环节,可以概括地表述如下:

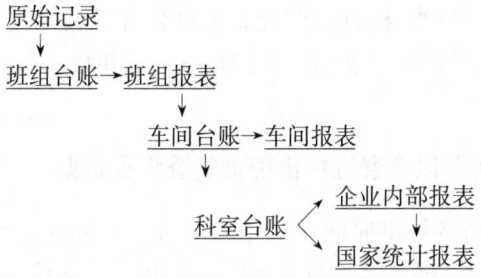

第四节 普 查

一、普查的意义和方式

在全面调查中,统计报表虽然是提供全面的基本统计资料的重要方式,但有些社会经济现象如人口增长及其构成变化、物资库存、耕地面积、工业设备等情况,不可能经常组织全面调查,也不便于实行统计报表制度,这就需要采用普查方式,以取得国家所必须掌握的这些现象的全面统计资料。

普查是一种专门组织的一次性的全面调查,例如,我国历次进行的人口普查、物资库存普查等等。普查与统计报表主要不同之处,就在于它不是按固定的时间间隔连续进行的经常性调查,而是为了特定目的,用来调查属于一定时点的社会经济现象的总量。普查与其他专门调查不同,它是对调查对象的全部调查单位进行调查。

普查一般是在全国范围内进行的,由于它是一种具有大量性和一次性的社会调查,需要大量的人力、物力和财力,只有对于国民经济和政治文化生活中的重大问题,根据党和国家的需要,才分期分批地专门组织各项普查。普查主要用来搜集某些不能够或不适宜采用定期的全面统计报表搜集的重要统计资料,作为党和国家了解重要的国情国力、制定方针政策和措施、编制国民经济长远规划的依据,并作为对政治、经济、文化等现象进行深入研究分析时的参考。

进行普查的具体方式基本上有以下两种:(1)组织专门的普查机构,派出调查人员,对调查单位直接进行登记。例如,我国历次人口普查及1985年的全国工业普查,都是采用这种方式进行的。(2)不专门设立统一的普查机构和配备专门的普查人员,而是利用企业、机关、团体内部的原始记录和报表资料进行填报,或者根据这些核算资料结合实际清库盘点的情况进行登记。例如,我国历次物资库存普查,就是属于这种方式。随着社会主义建设事业的发展,需要某些专门问题的详细资料愈益增多,以及基层单位的管理和核算工作的改进,今后将会更多地采用这种方式。

二、组织普查的原则

由于普查是一次性的全面调查,面广量大,要求取得的资料有较高的准确性和时效性;同时,普查的对象往往随着时间而不断变化,在空间分布上也会有较大的变动。因此,与其他调查方式相比,普查要求集中领导的程度更大,力求统一要求和统一行动,并严格遵守以下的基本原则:

(一)确定普查时点,即"标准时间",以免普查中出现重复登记或遗漏

例如,我国1990年第四次人口普查的标准时间是该年的7月1日零时,全国各地区的人口数都是这一时点上的数字,合计全国总人口数为113 051万人。不论登记的时间是在规定的时点以前或者以后,都必须按标准时间的实际状态调整,以取得标准时间上的准确数字。

(二)选择普查的时期,就是规定进行普查登记的时期

普查时期的确定,应考虑普查任务、特点和实施调查的条件,一般选择在被调查现象变动最小或者最适宜进行普查工作的时期。在选定普查时期的基础上,再确定普查的标准时间。例如,我国第三次人口普查在1982年6月下旬到7月上旬之间进行调查登记,就是考虑了上述因素后确定的。在此基础上,明确规定此次普查的标准时间为该年7月1日零时。

(三)普查范围内的调查登记工作应同时进行,尽可能在最短期限内完成,以期在方法上、步调上一致,保证普查资料的准确性和时效性。

(四)同类普查的内容在各次普查中应尽可能保持一致,一般要按一定的周期进行,以便对比分析历次的普查资料,观察被研究现象的发展变化及其规律性。

根据普查的组织原则和要求,要通盘考虑繁重复杂的普查工作的全过程,做好充分的准备工作:(1)建立和健全统一的普查领导机构,是做好普查工作的组织准备的关键。(2)设计普查方案,应根据具体目的,确定普查对象和单位、普查项目(包括有关分类、说

明和计算方法等)和普查时间。(3) 训练普查人员。(4) 组织试点工作,总结经验,借以修订普查办法和工作细则;有时还应制订阶段工作进度图,编制从登记、复查、编码、数据录入直到分析的各个环节工作流程图等。试点的过程也是修改和完善普查方案并从中培训干部的过程,为由点到面开展普查工作奠定可靠的基础。(5) 物质准备,主要涉及如电子计算机等汇总工具、印发普查文件以及经费预算等。

准备工作为普查的全面展开提供条件。接着,正式进行调查登记,将普查资料及时报送受报机关;汇总分析普查资料,报送有关部门;公布资料,总结普查工作。

普查涉及千家万户,是一项广泛的群众性工作,必须进行广泛的宣传教育,阐明调查目的、任务、方法和有关政策,取得广大群众的积极支持和合作,才能顺利完成普查任务。

三、快速普查

为了满足国家的迫切需要,如期完成特殊紧急的普查任务,就不能采取传统的"逐级布置、层层汇总、逐级上报"的做法,而要进行一种特殊的普查,即快速普查。其主要特点:一是布置任务和报送资料越过中间一切环节,由组织领导普查工作的最高机关与基层单位直接联系;二是采用电讯方式布置任务和报送资料;三是普查资料由最高领导机关集中汇总。归根到底,快速普查就是要缩短传递时间和汇总时间,突出快速,力求快中求准。我国 1956 年进行的"钢材快速普查",仅在 21 天内就完成了 2 400 多个单位的钢材库存情况的普查任务,为国家重新平衡调剂钢材提供了可靠的依据。

快速普查也有其局限性,普查项目要少,涉及范围要小,才能快速地完成任务,取得比较准确的资料。如果普查内容复杂,就不宜采用快速普查。同时,就快速普查进行的具体方式而论,属于以前所述的第二种方式,主要利用企业、机关、团体的原始记录和核算资料填报。只有在具备这种有利条件的情况下,快速普查才能取得预期的效果。

第五节 重点调查和典型调查

进行统计调查,应该根据被研究现象的性质和研究任务的不同,广泛采用各种非全面调查的组织形式,灵活运用抽样调查、重点调查和典型调查等方法,能够以较少的支出,取得较好的成果。

抽样调查就是按照随机原则,从总体中抽取部分单位进行观察,借以从数量上推断总体的一种非全面调查。关于抽样调查的原理和方法,留待在第七章中专门论述。以下分别介绍重点调查和典型调查。

一、重点调查

(一) 重点调查的意义和作用

研究复杂的社会经济现象,不能不讲效果,事事依靠全面调查。如果调查任务只要求掌握基本情况，就不必对调查对象进行普查，可以采用重点调查。

重点调查就是在研究现象的总体中，选择其中的重点单位进行调查，借以了解总体基本情况的一种非全面调查。这些重点单位的数目只是全部单位数中的一部分，但就调查的标志值来说，它们在总体的标志总量中却占有很大的比重，因此可以从数量上反映总体的基本情况。例如，要了解全国钢铁生产的基本情况，只要对少数几个重点钢铁企业如鞍钢、宝钢、武钢、首钢等进行调查，就可以取得需要的资料，因为它们的产量占有绝大的比重，足以反映总体的基本情况。又如要调查棉花、茶叶增产减产的情况，只要在少数几个重点产区进行调查，就可以了解增减产的基本情况，不必机械求全，进行全面调查。可见，重点调查的主要作用就在于以较少的时间和力量，比全面调查更加及时地掌握基本情况，以便党政领导部门抓住主要矛盾，采取措施，指导工作。

（二）重点调查的方法

当调查任务只要求掌握调查对象的基本情况，同时调查对象中确实存在部分重点单位，它们又能比较集中地从数量上反映被研究总体的基本情况，这是采用重点调查的前提条件。亦即表明是否适宜进行重点调查，取决于调查研究对象的特点和调查的任务。

根据调查任务和需要的不同，重点单位可以是一些企业、行业，也可以是若干城市或地区。甚至在重点之中还可以再选重点。重点单位不是固定不变的，往往随着研究的问题、调查的总体、所处的时期的不同而有所改变。有些单位在这一问题上可以作为重点单位，而在另一问题上可能不是重点单位；在这一总体中是重点单位，在另一个总体中可能是一般单位。调查单位本身也在不断发展变化，在某一时期仅是一般单位，而在另一时期已发展成为重点单位。重点单位应根据历史资料或有关资料进行分析来确定。选择好重点单位，是组织重点调查的关键。一般说来，选出的重点单位宜少不宜多，而且它们的标志值在总体标志总量中所占的比重应该尽可能大一些。同时，选中的重点单位要有比较巩固的统计基础和相当健全的管理制度。这样，就可以拟定较多的调查项目，及时地取得比较详细而准确的资料，充分发挥重点调查的作用。但由于重点单位与一般单位差别很大，所以重点调查的结果不能用来推断总体的指标数值。

重点调查的组织方式，既可以组织专门调查，也可以颁发报表由部分重点单位填报。统计报表中的某些指标，如工业产品质量和技术经济指标、物资消耗定额、工时利用情况等指标，可以通过重点调查取得所需的数字资料。与国计民生关系重大、国家需要重点掌握的若干单位，也可以作为重点单位，布置定期统计报表填报。但应指出，这种"重点"的含义并不一定符合上述重点调查中所定义的重点，而且对这里所指的重点单位进行调查，其任务不在于了解其基本情况，而是要经常了解其生产经营的进展情况和问题。

二、典型调查

（一）典型调查的意义和作用

典型调查就是根据调查的目的和要求，在对所研究对象进行初步的全面分析的基础上，从中选择具有代表性的典型单位，作周密系统的调查，借以认识事物的本质及其发展变化规律性的一种调查研究的基本方法。典型调查就是由个别到一般的认识过程,它是由马克思主义认识论引申出来的认识世界的一种科学方法,从而成为一种广泛运用的工作方法,在我国已有丰富的经验。

作为统计调查的一种形式来说,典型调查是按照统计调查预定的目的,在被研究对象中有意识地选取具有典型意义的或富有代表性的少数单位进行的调查研究,是一种专门组织的非全面调查。由于典型单位是在充分考虑了调查目的和要求的情况下,通过对客观对象的全面分析之后有意识地选定的,所以典型调查只要对为数不多的单位进行调查,就有可能取得代表性较高的资料。正因为调查单位少,就有可能省时省力,对问题做深入细致的调查研究。因而,典型调查在内容和方式方法方面都有较大的灵活性。例如,典型调查既可以侧重研究事物的质的方面,也可以着重于现象的数量关系的分析。可以从纵向方面研究典型单位的历史和现状,综合判断其发展前景;也可以就调查单位某方面的问题,作横断剖析,研究其构成要素等等。此外,还可以灵活采用多种多样的方法,搜集所需要的资料。

典型调查具有以上所述的调查单位少、调查范围小、省时省力、方法灵活多样、重点深入等的特点,决定了它在研究社会经济生活中的问题时,有以下的作用:

(1) 可以研究新生事物,了解新情况、新问题。定期报表、普查、抽样调查等主要适用于研究社会经济生活中已发生的大量现象,而处于萌芽状态的新生事物开始总是少数,无法进行大量观察。只有采用典型调查,及时抓住典型,调查新情况,研究新问题,探索其发展方向,以形成科学的预见,为正确处理问题提供依据。

(2) 对具体问题可以进行深入的具体分析,补充全面调查的不足。通常,有些资料不可能或者不需要通过全面调查和其他非全面调查来搜集,例如有关先进典型等的调查资料,可以采用典型调查及时取得所需要的统计数字和情况。特别是对一些不适宜采用全面调查深入研究的具体问题,可以通过典型调查,深入少数典型单位,进行细致的调查,具体的分析,了解事物发生和发展的过程以及数量变化的原因与后果,认识事物的本质特征。

(3) 在一定条件下,典型调查的结果可以用来推断总体的指标数值。只有在下述情况下,才可以进行推断。一是总体中各单位的差异很小,每个单位都有一定的代表性。另一种情况就是总体单位之间差异很大,但通过划类选典,掌握了各类典型的数字资料,而且已知各种类型在总体中所占的比重,就可以根据类型按比例推算总体的指标数值。但典型单位不是按随机原则抽取的,所以这种推断无法计算其误差,推断结果只是一个粗略的近似值。

(二) 典型调查的方法

典型调查能否取得良好的效果,关键在于正确选择典型单位。所谓典型单位,是指客观存在的同一事物中最充分、最突出地体现总体共性的代表单位。因此,要正确地选择典型单位,保证调查工作的质量,必须注意以下几点:

(1) 事物的发展都存在着不平衡性,因而在调查对象总体中,各个单位在发展方向、程度和规模方面也有差异,并非任何个别单位都能代表一般。所以选择典型,首先要以马克思主义的基本原理为指导,结合有关的专业知识,对调查对象总体进行全面分析,对可供选择的单位反复对比研究,从中选出具有较大代表性的单位作为调查单位。

(2) 按照统计调查的目的和任务,选择典型的方法可以灵活多样。例如,为了了解总体的一般数量表现,可以选取中等水平的典型作为调查单位;为了总结先进经验,帮助后进,则选取先进典型和后进典型,或者选取上中下各类型进行调查和比较;为了了解调查对象一时性的问题,典型可以临时选择;而为了深入观察调查对象的发展原因及其变动趋势,可以选择比较固定的典型作为固定基点,连续调查,以取得系统的资料,这种方式称为固定基点的典型调查。

(3) 选取典型单位的多少,取决于调查对象总体本身的特点。选取的典型可以是一个或少数几个,有时则需要较多的典型单位。在调查总体各单位的发展条件比较一致,彼此之间的差异较小,选出一个或少数几个典型单位进行调查,就可以说明事物的一般情况或事物发展的一般规律性。这种方式亦即通常所说的"解剖麻雀"式的典型调查。如果总体各单位之间的发展条件和发展程度差异较大,或者涉及的问题比较复杂,就应按照一定的标志,将总体划分为几个类型,从各类中按比例选取少数典型进行调查,再把各类典型单位的资料加以综合研究,这就是"划类选典"式的典型调查。

根据典型调查的目的和要求,可以采用多种方法搜集资料,一般有开调查会、个别访问、蹲点调查、查阅资料、发表调查等。开调查会是由调查者邀请了解情况或有经验的人员,按调查提纲开展讨论,把调查过程与研究过程结合起来,借以分析确定所需的数据和情况。个别访问是调查者直接访问当事人或知情者搜集资料的方法,其优点是机动灵活,了解深透,但应反复核实资料,防止片面性。蹲点调查是调查者到调查单位直接参加有关活动,取得详尽具体的资料。此外,可以充分利用调查单位的原始记录、统计或会计核算资料;也可以颁发调查表,由典型单位自行填报,这种方法适用于固定基点的典型调查。

上述各种搜集资料的方法,各有其不同的特点和实施条件,在调查过程中,可以交替使用多种方法,相互补充,取得既有数字又有情况、过程、因果关系等方面的资料,发挥典型调查应有的作用。

第三章 统计整理

第一节 统计整理的概念和内容

一、统计资料整理的概念

如前所述,准确、及时、全面、经济地搜集原始资料,是统计调查的基本要求,做好统计资料的整理工作,则是准确、及时、全面、经济地提供统计资料的重要条件。

根据统计研究的目的和任务,将调查取得的大量原始资料进行科学的分类(或分组)和汇总,为统计分析提供系统化和条理化的综合统计资料的工作过程,称为统计资料的整理,简称统计整理。

有时,为了特定的目的,对已经整理过的统计资料(即次级资料)进行再加工,以满足统计分析的要求,也属于统计整理工作的范围。

统计整理之所以重要,一是因为统计调查取得的大量原始资料,只能反映总体单位个体特征,是分散的、不系统的,属于反映事物表面现象和外部联系的感性材料。只有通过统计整理,对原始资料进行加工和改制,才能显现现象总体的全貌及其数量特征。二是因为搜集的原始资料即使是十分丰富、正确和详尽的,如果不按科学的原则和方法进行加工整理,或者整理不当,可能使丰富的材料失去其价值,也不可能进行科学的统计分析。其结果正如列宁所说:"总是只见树木不见森林,只见一大堆数字不见各种现象的经济类型。"[①]

由此可见,统计整理是统计调查的必然继续,也是统计分析的基础和前提条件,起着承前启后的作用,成为人们对社会经济现象从感性认识上升到理性认识的过渡阶段。统计整理工作的质量,直接影响对社会经济现象的准确的数量描述和数量分析。

二、统计整理的内容

统计整理既有理论性问题,又有综合汇总的技术问题,是一项细致的工作。正确制订整理纲要(或称汇总方案)是保证统计整理有计划、有组织地进行的依据。通常,整理纲要是在制订调查表的同时,根据统计研究的任务和要求,密切联系调查表的内容而设计的一整套整理表,亦即报表制度中的综合表式。在综合表式中指明资料的统计分组标志和指

---

① 《谈谈关于地方自治政局统计任务的问题》,《列宁全集》第20卷,人民出版社1958年版,第27页。

标体系、汇总资料的组织形式与技术、指标计算方法以及填表说明(如填表范围、程序、负责机关)等。

整理纲要具体体现了统计整理的主要内容：

(一) 统计分组

只有按照最基本的、最能说明问题本质特征的统计分组和相应的统计指标对统计资料进行加工整理，才能对被研究的社会经济现象进行准确的数量描述和数量分析。因此，统计分组是统计整理的基础。

(二) 统计汇总

选择适当的汇总组织形式和具体方法，按分组要求对原始资料分组汇总，计算各组单位数和合计数，计算各组指标数值和综合指标数值。统计汇总是统计整理的中心内容。

(三) 编制统计表

以简明扼要的表格形式表述统计汇总的结果，反映社会经济现象在数量方面的具体表现和有关联系。统计表成为统计整理的有效表现形式。

第二节 统计分组

一、统计分组的意义和作用

统计整理的首要步骤就是对调查的原始资料进行分组。统计分组就是根据统计研究的目的和任务，按照选定的变异标志将总体划分为若干部分或组别，使组与组之间具有差别性，而同一组内的单位保持相对的同质性。例如：社会产品按其经济用途分为第一部类和第二部类，即生产资料的生产和消费资料的生产；在工业部门内，根据年产量或投资总额等将工业企业划分为大型、中型、小型企业三组；居民按居住地区，一般可以分为城市和乡村两组；等等。通过统计分组，可以区别现象在质的方面的差别，在数量上以及在空间上多个方面的差别。

社会经济现象是复杂多样的，现象之间有其共性的一面，也有其个性的一面。有了共性，构成事物的同质总体；有了个性，就使总体各个单位之间存在某些差别，有了这些差别才有可能和必要进行分组。统计分组的目的就是要将同质总体中有差别的单位区分开来，同时又将性质相同的某些单位组合在一起，以便通过相应的指标，对总体中所有单位在质量上、数量上、空间上存在的差异进行分析，进一步认识事物的本质特征及其发展的规律性。可见，统计分组不仅是统计整理的基础，也是使认识深化的重要手段，已成为统计研究中最基本的方法之一。

统计分组在统计研究中的作用，主要有以下三个方面：

(一) 区分社会经济现象的类型

亦称类型分组。社会经济现象是极其复杂多样的,客观上存在着各种不同的社会类型,各种不同类型的现象有着各自的运动形式和本质特征,由于受其内在规律所支配,决定了各类现象在规模、水平、速度、结构、比例关系等方面的数量表现有所不同或具有差异。利用统计分组,就能根据统计研究的目的,将现象区分为各种性质不同的类型,来研究各类现象的数量差异和特征以及相互关系。例如,企业按所有制形式划分为国有企业、集体企业和其他经济类型企业,在此基础上,统计这三个类型组企业的有关指标数值,并加以比较分析,就可以反映出不同类型企业的数量特征及相互关系,充分揭示出各类企业的本质及其发展规律性。

(二) 研究现象的内部结构

亦称结构分组。现象内部的结构,表现现象内部的组成状况和比率关系。利用统计分组,计算出各组数值在总体中所占的比重,对现象内部结构进行研究,可说明现象总体的基本性质和特征。同时,对现象内部结构的变化进行动态研究,还可以反映现象总体发展变化的过程、趋势和规律。例如,从表3-1中,不仅可看出各个时期农轻重结构的特征,而且各个时期农轻重比例的变化反映了我国工农业总产值中农轻重比例逐步趋向基本协调的发展过程和趋势。

表 3-1　我国工农业总产值构成　　　　　　　　单位:(%)

	1952年	1957年	1965年	1970年	1975年	1980年	1985年	1990年	1991年
农业	56.9	43.3	37.3	32.5	28.2	27.2	27.1	24.3	22.4
轻工业	27.8	31.2	32.3	31.1	31.6	34.3	34.3	37.3	37.9
重工业	15.3	25.5	30.4	36.4	40.2	38.5	38.6	38.3	39.7

资料来源:中国统计年鉴1992年。

(三) 分析现象之间的依存关系

亦称分析分组。社会经济现象之间都存在着不同程度的相互联系、相互制约的依存关系。例如,施肥量和亩产量,原材料消耗量与单位产品成本,商品销售量和商品价格之间都存在着一定的依存关系。同时,社会经济现象的数量变化又受自然技术因素的影响。利用统计分组,可以揭示现象之间的联系和依存关系。在统计中,把表现事物发展变化原因的事项称作因素标志,而把表现事物发展结果的标志叫结果标志。通常,分析现象间的依存关系,就是通过大量观察,用因素标志对总体单位分组,再计算结果标志的数值,借以说明两个标志的联系和方向,具体表明现象之间的相互依存关系的程度。例如,1996年某地区部分商店按商品销售额分组的商品流通费用率资料如表3-2:

表 3-2 商品流通费用率资料表

商店按商品销售额分组（万元）	商店数（个）	商品流通费用率（％）
100 以下	12	9.7
100～300	10	8.6
300～500	13	7.5
500～700	9	6.5
700～900	8	5.7
900 以上	5	5.4

从表中可以看出，随着商品销售规模的扩大，其流通费用率相应降低，两者表现出负依存关系。

以上统计分组的三方面的作用往往是相互联系、相互补充的，在分析某个具体问题时，可以同时实现。

二、统计分组的要求和方法

（一）统计分组的要求

根据统计分组的定义可知，统计分组有三个要素：（1）母项——需划分的总体；（2）子项——划分以后的类（组）总体；（3）分组标志——进行统计分组的标准和依据。

进行分组，在技术上有三个基本要求：（1）周延性，要求分组以后各子项之和应等于母项。（2）互斥性，组与组之间要相互排斥，不能重合。（3）分组标志的同一性，每一次分组只能以一个标志为划分依据，不能同时采纳两个或两个以上的标志为划分依据。遵守以上要求，就能达到组内同质性、组间差别性的分组效果。反之，就可能会出现分组上的混淆和矛盾，这是我们在统计分组中必须注意的。

（二）统计分组的方法

要充分发挥统计分组的作用，必须在正确的理论指导下，进行科学的分组，其中涉及分组标志的选择、组的具体划分、分组体系的确定等问题。

1. 分组标志的选择。分组标志就是划分总体单位为各个性质不同的组的标准或根据。例如，工业企业可以按生产资料所有制或计划完成程度分组，则所有制或计划完成程度就是作为统计分组的标准，成为分组标志。选定了分组标志，就要在分组标志的变异范围内，划定各个相邻组之间的性质界限和数量界限。如果分组标志选择不当，分组结果就难以正确反映总体的特征；如果划不清各组的界限，就将失去分组的意义。为使统计分组具有科学性，保证统计整理的准确性，其核心问题就是正确选择分组标注，关键在于分清各组的界限，反映各组的性质差别。

任何事物都有许多标志。要在许多可供选择的标志中选取能反映总体性质特征的标

志,必须遵循以下的基本原则:

第一,根据统计研究的具体任务和目的,选择统计分组标志。对于同一总体,由于研究的任务和目的不同,应分别采用各种与目的有密切关系的标志作为分组的标准,才能使统计分组招供符合要求的分组资料。例如,为了研究某地区各种经济类型的工业企业在整个工业部门中所占的比重以及所起的作用,就应按工业企业生产资料所有制这一标志进行分组。如果研究的目的是要了解工业企业的经营成果,则应选择劳动生产率、生产成本、利润率等作为分组标志。

第二,在对被研究对象进行理论分析的基础上,从中选择具有本质性的重要标志作为分组标志。在总体的若干标志中,有的标志能够揭示总体的本质特征,是有决定性意义的重要标志;有的则是非本质的、无足轻重的标志。只有选择能够说明问题本质的重要标志作为分组标志,才能得出触及问题实质的重要的分组。例如,研究国民经济的现状、发展和平衡关系时,按所有制进行分组、按国民经济部门进行分组等,都是重要的分组。又如,按地区、按隶属系统、按企业规模等分组,对于检查分析政策和计划执行情况,具有重要的意义。

第三,结合研究对象所处的具体历史条件或社会经济发展的条件,选择分组标志。因为能够反映现象本质的重要标志,具有条件性、地区性和历史性,所以某一个标志在一定时间、地点、条件下,可以作为最重要的标志,但时过境迁,可能失去其重要意义。例如,为了研究工业企业规模与劳动生产率等因素之间的关系,需要按企业规模进行分组。而反映企业规模的标志有职工人数、生产能力、固定资产价值、产值等,究竟应选择其中哪种标志作为分组标志,须视具体条件而定。在技术不发达或劳动密集的条件下,适宜用职工人数的多少来表示企业规模的大小;反之,在技术进步的历史时期或技术装备比较先进的条件下,就应考虑采用固定资产价值或生产能力等作为分组标志。同时还应注意,即使处于相同的历史条件下,在不同的经济部门或生产部门中,由于它们的经济发展的条件、生产性质、经营方式的不同,也应该分别情况,选择不同的分组标志和组别。例如,在我国已进入四化建设的今天,有些农作物产区仍然处在粗放经营的条件下,可用耕地面积表示生产单位的规模;而具有集约生产特点的地区,则要选用产值的多少来反映生产单位规模的大小。可见,选择分组标志不能千篇一律,一成不变,而要依一定的时间、地点、条件为转移,考虑研究对象所处的历史条件,选择的分组标志才有现实意义。

2. 按品质标志和数量标志分组。分组标志按其形式可以分为品质标志和数量标志两类。统计总体可以按品质标志分组,也可以按数量标志分组。

① 按品质标志分组:品质标志是以事物的性质属性来表现的标志。按品质标志分组,就是根据统计研究的目的,选择反映事物性质属性差异的品质标志作为分组标志,在品质标志变异的范围内,划定各组的性质界限,将总体区分为若干个性质不同的部分或组别。例如,人口总体按性别分为男、女组;工业企业总体按所有制分为国有企业、集体企业、其他类型企业等组。

按品质标志分组有些比较简单,因为在按一个品质标志进行分组的条件下,组数较少,而且有少数品质标志所表现的差异比较明确和稳定,因而组与组之间的性质界限也容易确定。上述人口按性别的分组、企业按所有制的分组就属于这种情况。但在多数情况下,这类分组相当复杂,涉及的组数较多,而主要问题就在于组与组之间的性质界限不易划分。例如,国民经济按部门分组、人口按职业分类、产品按用途分类等等。这种按品质标志进行的复杂分组,通常称之为分类法。在我国统计工作实践中,这种分类法应用很广,作用显著,因此对重要的品质标志分组,编有标准的分类目录,例如《工业部门分类目录》《工业产品目录》《主要商品目录》等,以统一全国的分类口径,便于各个部门掌握和使用。

② 按数量标志分组:数量标志就是以数量的多少来表现的标志。按数量标志进行分组,就是根据统计研究的目的,选择反映事物数量差异的数量标志作为分组标志,在数量标志值的变异范围内划定各组的数量界限,将总体划分为性质不同的若干个部分或组别。例如,人口按年龄分组、企业按计划完成程度分组、钢铁企业按年产量分组,等等。按数量标志分组的结果,形成变量数列。在统计整理和统计分析中,广泛应用变量数列,借以观察某种指标的变动及其分布状况。

可变的数量标志的具体表现,就是许多不等的变量值。在少数情况下,根据变量值的大小不等来确定分组的数量界限是比较容易的,例如,工人按看管机器的台数分组,可以分为1台、2台、3台……又如,企业按计划完成程度分组,一般可以分为完成计划100%以下、完成计划100%和完成计划100%以上三个组。但在多数情况下,按数量标志分组时,要使分组的数量界限能够确切地反映各组的性质上的差别,其分组界限往往不易确定,即使是同一种资料,也会产生多种分组形式。因此,对于比较复杂的按数量标志的分组,应当根据统计研究的目的,选定数量标志,经过科学分析,先确定总体有多少种性质不同的组别,然后按实际情况研究确定各组之间的数量界限。例如,为了研究企业规模与劳动生产率等方面的关系,可以按企业规模分为大、中、小型三组。分组的数量标志可按产品年产量或固定资产价值等划分。而分组的数量界限还应根据不同行业的具体情况,确定不同的数量标准。如在钢铁企业中的钢铁联合企业,年产钢100万吨及以上者为大型企业,10万吨~100万吨为中型企业,10万吨以下则为小型企业。

总之,按数量标志进行分组,要从各组的量的变化中反映各组的质的特征。其中还涉及变量值的多少、变化范围的大小、变量的类型等问题,以及相应地确定组数、组限和组距等方法,留待下一节叙述。

3. 简单分组、复合分组和分组体系。进行统计分组时,由于采用分组标志数目的不同,就有简单分组与复合分组之分。对总体只按一个标志进行的分组称为简单分组。例如:人口总体只按性别一个标志进行分组;社会产品按其经济用途分为生产资料和消费资料两组。显然,简单分组只能说明总体在某一方面的差别情况。

对同一个总体采用两个或两个以上的标志结合起来进行的分组,称为复合分组。例如工业企业先按所有制这一标志进行分组,然后再按规模大小这一标志将已划分的各组又划分为大、中、小型三组,结果形成如下的双层重叠的组别:

$$\text{国有企业}\begin{cases}\text{大型企业}\\\text{中型企业}\\\text{小型企业}\end{cases}$$

$$\text{集体企业}\begin{cases}\text{大型企业}\\\text{中型企业}\\\text{小型企业}\end{cases}$$

$$\text{其他类型企业}\begin{cases}\text{大型企业}\\\text{中型企业}\\\text{小型企业}\end{cases}$$

进行复合分组,应根据统计研究的目的和要求,按照总体的特征和复杂性,选择分组标志并确定各个标志的主次顺序,然后依次进行分组。例如上例中,所有制为主要标志,先按这一标志对工业企业总体进行分组,然后再结合其相对次要的规模标志进行分组。如有需要,还可以按照第三标志如计划完成程度对各组划分为未完成计划、完成计划和超额完成计划三组。采用复合分组,可以对总体做比较全面而深入的分析。但是,复合分组的组数将随着分组标志个数的增加而成倍地增加。例如在上例中,采用三个分组标志,按每一标志分成三组,就有 $3^3 = 27$ 组。组数过多则每组中的总体单位数就相应地减少,反而不易揭示事物的本质特征。

不论简单分组或复合分组,只能探索现象某一侧面或某几个方面的内容,不足以充分说明其全貌。为了从各方面分析某一社会经济现象和过程,需要采用多个分组标志进行多种分组。对同一个现象总体按一系列相互联系、相互补充的标志进行多种分组,即形成一个分组体系。如果对同一总体选择多个标志分别进行简单分组,这几个简单分组就形成平行分组体系,借以反映总体的全面特征。例如,为了深刻认识我国工业企业总体的构成情况,可以分别按经济类型、轻重工业、企业规模、工业部门进行如下的简单分组:

按经济类型分组　　　按工业部门分组
国有工业　　　　　　冶金工业
集体工业　　　　　　电力工业
其他类型工业　　　　煤炭工业
　　　　　　　　　　石油工业
按轻重工业分组　　　化学工业
轻工业　　　　　　　机械工业
重工业　　　　　　　建材工业
　　　　　　　　　　森林工业
按企业规模分组　　　食品工业
大型企业　　　　　　纺织工业
中型企业　　　　　　造纸工业
小型企业

上述四个简单分组是相互联系、相互补充的,形成一个平行分组体系。

由于复合分组已将多个标志结合起来分组,包括多层错综重叠的组别,形成复合分组体系。

第三节 变量数列

一、变量数列的概念

在统计分组基础上,将总体的所有单位按组归类整理,形成总体中各个单位数在各组间的分布,这种表明总体单位数在各组分配情况的分组资料,称为次(频)数分布,又称分配数列。编制分配数列,可以反映总体各单位的分布状况和特征,也是进一步分析总体平均水平和变异程度的基础,是统计分析的重要内容之一。

根据分组标志类型的不同,分配数列可分为品质标志分配数列和数量标志分配数列。

1. 按品质标志分组编制的分配数列,称为品质标志分配数列,简称品质数列。例如,某大学在校学生按性别分组,可编成如下的品质数列如表3-3。

表3-3 品质数列示例

按性别分组	学生数(人)	学生数比重(%)
男 性	2 340	55.32
女 性	1 890	44.68
合 计	4 230	100.00
各组名称	次数(频数)	比率(频率)

编制品质数列,只要根据统计研究目的,正确选择分组标志,确定分组标准,则事物性质的差异可以明确地表现出来,也就容易划分总体中各组的性质界限。因此,在通常情况下,品质数列能够较准确地反映总体备单位的分布状态和特征。

2. 按数量标志分组编制的分配数列,称为数量标志分配数列,简称变量数列。按数量标志分组,就是将变量值即数量标志值划分为不同的区段,通过各组的数量差别和变化来区分现象的不同性质,反映总体各单位在各组间的分布状态和特征。例如,某企业工人按看管机器台数分组可编制变量数列如表3-4所示。

表3-4 变量数列示例(单项数列)

按看管机器台数分组(台)	工人数(人)	工人数比重(%)
2	11	10.5
3	35	33.3
4	40	38.1
5	12	11.4
6	7	6.7
合 计	105	100.0
各组变量值	次数(频数)	比率(频率)

变量数列包含两个构成要素:(1)各组变量值,用 x_i 表示,即用来分组并按大小顺序排列的数量标志的具体数值;(2)总体单位在各组中出现的次数。次数有两种表现形式:一是以绝对数形式表现的次数,亦可称为频数,用 f_i 表示;二是以相对数形式表现的次数,即各组次数占全部次数的比重,称为比率、频率或相对次数,用 $f_i/\sum f_i$ 表示。

变量数列按照变量类型的不同,可分为连续型变量数列和离散型变量数列。

(1)连续型变量数列,即由连续变量分组构成的变量数列。如表3-5。

(2)离散型变量数列,即由离散变量分组构成的变量数列。如表3-4。

变量数列按形式不同,可分为单项式分组的变量数列和组距式分组的变量数列。

(1)单项式分组的变量数列,简称单项数列。它是指数列中每一组的变量值都只有一个,即一个变量值就代表一组。如表3-4。

(2)组距式分组的变量数列,简称组距数列。即数列中每一组的值是由两个变量值所确定的一个数值范围来表示。如表3-5。

表3-5 变量数列示例(组距数列)

工人按工资分组(元)	工人数(人)
100~300	50
300~500	125
500~700	224
700~900	73
900~1 100	28
合　　计	500

在组距数列中,涉及一些概念。(1)组数,即组的数目。表3-5中组数为5。(2)组限,即分组的数量界限,包括上限和下限。各组的最大值称作该组的上限,最小值称作该组的下限。表3-5中,第一组的上限为300,下限为100。(3)闭口组和开口组。上限和下限都齐全的组称闭口组,如表3-5中的各个组。有上限而缺下限或者有下限而缺上限的组称开口组。如表3-7中的首组和末组。一般当资料中存在少数特大或特小变量值时,采用开口组可避免组数增加过多或组距过大。(4)组距,即各组上限与下限之差,通常以 i 表示。如表3-5中第一组组距为200,各组组距之和等于全距。组距数列有等距和异距之分。各组组距都相等的组距数列,称作等距数列,如表3-5所示。各组组距不相等的组距数列,称作异距数列,如表3-9所示。(5)组中值,即各组上限与下限的中点值。在闭口组条件下,组中值的计算公式为:

$$组中值 = \frac{上限+下限}{2} \quad (3-1)$$

如表3-5中,第一组的组中值为200。在开口组条件下,组中值的计算可参照邻组组距求得,计算公式为:

统计学原理

$$缺下限组中值 = 上限 - \frac{邻组组距}{2} \qquad (3-2)$$

$$缺上限组中值 = 下限 + \frac{邻组组距}{2} \qquad (3-3)$$

如表 3-7 中,其首末两组组中值应为:

$$首组组中值 = 60 - \frac{10}{2} = 55$$

$$末组组中值 = 90 + \frac{10}{2} = 95$$

组中值是用来代表各组实际变量值的一般水平的,其前提条件是:各组的变量值在其组内是均匀分布的,或在组中值两侧呈对称分布。事实上,完全满足这一条件的可能性很小,所以组中值实际上只是各组变量值实际平均水平的近似代表值。编制组距数列时,应充分考虑到这一因素,尽可能减少其代表性误差。同时,为了计算的方便,应力求使组中值能取整数。

二、变量数列的编制

变量数列的编制比较复杂,因此有必要对变量数列的编制方法、编制步骤以及编制过程中需注意的问题进行探讨。下面拟结合实例具体说明变量数列的编制过程。

例如,某班 40 名学生的英语考试成绩如下:

```
83  78  88  86  74  83  89  74  87  68
33  75  83  71  66  77  81  70  74  91
73  81  99  84  73  60  64  83  85  72
62  68  95  80  92  78  79  83  85  54
```

根据上述资料,试编制一个变量数列,来反映该班学生英语考试成绩的分布状况。

(一) 阵列,求全距

首先对原始资料进行初步整理,即将各个变量值按大小顺序排列,形成一个阵列,并确定其全距 R。全距是指资料中的最大值与最小值之差,能反映资料中各变量值波动的范围大小。

将上述资料中各变量值按从小到大的顺序排列,可得如下的阵列:

```
33  54  60  62  64  66  68  68  70  71
72  73  73  74  74  74  75  77  78  78
79  80  81  81  83  83  83  83  83  84
85  85  86  87  88  89  91  92  95  99
```

该阵列可反映出资料的某些特征：首先,该班英语考试成绩分布在33～99分之间,最高分为99分,最低分为33分,全距为66分,波动幅度较大。其次,多数学生的考试成绩集中在70分到90分之间。通过初步整理,可使我们大致了解该资料的某些特征和变动规律,从而为正确编制变量数列提供必要的依据。

(二) 确定变量数列的形式

编制单项数列还是组距数列,主要取决于所研究变量的类型以及变量变动的幅度。对于连续变量,因其所描述对象的数量特征,在一个区间内可以有无限多个数值,无法按一定次序将其变量值一一列举,所以只能编制组距数列。对于离散变量,则要根据其变量值的多少和变异幅度的大小来确定。如变量值较少以及变异幅度较小的,可编制单项数列,如表3-4所示;如变量值较多以及变异幅度较大的,应编制组距数列。例如,某地区工业企业按职工人数分组,由于不同规模的企业职工人数差别很大,少则几十人,多则上万人,编制单项数列,势必会造成组数太多,难以确切反映总体中性质不同的各部分的分布特征,这就有必要增加各组所包含的变量值范围,减少组数,就得编制组距数列。具体如何分组,要结合分析目的及资料特点确定。

(三) 确定组距和组数

组距的大小和组数的多少互为制约成反比关系。组距越大,组数就越少;组距越小,组数就越多。组数过少,容易把不同质的单位归在一个组内;组数过多,又容易把同质单位划入到不同的组内。两者都不符合分组的要求,都不能确切地反映总体的分布特征。因此,确定组距和组数,应全面分析资料所反映的经济内容、变量值的离散程度或集中趋势以及数据多少等因素,要使组距能如实地反映出各组之间的数量界限,将同质单位归入同一组,而将不同质单位划分为不同的组,准确、真实地揭示出总体的分布特征及规律性。例如研究人口的年龄构成时,应结合研究任务做出相应的分组。表3-6就是国际上通用的人口年龄构成划分标准。

表3-6 人口年龄构成的类型[1]

年龄组	结 构(%)		
	增 加 型	稳 定 型	减 少 型
0～14岁	40	26.5	20
15～49岁	50	50.5	50
50岁以上	10	23.0	30

上述按年龄分组的目的,主要是为了研究人口的社会发展类型,结合实际资料,便于在国际间或地区间进行比较。

当变量值变动比较均匀,并且可能编制等距数列的条件下,其组距也可采用斯特奇斯

---

[1] 参考《人口统计学》,人民出版社1981年版,第32页。

(H. A. Sturges)公式求得。这是一种假定总体各单位按其标志分布趋于正态分布的条件下,根据总体单位数目近似确定分组数目并计算组距近似值的方法,是由经验总结得来。计算公式为:

$$组距(i) = \frac{全距(R)}{组数(k)} = \frac{R}{1+3.322 \lg n} \qquad (3-4)$$

式中:n 为变量值个数。如上述 40 名学生英语考试成绩资料,其全距 $R=99-33=66$,$n=40$,代入公式计算得组数 $k=6.32$,组距 $i=10.4$,一般取整数,组距约为 10。

需要指出,根据经验,由公式(3-4)求出的组数,当数据较少时,往往过多;当数据较多时,则往往过少。所以该公式只能作为参考之用。

结合以上分析和确定组距的方法,对上述 40 名学生按成绩分组可编制如下变量数列,见表 3-7 所示。

表 3-7 学生按成绩分组表

学生按成绩分组(分)	学生数(人)	比率(%)
60 以下	2	5.0
60~70	6	15.0
70~80	13	32.5
80~90	15	37.5
90 以上	4	10.0
合　　计	40	100.0

组距数列有等距数列和异距数列两种,选等距分组还是异距分组,应根据统计研究的任务和所研究现象变化的特点来决定。一般而言,凡是现象的变动比较均匀的,宜采用等距分组。如按工资,按身高、体重,按零件尺寸误差等分组。等距分组,由于各组组距相同,各组单位数(次数)只受标志变量的影响,因此可直接比较各组的次数。同时,根据等距数列资料,便于直接绘制统计图,计算各项综合指标并进行对比分析。因此,应尽可能采用等距分组。但在社会经济统计中,有些现象性质差异的变动并不均衡,往往波动很大,如急剧上升或下降,这就难以用等距分组的方法来划分不同性质的组,从现象量的变化中反映出不同质的差别,这就必须采用异距分组。对异距数列的组距和组数的确定,必须结合现象的性质特点和统计研究的任务全面综合地考虑。

例如,表 3-8 是我国第二次人口普查数资料,其中按年龄划分的人口组为异距分组,突出各组之间的差异,对于研究教育和劳动力资源等问题具有重要的意义。

表 3-8　全国人口普查数　　　　　　　　　（1964 年 7 月 1 日）

按年龄分组	人口数（万人）
0 岁	2 848
1～6 岁	10 694
7～12 岁	11 429
育龄妇女（15～49 岁）	15 161
劳动年龄人口	34 144
男 60 岁、女 55 岁以上人口	5 407
合　　计	68 971

注：按年龄分组总人口未包抱年龄不详人口。
资料来源：《中国统计摘要——1984》，中国统计出版社，第 18 页。

采用异距分组编制的异距数列，由于各组次数要受组距大小不同的影响，为消除此影响，更确切地反映出各组次数的实际分布状况，可计算次数密度或标准组距次数。

次数密度，就是单位组距内分布的次数，又称为频数密度。计算公式为：

$$次数密度 = \frac{次数(f_i)}{组距(i)} \quad (3-5)$$

标准组距次数，即选定数列中某一合适的组距作为标准组距，用标准组距除以各组组距，得各组组距折合为标准组距的系数，再将各组的折合系数分别乘各组的次数，即可得各组的标准组距次数。次数密度和标准组距次数的具体计算如表 3-9 所示。

表 3-9　次数密度与标准组距次数计算表

工人按日产量分组（件）	组距（标准组距为 20）	工人数（人）	次数密度	折合系数	标准组距次数
30～50	20	68	3.4	1	68
50～60	10	65	6.5	2	130
60～70	10	131	13.1	2	262
70～80	10	37	3.7	2	74
80～120	40	52	1.3	0.5	26
合　计	—	353	—	—	—

次数密度与标准组距次数其实质是相同的，它们都是对异距数列进行分析的重要指标。两者计算上的联系表现为：标准组距次数等于次数密度与标准组距的乘积。

（四）确定组限

组距、组数确定后，需进一步确定组限。组限应根据变量的性质来确定，更要有利于反映出总体各单位的实际分布特征。具体应考虑以下几个方面。（1）组限最好采用整数表示，如组距为 5，10…100 或类似数字，则各组下限尽可能取所选定组距的倍数。（2）组限一般不用负值表示,最小为零。(3)应使最小组下限不大于资料中的最小变量值,最大组上限不小于资料中的最大变量值。(4)对连续变量和离散变量组限的划分和表示方法,在技术上有不同的要求。对连续变量,相邻两组的组限应重叠,并且习惯上按照"上限不在本组内,应归入到下一组"的原则处理与上限相同的变量值。如表3-5中,工资为500元的工人,不应列入第二组而应归入第三组。对离散变量,相邻两组的组限应该间断,但又能相互衔接。如表3-10所示。

表3-10 离散变量组距数列示例

商店按职工人数分组(人)	商店数(个)
1～5	9
6～10	13
11～15	31
16～20	9
21～25	5
合　　计	67

实际工作中,组限的表示方法有多种形式,常用的如表3-11所示。表中(1)～(6),适用于表示连续变量的组限,其中(6)是"下限不在本组内,应归入到上一组"的组限表示方法。一般适用于越小越好的指标,如成本、生产费用等。(7)用于表示离散变量的组限,有时也可用来表示精确至最近单位或最后完整单位的连续变量的组限。如学生按身高分组(厘米)、人口按年龄分组(岁)等。

表3-11 组限的各种表示方法

(1)	(2)	(3)	(4)	(5)	(6)	(7)
0～10	10以下	0～	0～10以下	0～9.99	0～10	0～9
10～20	10～20	10～	10～20以下	10～19.99	10以上～20	10～19
20～30	20～30	20～	20～30以下	20～29.99	20以上～30	20～29
30～40	30～40	30～	30～40以下	30～39.99	30以上～40	30～39
40～50	40以上	40～	40～50以下	40～49.99	40以上～50	40～49

(五) 计量各组单位数

通过手工汇总或电子计算机汇总,在变量分组确定以后,直接计量各组内总体单位数目,得出各组总体单位的分配次数或以组次数占总次数的比率形式,则变量数列的编制结束,根据变量数列司进行各种统计分析。

第四节 变量数列的表示方法

变量数列是统计分组的一种重要形式,对于研究总体单位分布的状况和规律,以及在经济管理和综合分析方面,都有重要的意义。因此,需要采用正确的具有综合性和总结性的方法加以反映。列表和图示就是表述变量数列的通用方法。

一、列表法

即用统计表格形式表述变量数列的内容,这种表式也叫作次数分布表,如表 3-4、3-5、3-7 等。

为了便于分析问题和计算各种指标,需要列入累计次数和累计频率[①]。兹以表 3-12 中的假设资料为例,说明如下:

表 3-12 假设资料

工人按月奖金额分组(元)	次 数		较小制累计		较大制累计	
	工人数(人)	比率(%)	工人数(人)	比率(%)	工人数(人)	比率(%)
40～50	4	5.00	4	5.00	80	100.00
50～60	14	17.50	18	22.50	76	95.00
60～70	20	25.00	38	47.50	62	77.50
70～80	19	23.75	57	71.25	42	52.50
80～90	13	19.25	70	87.50	23	28.75
90～100	7	8.75	77	96.25	10	12.50
100～110	3	3.75	80	100.00	3	3.75
合 计	80	100.00	—	—	—	—

较小制累计是以变量值最小一组的次数为始点,逐项累计各组的次数和频率;每组的累计次数或累计频率,表示小于该组变量值上限的次数或频率合计有多少。较大制累计则是从变量值最大一组的次数或频率开始,逐项累计各组的次数和频率;每组的累计次数或累计频率,表示大于该组变量值下限的次数或频率合计有多少。[②]

---

① "累计"与"累积"通用,例如累计次数亦可称作累积次数。
② 计算累计次数或频率的方法只有上述两种,但有不同的名称,应该注意。例如,较小制累计在有些教科书中称为"向上累计"或"以下累计";较大制累计则叫作"向下累计"或"以上累计"。

二、图示法

即利用几何图形描述变量数列,借以鲜明地表明总体单位的分布状态和规律性。

根据一定的次数分布表,可以绘制相应的次数分布图。最常用的有次数多边形图和次数直方图。此外,还可以绘制累计次数分布图。绘制这类统计图的基本方法就是先画出直角坐标轴,横轴代表分组或组距,纵轴代表各组次数或频率。必要时,以左侧的纵轴表示次数,而以右侧的纵轴表示频率。

(一) 次数多边形图

兹以单项式变量数列为例,说明绘制方法。由于这种数列是以一个变量值作为一组,所以在横轴上可以按比例定出每组变量值的标点,再用细直线垂直于各组的标点上,各条细直线的高度分别表示各组的次数,最后用直线依次连接相邻的各条细直线的顶端,即成为表示次数分布的多边形图,也称次数分布折线图。图 3.1 就是根据表 3-4 绘制的次数多边形图。

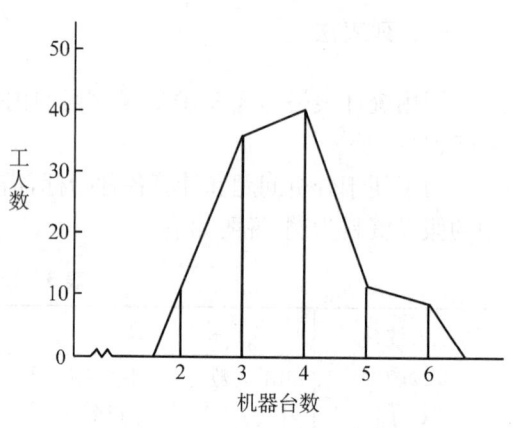

图 3.1 次数分布多边形图

(二) 次数直方图

在等距分组的条件下,图上横轴的划分应标明各组组限,以直方形的高度表示各组次数,其宽度与各组组距相适应,这样绘制的各直方形的面积可以用来表示各组次数的分布状态,称为次数直方图。

如果用直线连接直方图中各个直方形顶端的中点(即各组的组中值),并在直方图形左右侧各延伸一组,使折线与横轴相连接,即成次数分布折线图。在这种折线图的基础上,稍加修匀,即连接各组次数坐标点的线段用平滑曲线,就成为次数分布曲线图。图 3.2 就是根据表 3-12 绘制的次数直方图和次数分布曲线图。

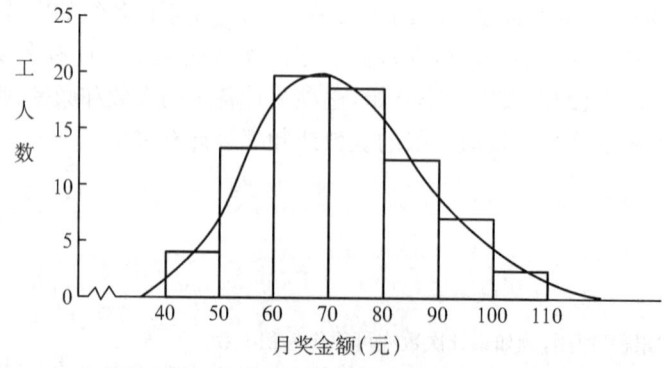

图 3.2 次数直方图

(三) 累计次数分布图

这是根据累计次数分布表制成的,绘制方法与次数分布折线图基本相同,较小制累计次数曲线以各组上限为横坐标,较大制累计次数曲线以各组下限为横坐标,其纵坐标都是累计次数。如果纵轴采用百分数为单位,则可以制成累计百分数曲线图,如图 3.3 所示。

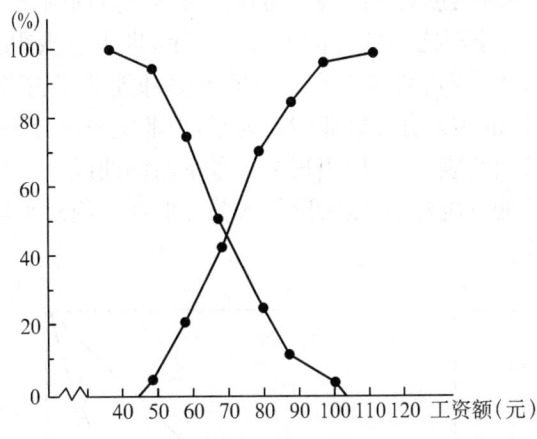

图 3.3　累计百分数曲线图

统计学家洛伦茨(M. Lorenz)利用累计百分数曲线,作为检定社会收入分配平均程度的方法。这种曲线就称为洛伦茨曲线。在现代西方经济学著作中,经常使用这种曲线来描述一国的收入分配平均程度。例如,根据××××年美国居民家庭收入分配的资料,见表 3-13,可以绘制如图 3.4 所示的洛伦茨曲线。

表 3-13　××××年美国居民家庭收入分配资料

年货币收入分组 （千美元）	家庭户数 %	占总收入的 %	家庭户数累计 %	收入累计 %
5 以下	13	2	13	2
5～10	17	7	30	9
10～15	16	10	46	19
15～20	14	12	60	31
20～25	12	14	72	45
25～35	16	23	88	68
35～50	8	17	96	85
50 以上	4	15	100	100
合　　计	100	100	—	—

运用洛伦茨曲线分析收入分配公平程度的方法,是利用两组对应的累计百分比资料的关系构成一个正方形图,来观察分析其分配的公平程度。其中,一组为总体标志总量分组的累计百分比,另一组为总体单位总数分组的累计百分比。图 3.4 中,联结两对角的直线,表示收入在家庭之间的分配绝对公平,可直观理解为:占总数 10% 的家庭获得总收入的 10%,占总数 20% 的家庭获得总收入的 20%……余可类推。因此,这条直线又称之为绝对公平分配直线,是绝对均衡的极限线。而在其对角 q 点周围是一个不公平分配区域,其实际含义表示:收入在家庭之间的分配绝对不公平,即占总数很大比重的家庭仅能获得占总数很小比重的收入,或占总数极小比重的家庭却能获得占总数极大比重的收入。事实上,一个国家或地区的收入分配既非绝对公平,也非绝对不公平,而是介于两者之间。实际分配情况由洛伦茨曲线表示,一般表现为一条下凸的曲线。下凸的程度越大,收入分配越不平均;反之,下凸的程度越小,则实际收入分配曲线与绝对平均分配直线越接近,收入分配的平均程度越高。

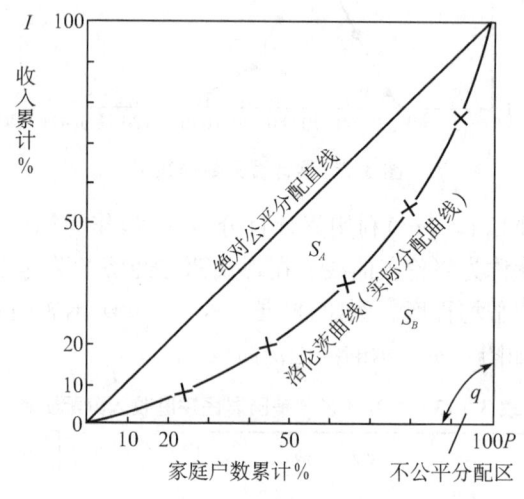

图 3.4 洛伦茨曲线图

洛伦茨曲线用图示方法形象直观地描述了收入分配的公平程度,但无法达到精确测量的要求。为了准确测定收入分配的平均程度,意大利经济学家基尼依据洛伦茨曲线,提出了计算收入分配平均程度的指标,即基尼系数 G,或称洛伦茨系数,其公式为:

$$G = \frac{S_A}{S_A + S_B} \tag{3-6}$$

参见图 3.4,上式中 S_A 代表绝对公平直线与洛伦茨曲线围成的弓形面积(表示不均衡时的量),$S_A + S_B$ 代表绝对公平直线右下方整个直角三角形的面积(表示完全均衡时的量)。G 就是 S_A 占 $S_A + S_B$ 的比例,其实际含义就是:在全部收入中,用于进行不平均分配的百分比。

当 $S_A = 0$ 时,$G = 0$,实际分配曲线与绝对公平直线重合,说明收入分配绝对平均;而当 $S_A = S_A + S_B$ 时,$G = 1$,则说明收入分配绝对不平均。实际的基尼系数一般介于两者之间,即 $0 \leqslant G \leqslant 1$。越接近于 0,说明收入分配越平均;越接近于 1,说明收入分配的差异越大。

实际计算 G 值时,有多种不同的分析思路和求解方法,下面介绍一种常用的比较简单的计算方法。

设 M_i 为某一收入水平组家庭数累计百分比,V_i 为某一收入水平组收入数累计百分比,则基尼系数可按下式计算:

$$G = \sum_{i=1}^{n-1}(M_i + V_{i+1} - M_{i+1}V_i) \qquad (3-7)$$

按表 3-13 资料计算得:

$$\begin{aligned}G =\ & (0.13 \times 0.09 - 0.3 \times 0.02) + (0.3 \times 0.19 - 0.46 \times 0.09) \\ & + (0.46 \times 0.31 - 0.6 \times 0.19) + (0.6 \times 0.45 - 0.72 \times 0.31) \\ & + (0.72 \times 0.68 - 0.88 \times 0.45) + (0.88 \times 0.85 - 0.96 \times 0.68) \\ & + (0.96 \times 1 - 1 \times 0.85) = 0.3955\end{aligned}$$

该方法计算简洁,便于记忆。

基尼系数是联合国规定的一种社会经济发展测量的统计指标,用于国际间、地区间收入分配公平程度的比较。作为一种反映社会分配公平程度的统计度量,G 值大小,对检查政策、反馈政策效果和社会改革措施,都有重要作用。如对纳税前后的 G 值进行比较分析,可以判断税收政策的实际效果。基尼系数不仅仅是专用于研究收入分配问题的工具,还是广义均衡分析的工具,可扩展延伸到对各类社会经济资源配置的均衡程度进行统计研究,使其成为统计分析的一种重要方法。

(四)次数分布曲线图

由上述变量数列的图示法可以看出,当变量数列的组数无限增多时,折线近似地表现为曲线。作为次数分布折线图的极限描述,次数分布曲线图通过曲线的升降起伏,显著地反映现象总体的分布特征和规律性。各种不同性质的社会经济现象各有其特殊的次数分布,从而决定了反映其分布特征的曲线形态也有各种不同的类型。主要有以下几种:

(1)钟形分布曲线。其形状为:中间隆起,两边低垂,宛如一口古钟。钟形分布的种类很多,主要有对称分布和非对称分布。在统计上具有重要意义的正态分布就是一种理想的对称分布。其分布特征是:以变量的平均值 $\overline{X}$ 为中心对称轴,左右严格对称,越近中心,变量值分布的次数越多,两侧变量值分布的次数随着与中心距离的增大而逐渐减少。该曲线有一个极大值点,从这一点向两边曲线不断下降,离最高点的地方下降较快,然后渐趋平缓,一直延伸至无穷远,但与横轴不相交,以横轴为其渐近线。该曲线与横轴所围成的面积等于 1,代表变量 X 全部可能取值的概率。如图 3.5 所示。

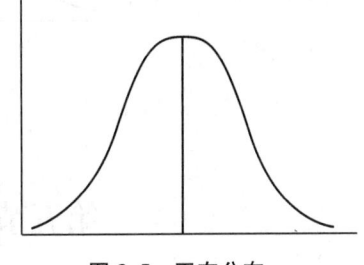

图 3.5 正态分布

正态分布是一种最重要最常见的概率分布形式。中心极限定理证明:在一定条件下,大量相互独立的随机变量和的极限分布渐近地服从正态分布。在社会经济统计中,如农作物平均产量的分布、商品市场价格的分布、学生考试成绩的分布、人体身高的分布等等,都可用正态分布来近似。

非对称分布,又称偏态分布,是相对对称分布而言的,即与对称分布相比,它在方向上和程度上均有所偏离。按偏离的方向不同,分为右偏(正偏)分布(其分布曲线向右方尾巴拉长)和左偏(负偏)分布(其分布曲线向左方尾巴拉长),如图 3.6 所示。图中 A 为右偏分布曲线,B 为左偏分布曲线。

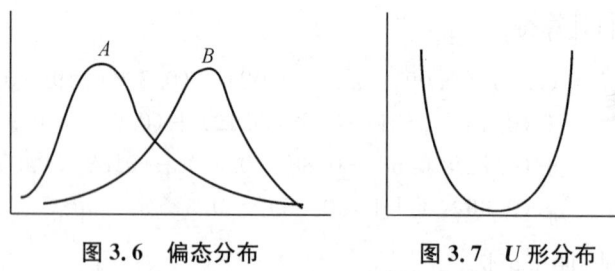

图 3.6　偏态分布　　　　　图 3.7　U 形分布

(2) U 形分布曲线。即靠近中间的变量值分布的次数少,而靠近两端的变量值分布的次数多,形成"中间小、两头大"的状态,其曲线图形类似英文字母 U,如图 3.7 所示。例如许多发展中国家的人口死亡率按年龄分组,其分布状态成 U 形图。

(3) J 形分布曲线。这类曲线的形状似英文字母 J,所以称为 J 形分布曲线。其中有正 J 形分布与反 J 形分布之分,前者的次数随着变量值的增大而增多,后者的次数随着变量值的增大而减少。在资本主义国家中,投资额按利润率大小的次数分布,其图示一般形成正 J 形分布曲线,如图 3.8(a)所示;育龄妇女按生育子女数分组,其次数分布趋近于反 J 形分布状态,如图 3.8(b)所示。

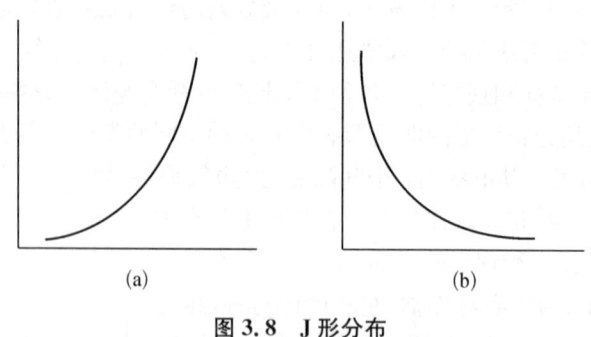

(a)　　　　　　　　　(b)

图 3.8　J 形分布

第五节　统计汇总的组织与技术

在统计分组的基础上,根据汇总方案中确定的分组标志和分组数目,将总体各单位分别归纳到各组中,计算各组和总体的单位数和标志值,使原始统计资料转化为综合统计资料的工作过程,称为统计汇总。汇总前的资料审核,采取合理的汇总的组织形式,选用适宜的汇总技术方法,是统计汇总的主要内容。

一、汇总前的审核

汇总前对原始资料进行检查审核,及时发现问题,纠正错误,是保证统计汇总质量的首要环节。

统计汇总的质量与原始资料的及时性、完整性和准确性密切有关,所以应该就这三个方面进行检查。

及时性检查就是检查所有填报单位的资料是否及时送到。完整性检查就是检查资料是否完整,应报送的报表是否到齐,应填的指标有无遗漏缺报。资料的及时性和完整性是其准确性的前提条件,在统计资料及时、完整的前提下,认真检查资料的准确性,这是审核的重点。

统计资料准确性的检查,主要包括以下两种方法:

(一) 计算检查

就是对各项指标数值的计算结果,反复进行算术运算,检查调查资料是否准确。例如,单项数值相加是否等于小计,小计加总之和是否等于合计,各横行、纵栏的合计数以及有关百分数、平均数是否有误,数字的计量单位是否符合规定等。

(二) 逻辑检查

就是从理论上或根据常识来判断调查资料内容是否合理,填报的各个项目之间有无矛盾等。例如在人口调查资料中,如果发现其中有人填报年龄为5岁,文化程度为大学毕业,显然是矛盾的。又如,在某一工业企业报表中发现利润指标数值很高,而成本却大量超支,这显然是个问题。逻辑检查法主要是针对调查资料与一些有关的项目和已知数字进行比较,从比较的结果中发现资料的可靠性。例如在上例中,就是通过对同一单位、同一时期的各个项目或指标数值进行比较,以发现问题。此外,可以就某一指标的报表资料与同一单位的前期资料比较,审查是否存在异常的情况。还可以就某一指标数量与其他同类调查单位的同期资料相比较,如果相差非常悬殊,可以断定资料有差错。所以,只有通过比较,才有可能鉴别资料的可靠与否。

计算检查法能够肯定资料是否准确。如有差错,可以及时订正。逻辑检查法在多数场合只能发现存在差错的可能性,如果发现问题或可疑之处,应通知原报单位复查。

二、统计汇总的组织形式

统计汇总的资料繁多,范围广泛,而且对汇总资料也有不同的要求,所以需要采取合理的组织形式,保证统计汇总工作的顺利进行。

统计汇总的组织形式基本上有两种,即:

(一) 逐级汇总

按照一定的统计管理体制,自下而上逐级汇总调查资料。我国现行的统计报表制度就是采取这种组织形式。其优点是便于就地查对审核调查资料,及时满足各地区、各部门所需的统计资料。其缺点在于汇总的层次多,反复转录资料,发生登记性误差的可能性较大。而且费时较多,影响资料的时效性。

为了及时检查和更正原始资料或初步汇总资料中的差错,在我国统计实践中曾采用会审汇编的方法,即由上级部门定期组织所属单位的统计人员自带报表和有关资料,集中到综合单位,分工协作,共同会审、汇总和编制综合报表,以提高汇总资料的质量。

(二) 集中汇总

就是将全部调查资料集中到组织统计调查的最高一级机关统一汇总。其优点是缩短汇总时间,适用于快速普查、快速电讯报告等资料的汇总。在推广使用电子计算机的条件下,更能发挥集中汇总的优点,提高汇总资料的及时性和准确性。但集中汇总的缺点就是原始资料如有差错,不能就地更正;同时,汇总的资料不能及时满足各地区、各部门的需要。

有时,将上述两种形式结合运用,称为综合汇总。亦即将各地区、各部门所需要的最基本的统计指标实行逐级汇总,同时又将全部原始资料实行集中汇总。我国1982年第三次全国人口普查资料就是采用这种组织形式汇总的。

三、统计汇总的技术方法

选用合适的汇总统计资料的技术方法,可以提高汇总工作的效率和质量。在我国统计汇总工作中,采用的统计汇总技术主要有手工汇总和电子计算机汇总。

(一) 手工汇总

以手工操作方式对统计资料进行汇总,目前仍是普遍采用的一种方式。常用的汇总方法有以下四种:

(1) 划记法。也叫点线法,就是用点、线等记号代表每一个总体单位,根据总体单位所属的组别,就在汇总表上相应的组中记一个点或划一短线,最后计算各组中的点或线的数目,即得出各组的总体单位数。常用的点线记号有"正""卌"等。表 3-14 就是运用划记法汇总的例子。这种方法简便易行。但只能汇总总体单位数,不能将总体标志值汇总为各组的指标数值。

表 3-14 划记法汇总

按月奖金额分组(元)	划 记 号	工 人 数
40 以下	丅	2
40~49.9	正一	6
50~59.9	正正	9
60~69.9	正正正一	16
70~79.9	正正正正	20

续表

按月奖金额分组(元)	划 记 号	工 人 数
80～89.9	正正一	11
90～99.9	正	4
100以上	丁	2
合　　计	—	70

(2) 过录法。将各个单位的调查资料过录到预先设计的汇总表(工作表)中,然后计算加总,求出各组总体单位数和标志值的合计数,再填入正式的统计汇总表。采用这种方法汇总的内容多,也便于比较核对,但过录工作量大,费时费力。在总体单位不多而分组又不太复杂的情况下,采用这种方法比较合适。

(3) 折叠法。将所有调查表或报表中需要汇总的项目和数值全部折在边上,一张接一张叠放在一起,露出数字,然后直接汇总同一纵栏或同一横行中的数字。这种方法简单易行,不需要过录,省力省时。其缺点就是一旦出现差错,不易查明原因,往往要从头返工。

(4) 卡片法。将调查材料先过录在特制的卡片上,再利用卡片分组归类,汇总计算。这是汇总大量调查资料的一种比较科学的方法,比上述三种手工汇总方法更为简便准确。

工业普查曾经采用的摘录卡片如表3-15所示。

表3-15 摘录卡片

经营类型	经营情况	工业部门编号	主管系统编号	地区编号	大型或小型	工人数编号	动力编号
		企 业 编 号					
		工人总数	生产工人数	原动机能力(千瓦)	发动机能力(千瓦)	电动机能力(千瓦)	能力总和(千瓦)

(二) 电子计算机汇总

随着国民经济和社会主义现代化建设的发展,经济管理水平的不断提高,反映国民经济情况的统计资料日益繁多而复杂,统计服务对象又非常广泛,这就要求统计计算和数据传输技术现代化。广泛应用电子计算机汇总,并进一步建立电子计算机的网络系统,是实现统计工作现代化的一个重要标志。

电子计算机的主要部件包括存储器、运算器、控制器、输入和输出装置以及电源等,亦即通常所说的硬件。软件是指运用计算机的全部技术,其中面向用户的软件,主要为用户服务,如程序设计语言及其编译程序、各种应用程序等。硬件与软件两者结合,才能用电子计算机进行数据处理。

电子计算机汇总一般要经过编制程序、编码、数据录入、逻辑检查和制表打印几个步骤。其中编制程序是一个重要环节,它是按照计算机语言对汇总工作进行全面系统的安排。一般在统计工作中有已编好程序的软件可供选用。常用的统计软件有数据库管理软件、录入软件、编辑整理软件、统计制图软件和分析评价用软件等。

应用电子计算机进行统计资料的汇总,其主要特点是速度快,精度高,在程序控制下自动工作,进行各种逻辑判断,并能存储大量的数据信息。无疑,电子计算机汇总是统计资料集中汇总工作的发展方向。

第六节 统 计 表

一、统计表的概念和构成

从广义上来说,统计表是以纵横线条交叉结合成的表格,用来表现统计资料的一种形式,包括统计工作各个环节所用的表格,如调查表、汇总表或整理表、统计分析表、时间数列表等。本节侧重讨论由统计资料汇总结果整理而成的统计表的内容。

统计汇总得出的许多说明社会经济现象和过程的统计资料,按照一定的顺序排列在由横行、纵栏交叉结合而成的表格中。这种表现统计资料的表格称为统计表。统计表中除了列出汇总所得的绝对数外,还可以列出有关的相对数和平均数。因此,统计表能使大量统计数字系统化,人们在阅读时一目了然,有时胜过长篇大论的叙述。同时,通过统计表,可以对社会经济现象从多方面进行对照比较,了解现象或过程的内在联系。

从统计表的形式来看,主要是由总标题、横行标题(横标目)、纵栏标题(纵标目)和指标数值(数字资料)四个部分构成,其一般表现形式如表3-16所示。从统计表的内容来看,包括主词和宾词两个部分。主词就是统计表所要说明的对象或总体,即被研究总体的各个组成部分,通常列在表的左下方。宾词就是用来说明主词的统计指标,通常列在表的右上方。

表3-16 1997年5月我国工业总产值(总标题)

按轻重工业分	总产值	
	绝对数(亿元)	比重(%)
轻工业	2 686.16	43.98
重工业	3 421.48	56.02
合　计	6 107.64	100.0

(横行标题在左侧,纵栏标题在上方,指标数值在右下方;主词在下,宾词在下)

二、统计表的种类

统计表按其主词的结构状况,亦即按照主词是否分组以及分组的程度,可以分为简单表、分组表和复合表。

(一) 简单表

简单表是指表的主词未经任何分组,仅列出总体各单位的名称或按时间顺序简单排列的统计表。如表3-17和3-18所示。简单表一般可以用来比较各单位、地区、国家的社会经济现象和情况,或者说明某些现象的发展情况。

表3-17 第四次人口普查我国三个直辖市的人口

(1990年7月1日零时) 单位:人

城市名称	人口数	其中:市辖县的人口数
北京市	10 819 407	3 456 982
天津市	8 787 402	2 930 334
上海市	13 341 896	5 127 460

资料来源:"国家统计局关于1990年人口普查主要数据的公报(第二号)"。

表3-18 黄金和外汇储备

年份	黄金储备(万盎司)	国家外汇(亿美元)
1993	1 267	211.99
1994	1 267	516.20
1995	1 267	735.97
1996	1 267	1 050.29

资料来源:《中国统计年鉴1997》。

(二) 分组表

分组表是指表的主词按某一标志进行简单分组的统计表。分组表的主词可以按品质标志分组,如表3-16;也可以按数量标志分组,如表3-4、表3-5等。利用分组表可以揭示不同类型现象的特征,分析现象的内部结构和现象之间的依存关系。

(三) 复合表

是指表的主词按两个以上的标志进行复合分组的统计表。例如表3-19就是复合分组表。

表3-19 全社会固定资产投资额

项目	投资额(亿元)	比重(%)
一、全民所有制单位	952	69.5
基本建设	594	43.4
更新改造及其他措施	358	26.1

续表

项　　目	投资额(亿元)	比重(%)
二、集体所有制单位	156	11.4
城　　镇	45	3.3
农　　村	111	8.1
三、个人建房投资	261	19.1
城　　镇	17	1.3
农　　村	244	17.8
合　　计	1 369	100.0

资料来源：《中国统计摘要——1984》，中国统计出版社，第63页。

利用复合表，可以揭示被研究对象因受多个因素的共同影响而产生的变化情况，分析较复杂事物的特征及其规律性。

三、宾词指标的设计

构成统计表另一个组成部分的宾词，亦即说明总体的统计指标，为了进行深入分析，可以对这类统计指标进行分组整理，通常称为宾词指标的设计。这种设计有三种情况，即不分组设计、简单设计和复合设计。

（一）不分组设计

即对宾词指标不进行任何分组，直接把各项指标在表中平行排列。如表3-18，表3-19。

（二）简单设计

按不同的分组标志对宾词指标进行简单分组，然后将几种不同的分组在表中并行排列，如表3-20所示。简单设计通过几种并行的分组，直接说明指标的内容，以便进一步对总体进行分析。

表3-20　某企业各车间人员的性别和教育程度
（宾词简单设计示例）

车间	全部人员合计	其　中				
		性别		教育程度		
		男	女	初等教育	中等教育	高等教育
甲	(1)	(2)	(3)	(4)	(5)	(6)
第一车间	167	54	113	59	88	20
第二车间	254	95	159	92	132	30
第三车间	65	50	15	35	22	8
合　计	486	199	287	186	242	58

(三) 复合设计

就是将宾词指标按两个或两个以上的分组标志进行复合分组,作层叠的排列,如表 3-21 所示。复合设计把几种分组结合起来,可以深入说明总体的特征。但应注意,如同以前所述的复合分组一样,如果分组标志过多,则宾词指标的栏数成倍增加,使统计表过于复杂庞大,反而不容易反映出总体的规律性。究竟采用简单设计或者复合设计,应根据统计研究的任务和要求,全面加以考虑。

表 3-21 某企业各车间人员性别和教育程度

(宾词复合设计示例)

车间	全部人员合计	其中								
		初等教育			中等教育			高等教育		
		男	女	合计	男	女	合计	男	女	合计
甲	(1)	(2)	(3)	(4)	(5)	(6)	(7)	(8)	(9)	(10)
第一车间	167	14	45	59	32	56	88	8	12	20
第二车间	254	27	65	92	52	80	132	16	14	30
第三车间	65	28	7	35	17	5	22	5	3	8
合 计	486	69	117	186	101	141	242	29	29	58

四、编制统计表的规则

要使统计表既能正确地反映社会经济现象和过程的数量特征,又能使人们易于了解其内容,得出明确的结论,在设计统计表式时,应该遵循科学、实用的原则,并注意以下几项技术规则:

(一) 统计表的各项标题,应该简明确切

总标题概括反映表中的基本内容,表明资料所属的时间和地区范围。

(二) 统计表的内容应力求简明扼要

避免过于庞杂,使人一目了然,便于比较和分析。

(三) 表内各栏应按合乎逻辑的顺序依次排列并加以编号

主词栏及计量单位栏(需要分别注明不同的计量单位时专设的纵栏)常用(甲)(乙)等文字编号;宾词指标各栏则用(1)(2)(3)等数字编号。如果各栏统计数字之间有一定的计算关系,可以利用数字编号表明其间的关系,例如,(6)=(5)÷(4),表示第(6)栏数字为第(5)栏数字除以第(4)栏数字之商。

（四）指标数值应根据所反映的社会经济现象性质的不同和数值的大小,采用不同的计量单位

当各行的计量单位不同时,在横行标题后专设一栏,分别标写各行的计量单位。如果各栏的计量单位不同时,则各纵栏标题的下方或右侧标写相应的计量单位。当表中指标数值都按同一单位计量时,则在统计表的右上角标写计量单位。

（五）表中同一栏数字,应对准位数,要有同一的精确度

如果缺少某项数字时,用符号"…"表示;当不存在某项数字时,用符号"——"表示。

（六）统计表左右两侧不划纵线,一般采用"开口"表式。

（七）统计表的资料来源以及需要附加的说明,可以写在表的下端,以便查改。

第四章 综合指标

统计工作的第三个阶段就是统计分析,它根据汇总整理的统计资料,运用各种统计方法,从数量入手,研究事物之间的数量关系,揭示社会经济现象的一般特征及其规律性。

统计作为认识社会的有力武器,必须从静态和动态两方面对社会经济现象和过程加以研究分析,需要运用诸如综合指标法、动态分析法、指数分析法等。其中,综合指标法是统计中的基本数量方法,是统计分析的基础。

对社会经济现象和过程进行分析,都离不开总量指标、相对指标和平均指标,这三种指标总称为综合指标。运用综合指标对社会经济现象和过程进行数量分析的方法,称为综合指标法。

第一节 总量指标

一、总量指标的概念和作用

(一) 总量指标的概念

就是反映在一定时间地点和条件下的社会经济现象总体规模或水平的统计指标。这类指标是通过全面调查的方法,对总体单位进行调查登记,逐步汇总得出的总体单位总数或某种标志总量,所以称为总量指标,其表现形式就是绝对数。

总量指标按其反映内容的不同,分为总体单位总量和总体标志总量。单位总量反映总体中单位的总数,说明总体本身的规模大小。如工业企业总数、职工总数、学校总数,等等。标志总量反映总体中各个单位某一标志值的总和,说明总体某一数量特征的总量。例如工农业总产值、基本建设投资额、商品销售额、工资总额,等等。随着统计研究目的的改变,单位总量与标志总量可以相互转化。例如,研究企业全员劳动生产率,计算职工平均工资时,职工总数作为单位总量;当研究企业规模,计算企业平均职工人数时,职工总数就成为标志总量。

总量指标按其反映的时间状态的不同,分为时期指标和时点指标。时期指标是反映总体在一段时期内(例如一旬、一月、一季或一年)活动过程的总量,例如产品产量、产值、商品销售额等。经济学中又称之为流量。时期指标的主要特点是:(1) 由于时期指标反映的现象是连续不断地发生的,所以指标数值可以连续计量,每个时期的累计数表明现象在该时期活动过程或发展过程的总成果。(2) 同一总体,时期指标数值的大小与时期长短成正比。例如,一年的总产值总是大于一季或一月的总产值。

时点指标是反映总体在某一特定时刻(瞬间)上的总量,例如期初或期末的职工人数、设备台数、商品库存量等。经济学中又称之为存量。这类指标的主要特点是:(1)由于时点指标数值表示社会经济现象发展到某一特定时点上所处的水平,所以其数值只能按时点间断计数,不能累计。如果把各时点上的数值相加,就会造成重复计算,不能反映实际情况。(2)每个指标数值的大小与时点之间的间隔长短没有直接的依存关系。例如,一个企业年末的职工总数不一定比某月的月末职工总数大。

总量指标按其指标数值采用的计量单位不同,分为实物指标、价值指标和劳动量指标。

实物指标是以实物单位计量的总量指标。用于反映各同类实物的总量,但不能用于不同类别的总量的汇总。

实物单位还有不同的表现形式,可以根据事物的性质和研究任务分别采用:(1)实物的自然单位。就是按照现象的自然表现形态来计量其数量的计量单位。例如人口按人,汽车按辆,机器按台,牲畜按头计算等。(2)度量衡单位。即按照统一的度量衡制度的规定来计量事物数量的计量单位,例如钢铁按吨,粮食按公斤或吨,木材按立方米计算等。(3)标准实物单位。就是在同一性质或同一用途的产品中,挑选一种产品作为标准产品,其他产品则按照一定的换算系数换算为以标准产品的实物单位来表示产量的一种计量单位。例如,各种牌号拖拉机的牵引马力不同,可以按 15 匹马力的拖拉机为标准折算为标准台数,就是用不同牌号的每台牵引马力除以标准单位 15 匹马力,求出换算系数,再乘以原来的台数,即得出标准台数。这种换算方法称为"能力换算法"。又如,各种不同发热量的能源换算为 7 000 大卡/千克的标准煤,称为"质量换算法"。根据实际需要和产品的特点,还可以按照同类产品的劳动消耗定额、成本、含量或使用价值等确定换算系数。(4)有时,为了充分表明实物的数量,需要采用复合计量单位。例如,货物周转量按吨公里计算,发电量按千瓦时计算,等等。

价值指标是以货币单位计量的总量指标。货币单位是由社会必要劳动时间所确定的商品的价值单位,如元、千元、万元等。例如,我国 1997 年 3 月工业销售产值(现价) 5 588.42 亿元,其中轻工业销售产值 2 445.97 亿元,重工业销售产值 3 142.45 亿元,都是价值指标。价值指标按价格的固定程度分为不变价价值指标和现价价值指标,上例中就是现价价值指标。价值指标具有综合和概括的能力,可以综合表现各种具有不同使用价值的产品或商品的总量。

劳动量指标是以劳动单位计量的总量指标。劳动单位是用劳动时间表示的计量单位,是一种复合单位,通常用工时、工日表示。劳动量可以相加,加总的结果就是劳动消耗总量。它可用于分析劳动资源和劳动时间的利用情况,为核算企业工人工资和计算劳动生产率提供依据。同时,也是基层企业编制和检查生产作业计划的重要依据。

(二)总量指标的作用

反映社会经济基本情况的数字资料,最先都表现为总体单位总量或标志总量。在统计分析中,总量指标是综合指标中的基本指标,具有重要的意义和作用。

首先,总量指标是从数量方面反映社会经济现象基本情况的指标,是认识事物的客观依据和起点。例如，要了解我国的国情国力和国民经济的发展情况，就必须掌握人口总数、国土面积、工农业总产值、财政收支额、国民收入等总量指标。又如，掌握了企业的资金总额、职工人数、主要产品产量、工业总产值、净产值、利润额等一系列总量指标，就可以对企业的规模、经营管理状况基本上有所了解。

其次，总量指标是实行社会主义的科学管理的重要依据。各级领导机构指导工作、决定政策、编制和检查计划、进行科学管理，都需要胸中有"数"，这个"数"首先就是事物的总量指标的数值。

第三，总量指标是计算相对指标和平均指标的基础。总量指标准确与否，直接影响统计分析的准确性。

二、总量指标的计算和运用

（一）总量指标的统计方法及其应遵循的基本原则

总量指标数值都是通过对总体单位进行全面调查登记，采用直接计数、点数或测量等方法，逐步计算汇总得出的。例如，统计报表中的总量资料，普查中的总量资料，都是采用这种直接计量法取得的。只有在不能直接计算或不必直接计算总体的总量指标的少数情况下，才采用估计推算的方法，取得有关的总量资料。估计推算法将在第九章中介绍。

总量指标数值在计算方法上比较简单，但在计算内容上却是相当复杂，这就涉及如何在质与量的统一中，反映一定历史条件下社会经济现象的规模和水平。因此，总量指标数值的计算并不是一个单纯技术性的加总问题，而必须以马克思列宁主义的理论为依据，正确规定总量指标所表示的各种社会经济现象的概念、构成内容和计算范围，确定计算方法，然后才能进行计算汇总，以取得正确反映社会经济现象的总量资料。例如，要正确计算工资总额，必须先明确工资的实质和构成。要计算国民经济各部门职工人数，不仅要明确职工的概念和范围，而且要从理论上先确定国民经济部门的分类，才能得出按部门分类的职工人数。

（二）总和记法及求和规则

计算总量指标数值时，或在统计运算中，涉及一系列变量值或标志值的全部或部分相加，是最常用的一种运算，需要采用简便的记法来表示其总和。代表总和的通用符号就是希腊文大写字母 $\sum$（读作 Sigma），也称为连加和号，最常见的形式为 $\sum_{i=1}^{n} X_i$，其中 X_i 代表各个变量值，总和号上下方的标号表明计算总和的 X_i 的起止点，即从 X_1 开始加到 X_n 为止：

$$\sum_{i=1}^{n} X_i = X_1 + X_2 + X_3 + \cdots + X_n \quad (4-1)$$

为简便起见，常以 $\sum$ 作为 $\sum_{i=1}^{n}$ 的简写。

以下分别介绍三个求和规则或公式。

1. 设 X 和 Y 是两个变量，则两个变量之值的和之总和，等于每个变量之值的和之总和，即

$$\sum (X_i + Y_i) = \sum X_i + \sum Y_i \quad (4-2)$$

因为

$$\begin{aligned}\sum (X_i + Y_i) &= (X_1 + Y_1) + (X_2 + Y_2) + \cdots + (X_n + Y_n) \\ &= X_1 + Y_1 + X_2 + Y_2 + \cdots + X_n + Y_n \\ &= X_2 + Y_2 + \cdots + X_n + Y_1 + Y_2 + \cdots + Y_n \\ &= \sum X_i + \sum Y_i\end{aligned}$$

同理，可以证明两个变量之值之差的总和，等于每个变量之值的总和之差，即

$$\begin{aligned}\sum (X_i - Y_i) &= (X_1 - Y_1) + (X_2 - Y_2) + \cdots + (X_n - Y_n) \\ &= (X_1 + X_2 + \cdots + X_n) - (Y_1 + Y_2 + \cdots + Y_n) \\ &= \sum X_i - \sum Y_i\end{aligned} \quad (4-3)$$

上述结论可以推广到若干个变量之值的总和，例如：

$$\sum (X_i + Y_i - Z_i) = \sum X_i + \sum Y_i - \sum Z_i \quad (4-4)$$

2. 某一变量乘以常数 a 后所求的总和，等于该变量值的总和乘以常数 a，即

$$\begin{aligned}\sum (aX_i) &= aX_1 + aX_2 + \cdots + aX_n \\ &= a(X_1 + X_2 + \cdots + X_n) \\ &= n\sum X_i\end{aligned} \quad (4-5)$$

3. 假设进行 n 次观测，每次所得的观测值为同一常数，则 n 次观测值的总和等于 n 乘以该常数，即

$$\sum_{i=1}^{n} a = a + a + \cdots + a = a(1 + 1 + \cdots + 1) = an \quad (4-6)$$

第二节　相对指标

一、相对指标的概念和作用

总量指标是反映现象的规模或水平的重要指标，但不易深入说明事物发展的程度和差别，也不能直接反映事物之间数量联系的程度。为此，需要将有关指标联系起来进行比

较,有比较才能鉴别。例如,只有通过有关指标的对比,才能对计划完成与否、产量的增长程度、工作质量的好坏、事物发展速度的快慢以及发展的普遍程度等做出有效的判断。可见,要深入研究社会经济现象,应在总量指标的基础上,计算各种相对指标,开展对比分析工作。

相对指标就是社会经济现象中两个相互联系的指标数值之比,用来反映某些相关事物之间数量联系程度的综合指标。例如,工农业总产值的构成、人口性别与年龄的构成、产品产量的计划完成程度、人口密度等,都是相对指标,又称为统计相对数。

相对指标的数值的表现形式,除了强度相对指标采用复名数表示外,一般是用抽象化的数值如系数、倍数、成数、百分数(%)或千分数(‰)表示。相对指标数值采用这些无名数的计量形式,主要是为了能够更明确地反映它所表示的内容。(1)系数和倍数是将对比的基数(即分母数值)抽象为1而计算的相对数。当分子与分母数值相差较小时,用系数表示。例如,标准实物产量的换算系数、工资等级系数等。如果对比的分子数值与分母数值差别很大时,则用倍数表示。例如,我国1996年工业总产值为1952年工业总产值的285.4倍。(2)当对比的分子与分母数值相差不大时,可以将对比的基数抽象为10,用成数表示。例如,设某地区今年棉花产量比上年增产1/10,即增产一成。(3)在大多数情况下,将对比的基数抽象为100,用百分数表示对比的结果。例如,计划完成百分数、发展速度、结构相对数等,都采用百分数表示,这是计算相对指标数值时最常用的形式。(4)当对比的分子数值比分母数值小得很多时,应用千分数表示其对比的结果。就是将对比的基数抽象为1 000,计算相对数。例如,根据抽样调查表明,我国人口自然增长率1996年为10.42‰。

在统计分析中,广泛应用相对指标,已成为分析社会经济现象的内部构成和外部联系的基本方法之一。它的主要作用可以概括为以下两个方面,即:(1)利用相对数,可以综合地表明有关现象之间的联系程度,反映现象和过程的比率、构成、速度、程度、密度等,有助于深入说明总量指标所不能充分说明的问题。例如,通过结构相对数,计算国民收入使用额中积累基金和消费基金之间的比例,这对于深入认识国家建设和人民生活的相互关系、国民经济是否协调地按比例发展,都有十分重要的意义。(2)相对指标将现象在绝对数方面的具体差异加以抽象,使原来不能直接对比的总量指标可以对比。例如,由于企业规模不同,不能直接用工业总产值的多少来比较同类企业工作质量的好坏。如果计算产值计划完成程度、固定资产利用程度、产值资金率、产值盈利率等相对数,就可以在不同规模的同类企业之间进行对比,做出恰当的评价。

二、相对指标的种类及其计算方法

随着统计分析目的的不同,两个相互联系的指标数值对比,可以采取不同的比较标准(即对比的基础),而对比所起的作用也有所不同,从而形成不同的相对指标。一般可以分为下列六种,即计划完成情况相对指标、结构相对指标、比较相对指标、比例相对指标、动态相对指标和强度相对指标。

(一) 计划完成情况相对指标

通称计划完成相对数,是以现象在某一段时间内(如旬、月、季或年)的实际完成数与计划任务数对比,借以表明计划完成程度的综合指标。一般用百分数表示,基本计算公式如下:

$$\text{计划完成相对数} = \frac{\text{实际完成数}}{\text{计划任务数}} \times 100\% \qquad (4-7)$$

在企业、单位或在整个国民经济范围内,都经常应用计划完成相对数作为监督和检查计划的工具之一。在经济管理中,正确计算计划完成相对数,可以反映各项计划指标的完成程度,为评价工作成绩提供依据;通过计划完成相对数,可以反映计划执行进度,及时发现问题,提出措施,改进工作。从宏观角度着眼,通过计划完成相对数的对比分析,可以反映出国民经济计划执行过程中的薄弱环节,为组织新的平衡以推动国民经济的发展提供依据。

计算计划完成情况相对指标的基数是计划任务数。由于基数的表现形式有绝对数、平均数和相对数三种,因而计划完成相对数在形式上有所不同,但在计算方法上仍然以计划指标作为对比的基础或标准。兹分别说明如下:

(1) 计划任务数为绝对数,计算计划完成相对数的公式与(4-7)式相同,一般适用于研究分析社会经济现象的规模或水平的计划完成程度。

(2) 计划任务数为平均数,计算计划完成相对数时,只要将(4-7)式中的分子项和分母项相应地改为实际平均水平和计划平均水平,即

$$\text{计划完成相对数} = \frac{\text{实际平均水平}}{\text{计划平均水平}} \times 100\% \qquad (4-8)$$

在经营管理中,有些计划任务是用平均数形式表示的,例如工业生产中的劳动生产率、单位产品成本、单位产品原材料消耗量;又如农业生产中的粮食亩产量,等等,可以采用上述方法检查这些计划任务的完成情况。

(3) 计划任务数为相对数,计算计划完成相对数的公式为:

$$\text{计划完成相对数} = \frac{\text{实际完成数}(\%)}{\text{计划数}(\%)} \times 100\% \qquad (4-9)$$

计划任务大多数是用计划数量指标或质量指标规定的,但有些计划任务是用计划提高的百分数或计划降低的百分数规定的,例如劳动生产率计划提高百分数、产品的成本降低率、流通费用降低率等。考核这些计划任务完成情况时,可以按上述公式计算相对指标的数值。假设某企业计划规定劳动生产率比上年水平提高10%,实际比上年提高了15.5%,则

$$\frac{\text{劳动生产率计划}}{\text{完成情况相对数}} = \frac{115.5\%}{110\%} = 105\%$$

结果表明,劳动生产率超额5%完成计划。又如,某种产品的计划成本降低率为5%,实际

成本降低率为10%,则该产品成本降低率计划完成相对数为:

$$\frac{(100-10)\%}{(100-5)\%} = \frac{90\%}{95\%} = 0.947 \text{ 或 } 94.7\%$$

结果表明,超额完成产品成本降低计划的程度为 $94.7\% - 100\% = -5.3\%$。

值得指出,以上两个例子中的计划数是以比上期提高或降低百分之几的形式表示的,所以计算计划完成相对数时,都应包括原有基数100%在内,不能以实际提高的百分数(或实际降低率)直接与计划提高的百分数(或计划降低率)对比。以上述产品成本降低率计划完成相对数的计算方法来说,完全符合基本公式(4-7)式的要求,实质上就是实际水平与计划水平之比:

$$\frac{\text{实际成本水平}}{\text{上期成本水平}} \div \frac{\text{计划成本水平}}{\text{上期成本水平}} = \frac{\text{实际成本水平}}{\text{计划成本水平}}$$

在实际工作中,有时用计划成本降低率减实际成本降低率,即用差数来说明计划完成程度。事实上,这种用减的方法求出的差数只能表示实际数比计划数超过了或减少了多少,而不能确切地说明计划完成的程度。

检查短期计划执行情况,可以按月度、季度、年度计算完成情况相对数。检查长期计划执行情况,主要是考核五年计划完成程度,应根据五年计划指标的规定,针对不同的情况,分别采用水平法和累计法进行检查。

(1)水平法。凡是计划指标按计划期末最后一年应达到的水平来规定任务的,如各种产品的产量、商品零售额等指标,应采用水平法计算其计划完成相对数:

$$\text{计划完成相对数} = \frac{\text{五年计划末年实际达到的水平}}{\text{五年计划中规定的末年水平}} \times 100\% \quad (4-10)$$

按水平法检查计划完成情况时,只要有连续一年时间,实际完成数达到了计划期末年规定的水平,就算完成五年计划的任务。假设某种产品的产量按五年计划规定的末年水平为100万吨,实际上在第四年的五月至第五年的四月已达到了100万吨,就可以确认该产品已提前完成了五年计划任务,提前完成计划的时间为8个月。

(2)累计法。凡是计划指标按计划期内累计完成工作量或应达到的总量规定任务的,如基本建设投资额、造林面积、干部培训人数等指标,应采用累计法计算其计划完成相对数:

$$\text{计划完成相对数} = \frac{\text{五年计划期间实际累计完成数}}{\text{五年计划规定的累计数}} \times 100\% \quad (4-11)$$

采用累计法检查计划完成情况时,只要从计划期开始至某一个时期为止,实际完成的累计数已达到计划规定的累计数,就作为完成计划任务。从计划期开始至某一时期完成规定的累计数为止,这段时期就是计划完成时期;用长期计划年限(如五年计划就是五年)减去计划完成时期,就是提前完成计划的时间。例如,我国第一个五年计划规定基本建设投资总额为427.4亿元,五年内实际累计投资额为493亿元,亦即超额完成计划15.3%。

$$\text{计划完成相对数} = \frac{493}{427.4} \times 100\% = 115.3\%$$

事实上,从 1953 年起累计到 1957 年 9 月底投资额已达 432 亿元,表明我国第一个五年计划基本建设投资总额提前完成时间为 3 个月。

以上所述的各种方法有一个共同点,即计划期的实际完成数与计划任务数之比,主要用来检查本期计划执行的总结果,说明本期计划的完成程度。至于实际完成数是超过还是低于计划数为好,这要根据计划指标的性质和内容来决定。例如产品产量、商品销售额、劳动生产率等指标数值,超过计划数就表示超额完成计划。反之,诸如产品成本、原材料消耗等指标数值比计划数愈小愈好,计划完成相对数小于 100% 时就是超额完成计划。

此外,还应利用统计资料,考核计划执行进度,其计算方法可用公式表述如下:

$$\text{计划执行进度} = \frac{\text{某一段时期的实际累计完成数}}{\text{计划期全期计划任务数}} \times 100\% \qquad (4-12)$$

例如,以一、二月的实际累计完成数与第一季度计划数对比,来说明季度计划执行进度。又如,分别以第一、二两季或第三季的实际累计完成数与全年计划数对比,说明执行年度计划的进展情况。兹以表 4-1 所示的某企业第一季度总产值计划完成情况为例,说明其计算方法如下。

表 4-1　某企业第一季度总产值计划完成情况

	计划(万元)	实际(万元)	计划完成程度(%)	累计实际产值(万元)	计划执行进度(%)
一月	130	117.0	90	117.0	29
二月	130	119.6	92	236.6	59
三月	140	—	—	—	—
第一季度	400	—	—	—	—

计算结果表明,该企业一、二月份都未完成计划,因而计划完成的进度与正常发展趋势的最低要求不相适应。一般说来,一月份应完成季度产值计划的 33% 左右,实际上只完成全季计划的 29%;截止二月份为止,理应完成全季计划的 66%,但实际计划执行进度仅是 59%,出现前松后紧现象,只有及时采取措施,才能争取完成或超额完成第一季度的产值计划。

由此可见,计划执行进度指标可以用来对整个计划期间计划执行的进程作动态分析,预计计划完成的可能情况,考核计划执行的均衡性。

(二) 结构相对指标

研究社会经济现象总体时,不仅要掌握其总量,而且要揭示总体内部的组成状况的数量表现,亦即要对总体内部的结构进行数量分析,这就需要计算结构相对指标。

结构相对指标就是在分组的基础上,以各组(或部分)的单位数与总体单位总数对比,或以各组(或部分)的标志总量与总体的标志总量对比求得的比重,借以反映总体内部结构的一种综合指标。一般用百分数、成数或系数表示,可以用公式表述如下:

$$结构相对数 = \frac{总体某部分或组的数值}{总体全部数值} \times 100\% \qquad (4-13)$$

概括地说,结构相对数就是部分与全体对比得出的比重或比率。由于对比的基础是同一的总体数值,所以各部分(或组)所占比重之和应当等于100%或1。

在社会经济统计中,广泛应用结构相对数。它的主要作用可以概括为以下几个方面:

(1) 可以说明在一定的时间、地点和条件下,总体结构的特征。例如,从表4-2中的资料可以看出,我国工业总产值构成的特点。

表4-2 1996年我国工业总产值构成

项 目	占总数的%
工业总产值	100.0
其中:国有工业	28.5
集体工业	39.4
城乡个体工业	15.5
其他经济类型工业	16.64

资料来源:《中国统计年鉴1997》。

(2) 不同时期结构相对数的变化,可以反映事物性质的发展趋势,分析经济结构的演变规律。例如,从表4-3的资料中,可以看出不同年份的世界农业人口在总人口中所占的比重呈现出平稳下降的趋势,这也是伴随经济发展、工业化程度提高和社会进步而产生的必然结果。

表4-3 世界人口和农业人口的发展趋势

	1950年	1960年	1970年	1980年	1985年	1990年	2000年	2010年	2020年	2025年
世界人口总计(亿人)	25.2	30.2	36.9	44.5	48.5	52.9	62.5	71.9	80.6	84.7
其中:农业人口(亿人)	16.2	17.6	17.6	21.9	22.9	23.9	25.7	26.6	26.5	26.2
占世界总人口的%	64.3	58.4	58.4	49.4	47.2	45.1	41.1	37.0	32.9	30.9

资料来源:《中国统计》1990年第5期。

(3) 根据各构成部分所占比重的大小以及是否合理,可以反映所研究现象总体的质量和生产经营管理工作的质量以及人、财、物的利用情况。例如,文盲率、入学率、青年受高等教育人口比率等可从文化教育方面表明人口的质量;产品的合格率、优质品率、高新技术产品率、商品损耗率等可表明企业的工作质量;出勤或缺勤率、设备利用率等,则可反映企业的人、财、物的利用状况。

(4) 利用结构相对数,有助于分清主次,确定工作重点。例如在物资管理工作中,采用ABC分析法,其基本原理就是对影响经济活动的因素进行分析,按各种因素的影响程度的大小分为A、B、C三类,实行分类管理。采用这种方法的依据,就是根据统计资料的分析,计算结构相对指标,如表4-4所示的典型情况。

表4-4 结构相对指标   单位:%

类　别	占资金的比重	占品种的比重
A	80	20
B	15	30
C	5	50

可见,应重点抓好 A 类物资的管理,其次要注意 B 类物资的处理,就可以控制资金的95%,收到较好的经济效果。

(三) 比较相对数

就是将不同地区、单位或企业之间的同类指标数值做静态对比而得出的综合指标,表明同类事物在不同空间条件下的差异程度或相对状态。比较相对指标可以用百分数、倍数和系数表示。其计算公式可以概括如下:

$$比较相对数 = \frac{甲地区(单位或企业)某类指标数值}{乙地区(单位或企业)同类指标数值} \quad (4-14)$$

例如,两个类型相同的工业企业,甲企业全员劳动生产率为 18 542 元/人/年,乙企业全员劳动生产率为 21 560 元/人/年。则两个企业全员劳动生产率的比较相对数为:

$$\frac{18\,542}{21\,560} \times 100\% = 86\%$$

用来对比的两个性质相同的指标数值,其表现形式不一定仅限于绝对数,也可以是其他相对数或平均数。在经济管理工作中,广泛应用比较相对数,例如用各种质量指标在企业之间、车间或班组之间进行对比,把各项技术经济指标与国家规定的标准条件对比,与同类企业的先进水平或世界先进水平对比,借以找差距,挖潜力,定措施,为提高企业的经营管理水平提供依据。

计算比较相对数应注意对比指标的可比性。此外,比较基数的选择要根据资料的特点及研究目的而定。如上例是以乙企业的全员劳动生产率作为比较标准,计算结果说明甲企业全员劳动生产率是乙企业的 86%;如以甲企业全员劳动生产率作为比较标准,则表明乙企业全员劳动生产率是甲企业的 116.28%。这两种计算方法的角度不同,但都能说明问题,具体以哪个指标作为比较的基础,应根据研究目的以及哪种方法能更确切地说明问题的实质而定。

(四) 比例相对数

即反映总体中各个组成部分之间的比例关系和均衡状况的综合指标。它是同一总体中某一部分数值与另一部分数值静态对比的结果,计算公式为:

$$比例相对数 = \frac{总体中某一部分数值}{总体中另一部分数值} \times 100\% \quad (4-15)$$

比例相对指标的数值,一般用百分数或几比几的形式表示。例如,我国第四次人口普查结果表明,1990年7月1日零时,我国男性人数为584 949 922人,女性人数为548 732 579人,则男性对女性的比例用百分数可表示为106.6%。又如,某学校教学人员为900人,非教学人员为100人,则教学人员与非教学人员的比例用几比几形式可表示为9∶1。统计分析中,有时还要求用连比形式表示总体中若干个组的比例关系。例如,1991年我国工农业总产值中,农、轻、重的比例为1∶1.69∶1.77,我国国民生产总值中,第一、二、三产业的比例为1∶1.73∶1.02等等。

根据统计资料,计算各种比例相对数,反映有关事物之间的实际比例关系,有助于我们认识客观事物是否符合按比例协调发展的要求,参照有关标准,可以判断比例关系是否合理。在宏观经济管理中,这对于研究分析整个国民经济和社会发展是否协调均衡具有重要的意义。

(五) 动态相对指标

就是将同一现象在不同时期的两个数值进行动态对比而得出的相对数,借以表明现象在时间上发展变动的程度。一般用百分数或倍数表示,也称为发展速度。其计算公式如下:

$$动态相对数 = \frac{某一现象报告期数值}{同一现象基期数值} \times 100\% \qquad (4-16)$$

通常,作为比较标准的时期称为基期,与基期对比的时期称为报告期。例如,1996年我国国民生产总值为67 559.7亿元,1995年为57 494.9亿元,如果1995年选作基期,亦即将1995年的国民生产总值作为基数而定为100,则1996年的国民生产总值与1995年的国民生产总值对比,得出动态相对数为117.5%,它说明在1995年基础上1996年国民生产总值的发展速度。

根据统计研究的任务以及需要说明的问题,可以选择不同的基期,例如选择相邻的上一期作为基期,也可以选择去年同期或者具有历史意义的时期作为基期。

动态相对数在统计分析中应用很广,将在第五章时间数列中详加论述。

(六) 强度相对指标

就是在同一地区或单位内,两个性质不同而有一定联系的总量指标数值对比得出的相对数,是用来分析不同事物之间的数量对比关系,表明现象的强度、密度和普遍程度的综合指标。其计算公式可以概括为:

$$强度相对数 = \frac{某一总量指标数值}{另一个有联系而性质不同的总量指标数值} \qquad (4-17)$$

例如,我国土地面积为960万平方公里,1996年底人口总数为122 389万人,则

$$我国1996年末人口密度 = \frac{122\,389}{960} = 127(人/平方公里)$$

又如,以铁路(公路)长度与土地面积对比,可以得出铁路(公路)密度。这些强度相对指标

都是用来反映现象的密集程度或普遍程度。

利用强度相对数来说明社会经济现象的强弱程度时,广泛采用人均产量指标来反映一个国家的经济实力。例如,按全国人口数计算的每人平均钢产量、粮食产量等,这种强度相对指标的数值愈大,表示一个国家的经济发展程度愈高,经济实力愈强。

由于强度相对数是两个性质不同但有联系的总量指标数值之比,所以在多数情况下,是由分子与分母原有单位组成的复合单位表示的,如人口密度用人/平方公里,人均钢产量用公斤/人等等。但有少数的强度相对指标因其分子与分母的计量单位相同,可以用千分数或百分数表示其指标数值。例如:

$$人口自然增长率(‰) = \frac{年内出生数 - 年内死亡人数}{年平均人数} \times 1\,000‰$$

$$= \frac{年内人口自然增长数}{年平均人数} \times 1\,000‰$$

$$= 普通出生率(‰) - 普通死亡率(‰)$$

根据抽样调查,1996年人口出生率为16.98‰,死亡率为6.56‰,自然增长率为10.42‰。

又如,商品流通费用与商品销售额对比得出的商品流通费用率,则用百分数表示。

有少数反映社会服务行业的负担情况或保证程度的强度相对指标,其分子和分母可以互换,即采用正算法计算正指标,用倒算法计算逆指标。例如:

$$商业网密度(正指标) = \frac{零售商业机构数(个)}{地区人口数(千人)}$$

$$商业网密度(逆指标) = \frac{地区人口数(千人)}{零售商业机构数(个)}$$

上述正指标数值表示可以为每千人服务的商业网点数,逆指标数值则表示每个零售商店服务的按千人计算的人口数。由此可见,凡是强度相对指标数值的大小与所研究现象的发展程度或密度成正比例,称为正指标;反之,其数值大小与所研究现象的发展程度或密度成反比例,则称之为逆指标。究竟采用正指标还是逆指标,要看哪一个指标更能清楚地说明问题来决定。

从强度相对指标数值的表现形式上看,带有"平均"的意义,例如,按人口计算的主要产品产量指标用吨(千克)/人表示;按全国人口分摊的每人平均国民收入用元/人表示。但究其实质,强度相对数与统计平均数有根本的区别。平均数是同一总体中的标志总量与单位总量之比,是将总体的某一数量标志的各个变量值加以平均。如前所述,强度相对数是两个性质不同而有联系的总量指标数值之比,它表明两个不同总体之间的数量对比关系。

三、正确运用相对指标的原则

上述六种相对指标从不同的角度出发,运用不同的对比方法,对两个同类的指标数值进行静态的或动态的比较,对总体各部分之间的关系进行数量分析,对两个不同总体之间的联系程度和比例做比较,是统计中常用的基本数量分析方法之一。要使相对指标在统计分析中起到应有的作用,在计算和应用相对指标时应该遵循以下的原则:

(一) 可比性原则

相对指标是两个有关的指标数值之比,对比结果的正确性,直接取决于两个指标数值的可比性。如果违反可比性这一基本原则计算相对指标,就会失去其实际意义,导致不正确的结论。对比指标的可比性,是指对比的指标在含义、内容、范围、时间、空间和计算方法等口径方面是否协调一致,相互适应。如果各个时期的统计数字因行政区划、组织机构、隶属关系的变更,或因统计制度方法的改变而不能直接对比的,就应以报告期的口径为准,调整基期的数字。许多用金额表示的价值指标,由于价格的变动,各期的数字进行对比,不能反映实际的发展变化程度。一般要按不变价格换算,以消除价格变动的影响。

对比指标数值的计算方法是否可比,要注意研究发展的具体条件。将统计资料进行国与国之间对比时,尤其要慎重研究不同社会制度国家所采用的指标计算方法的可比性问题。因为指标计算方法不仅涉及实际的技术处理方法上的问题,主要还反映出理论观点上的原则区别,从而影响指标所包含的内容。例如,按人口计算的每人平均国民收入这一强度相对指标,由于我国的国民收入与资本主义国家的国民收入,不仅计算方法不同,而且包含的内容也不一样,因而不能直接对比。

由于社会经济现象相当繁多而复杂,相对指标的种类又多,结合对比分析的不同任务和目的,对比指标的可比性具有一定的相对性,不能绝对化。以动态相对指标来说,报告期与基期的时期长短应该相同,才是可比的。但根据统计研究的任务,为了说明某些具体问题,不能过于强求指标数值的可比性。例如,我国第一个五年计划时期钢产量为 1 666.7 万吨,与 1900～1948 年期间的钢产量 760 万吨对比,得出动态相对数为 219%,即表示五年的钢产量超过旧中国半个世纪钢产量的一倍以上,充分反映新中国社会主义制度的优越性。这说明两个同类指标数值只要比得合理,符合实际,能够阐明问题,就应该认为具有可比性。

计算和运用相对指标时,需要遵循可比性原则,主要是为了保证对比的结果能够确切地说明问题,得出有意义的正确结论。因此,与可比性原则直接有关的问题就是选择基数和基期。基数是指标对比的标准,如果选择不当,就会失去相对数的作用,导致似是而非或错误的结论,甚至歪曲真相。一般说来,应结合研究问题的目的来选择基数,选择的基数应当具有典型性,例如,计算比较相对数时,对比的分母可以是平均水平、先进水平或国家制定的有关标准。基数与基期密切相连,一般应选择经济与社会发展比较稳定,能说明国民经济生活方面有重要意义的时期作为基期,以便通过和这些时期进行对比,反映我国各个部门、各个环节和各个方面在不同阶段蓬勃发展的新局面。

(二) 定性分析与数量分析相结合的原则

计算对比指标数值的方法是简便易行的,但要正确地计算和运用相对数,还要注重定性分析与数量分析相结合的原则。因为事物之间的对比分析,必须是同类型的指标,只有通过统计分组,才能确定被研究现象的同质总体,便于同类现象之间的对比分析。这说明要在确定事物性质的基础上,再进行数量上的比较或分析,而统计分组在一定意义上也是一种统计的定性分类或分析。即使是同一种相对指标在不同地区或不同时间进行比较时,也必须先对现象的性质进行分析,判断是否具有可比性。同时,通过定性分析,可以确定两个指标数值的对比是否合理。例如,将不识字人口数与全部人口数对比来计算文盲率,显然是不合理的,因为其中包括未达学龄的人数和不到接受初中文化教育年龄的人数在内,不能如实反映文盲人数在相应的人口数中所占的比重。通常计算文盲率的公式为:

$$\text{文盲率} = \frac{15 \text{岁及} 15 \text{岁以上不识字人口数}}{15 \text{岁及} 15 \text{岁以上全部人口数}} \times 100\% \qquad (4-18)$$

由于考虑了人口中有识字的可能性这一因素,所以上述两个指标数值的对比是合理的。

(三) 相对指标和总量指标结合运用的原则

绝大多数的相对指标都是两个有关的总量指标数值之比,用抽象化的比值来表明事物之间的对比关系的程度,而不能反映事物在绝对量方面的差别。因此在一般情况下,相对指标离开了据以形成对比关系的总量指标,就不能深入地说明问题。兹以表 4-5 中所示的情况说明如下:

表 4-5 相对指标离开总量指标的情况

	基期:1949 年				基期:1995 年		
	钢产量(万吨)	发展速度(%)	增长量(万吨)		钢产量(万吨)	发展速度(%)	增长量(万吨)
1949 年	15.8	100	—	1995 年	9 536	100	—
1950 年	61.0	386	45.2	1996 年	10 124	106.2	588

从上表资料看出,我国钢产量按其发展速度来说,1996 年比 1995 年增长了 6.2%,而 1950 年比 1949 年增长了 286%,前者的增长速度远远小于后者的增长速度。但联系总量指标数值来看,1996 年比 1995 年多生产 588 万吨钢,每增长 1% 的绝对值为 95.36 万吨。1950 年钢产量比 1949 年只增加了 45.2 万吨,每增长 1% 的绝对值仅仅是 0.158 万吨。可见,只有将相对指标与总量指标结合运用,才能正确地剖析问题的实质,得出恰如其分的结论。关于这一点,马克思曾明确指出:"如果一个工人每星期的工资是 2 先令,后来他的工资提高到 4 先令,那么工资水平就提高了 100%……所以不应当为工资水平提高的动听的百分比所迷惑。我们必须经常这样问:原来的工资数是多少?"[①]

(四) 各种相对指标综合应用的原则

各种相对指标的具体作用不同,都是从不同的侧面来说明所研究的问题。为了全面

---

① 马克思:《工资、价格和利润》,人民出版社,1964 年版第 12 页。

而深入地说明现象及其发展过程的规律性,应该根据统计研究的目的,综合应用各种相对指标。例如,为了研究工业生产情况,既要利用生产计划的完成情况指标,又要计算生产发展的动态相对数和强度相对数。又如,分析生产计划的执行情况,有必要全面分析总产值计划、品种计划、劳动生产率计划和成本计划等完成情况。此外,把几种相对指标结合起来运用,可以比较、分析现象变动中的相互关系,更好地阐明现象之间的发展变化情况。由此可见,综合运用结构相对数、比较相对数、动态相对数等,有助于我们剖析事物变动中的相互关系及其后果。

第三节 平均指标概述

一、平均指标的意义

在社会经济现象的同质总体中,每个总体单位都有区别于其他单位的数量特征,具体表现为数值大小不等,水平高低不一,这主要因为各个单位的标志值是由多种因素交错影响的结果。例如在同一个企业中的工人,在工龄、劳动生产率、工资额等方面不尽相同,互有差别。但是,处在同一个同质总体中的各个单位,都受一般基本条件和共同起作用的因素的影响,所以就某一数量标志而论,它们在具体数值上的差异总有一定的限度,在一定时间、地点条件下,客观上存在该数量标志值的一般水平。平均指标就是表明同类社会经济现象在一定时间、地点条件下所达到的一般水平的综合指标。它的数值表现就是平均数,所以平均指标通常称为统计平均数。社会经济统计中采用的平均数有以下五种,即算术平均数、调和平均数、几何平均数、众数和中位数。前三种平均数是根据总体全部单位标志值计算的,又称之为数值平均数;后两种平均数是根据标志值在总体的各个单位中所处的位置来计算的,又称之为位置平均数。各种平均数已成为统计分析中最重要的基本数量分析方法。

二、平均指标的特点及其作用

(一) 平均指标的特点

从上述平均指标的意义来说,它有如下两个主要特点:

(1) 任何一个总体中的单位都有许多标志,只能分别在总体单位的某一数量标志计算其平均指标,亦即以一个具有代表性的数量标志值代表总体各单位标志值的一般水平,而不是代表总体某一单位的具体数值。例如,以平均工资代表职工工资的一般水平,以小麦平均亩产量代表小麦生产的一般水平,等等。

(2) 平均指标把总体各单位的某一数量标志值之间的差异加以抽象概括,其中各个个别标志值的偶然性波动相互抵消,从而反映被研究现象在一定时期内或一定时点上所达到的一般水平或集中趋势。例如,根据社会经济统计数据编制的变量数列中的次数分布来看,在多数情况下,标志值(或变量值)愈接近平均数,其出现次数愈多,而偏离平均数愈远的标志值的次数愈少,平均数两边的正离差和负离差大体相等,相互抵消,所以平均数成为整个变量数列的代表值,是反映总体分布集中趋势的重要特征值。

马克思把平均指标可以揭示大量社会经济现象一般水平以及总体分布集中趋势特征值的这种特性,称之为"平均数规律"。这一规律的实质就是在大量观察的情况下,可以把总体单位各个变异数值的离差予以抽象,从而揭示大量过程的基本趋势。"在每个产业部门,个别工人,彼得或保罗,都同平均工人多少相偏离。这种在数学上叫作'误差'的个人偏离,只要把较多的工人聚集在一起,就会互相抵消,归于消失。"[①]

(二)平均指标的作用

平均指标的特点表明,它是通过科学的抽象而得出的总体代表值和总体分布的特征值,是认识社会经济现象的本质和规律的工具。平均指标在统计研究中具有重要的作用。

(1)利用平均指标可以对比同类现象在不同地区、不同单位的一般水平,以反映各地区、各单位工作的质量和效果。

(2)利用平均指标可以对比同一现象在不同时间的一般水平的变化,反映这类现象发展变化的趋势及其规律性。例如,将历年的城市职工平均每人每月全部收入、农民家庭平均每人纯收入等进行比较,可以反映我国城乡人民的收入不断提高和生活逐步改善情况。

(3)利用平均指标可以分析现象之间的依存关系。例如,将某种农作物的耕地按施肥量进行分组,在这种分组的基础上,分别算出各组的农作物平均亩产量,就可以反映施肥量的多少与平均亩产量之间的依存关系。

(4)利用平均指标可以进行数量上的估计推断。例如,根据部分总体单位计算的平均指标,可以用来推断整个总体的平均数或标志总量。

第四节　数值平均数

一、算术平均数

(一)算术平均数的基本形式

在社会经济现象中,总体的标志总量通常都是总体单位标志值之和,因此用总体单位数去除标志总量,即得算术平均数(简单算术平均数),其基本公式为:

$$算术平均数 = \frac{总体标志总量}{总体单位数}$$

[①] 马克思:《资本论》第一卷,人民出版社 1975 年版第 359 页。

$$\overline{X} = \frac{X_1 + X_2 + X_3 + \cdots + X_N}{N} = \frac{\sum X}{N} \qquad (4-19)$$

式中：

$\overline{X}$ 代表算术平均数；

X 代表总体各单位的标志值（变量值）；

N 代表总体单位数；

$\sum$ 代表总和符号。

利用上式计算算术平均数时，标志总量和总体单位数必须同属于一个总体，两者所包含的内容在口径上严格一致，要具有可比性。否则，计算的平均数就会失去其意义。

再次指出，算术平均数与强度相对数的计算方法在形式上很相似，但实质上有根本的区别。前者是同一总体的标志总量与总体单位数之比，标志总量是随着总体单位数的变动而相应地变动的；后者则是两个性质不同而有联系的总量指标之比，作为分子的总量指标数值并不随着作为分母的总量指标数值的变动而变动。

（二）加权算术平均数

统计资料经过分组，编制变量数列后要采用加权平均数法计算平均数。计算公式如下：

$$\overline{X} = \frac{X_1 f_1 + X_2 f_2 + X_3 f_3 + \cdots + X_N f_N}{f_1 + f_2 + f_3 + \cdots + f_N} = \frac{\sum Xf}{\sum f} \qquad (4-20)$$

式中：f 代表权数，即变量值出现的次数。

从上式可以看出，$\overline{X}$ 不仅受变量值 X 大小的影响，而且受各组单位数或频率大小的影响。由于各组单位数或频率（f）对 $\overline{X}$ 水平高低起着一种权衡轻重的作用，所以把 f 称为权数。考虑了权数作用而计算的平均数，称为加权算术平均数。

在组距数列中，要用各组的组中值来代替各组的变量值。这种代替是假定各组的变量值是均匀分布的，由这种假定所产生的误差影响较小。由组距数列计算的加权算术平均数只是平均数的近似值。组距越小，越接近于实际的平均数。如遇"开口组"时，例如表 4-6 中第一组缺下限，最后一组缺上限，在这种情况下，一般假定它们的组距与相邻的组距相同。兹举例说明根据组距数列计算平均数如下：

表 4-6 根据组距数列计算平均数

工人按月奖金额分组（元）	工人数 f	组中值（元）X	工人奖金总额（元）Xf
40 以下	10	35	350
40～50	10	45	450
50～60	30	55	1 650
60～70	30	65	1 950

续表

工人按月奖金额分组(元)	工人数 f	组中值(元) X	工人奖金总额(元) Xf
70~80	10	75	750
80以上	10	85	850
合计	100	—	6 000

$$\text{工人月平均奖金额}\overline{X} = \frac{\sum Xf}{\sum f} = \frac{6\ 000}{100} = 60(\text{元})$$

计算加权算术平均数时,必须慎重选择权数,一定要使各组的标志值(或组中值)和权数的乘积等于各组的标志总量,并具有实际的经济意义。亦即标志总量必须是全部总体单位标志值的总和,从而标志总量除以总体单位数才能表明总体各单位标志值的一般水平。同时,采用的权数可以是具体的总体单位数,也可以是百分数。在同一的变量数列中,不论用绝对数加权或用相对数加权,计算结果完全相同。因为

$$\overline{X} = \frac{\sum Xf}{\sum f} = \sum X \frac{f}{\sum f} \tag{4-21}$$

当变量数列中各组的单位数相等,即各组的权数相同,权数就不再起权衡轻重的作用,可以用简单算术平均数的计算方法计算平均数。因为 $f_1 = f_2 = \cdots = f_N = k$,则

$$\overline{X} = \frac{X_1 f_1 + X_2 f_2 + \cdots + X_N f_N}{f_1 + f_2 + \cdots + f_N} = \frac{(X_1 + X_2 + \cdots + X_N)k}{Nk}$$

$$= \frac{k \sum X}{Nk} = \frac{\sum X}{N}$$

可见,简单算术平均数是加权算术平均数的特例。

(三) 算术平均数的简捷计算法

由于标志数值较大,分组较多,计算算术平均数的过程比较繁杂,有必要采用简捷计算法。这种简捷法是以如下几个主要的算术平均数的数学性质为依据的:

(1) $N\overline{X} = \sum X$

根据定义 $\overline{X} = \frac{\sum X}{N}$

所以 $N\overline{X} = \sum X$

(2) $\sum (X - \overline{X}) = 0$

$$\sum (X - \overline{X}) = \sum X - N\overline{X}$$

$$= \sum X - \sum X = 0$$

(3) $\dfrac{\sum(X \pm A)}{N} = \overline{X} \pm A$

A 为任意常数

$$\dfrac{\sum(X \pm A)}{N} = \dfrac{\sum X}{N} \pm \dfrac{NA}{N} = \overline{X} \pm A$$

(4) $\dfrac{\sum AX}{N} = A\overline{X}$

$$\dfrac{\sum AX}{N} = \dfrac{A \sum X}{N} = A\overline{X}$$

(5) $\dfrac{\sum \frac{1}{A}X}{N} = \dfrac{1}{A}\overline{X}$

$$\dfrac{\sum \frac{1}{A}X}{N} = \dfrac{\frac{1}{A}\sum X}{N} = \dfrac{1}{A} \cdot \dfrac{\sum X}{N} = \dfrac{1}{A}\overline{X}$$

(6) $\sum(X - \overline{X})^2 = \min(\text{最小值})$

设 $X_0 = $ 任意值，$C = \overline{X} - X_0$

$X_0 = \overline{X} - C$，以 X_0 为中心的离差平方和为

$$\sum(X - X_0)^2 = \sum[X - (\overline{X} - C)]^2 = \sum[(X - \overline{X}) + C]^2$$
$$= \sum(X - \overline{X})^2 + 2C\sum(X - \overline{X}) + NC^2$$
$$= \sum(X - \overline{X})^2 + NC^2$$

因为 $NC^2 \geqslant 0$

所以 $\sum(X - X_0)^2 \geqslant \sum(X - \overline{X})^2$；$\sum(X - \overline{X})^2$ 为最小值。

一般在等距分组的情况下，利用上述算术平均数的数学性质，可以将变量数列的标志值（或组中值）减去一个任意常数 A 再除以组距 i，得出新的标志值（或变量值）$\dfrac{X_i - A}{i}$，然后求出新变量值的平均数，最后乘上 i，并加上常数 A，即得原变量值的平均数，从而使平均数的计算过程大为简化。简捷法公式如下：

$$\overline{X} = A + \dfrac{\sum\left(\dfrac{X-A}{i}\right)f}{\sum f} \times i \qquad (4-22)$$

兹以表4-7中的资料为例,计算其算术平均数如下:

表4-7 算术平均数计算表

制造一个零件所需的时间(分)	工人数 f	组中值 X	Xf	$\left(\dfrac{X-A}{i}\right)$	$\left(\dfrac{X-A}{i}\right)f$	累积次数 S
2.1～2.7	2	2.4	4.8	−2	−4	2
2.7～3.3	6	3.0	18.0	−1	−6	8
3.3～3.9	7	3.6	25.2	0	0	15
3.9～4.5	5	4.2	21.0	1	5	20
4.5～5.1	3	4.8	14.4	2	6	23
5.1～5.7	2	5.4	10.8	3	6	25
合　　计	25	—	94.2	—	7	—

$$\overline{X} = \frac{\sum Xf}{\sum f} = \frac{94.20}{25} = 3.768 \approx 3.77(\text{分})$$

令假定平均数 $A = 3.60$ 分,则

$$\overline{X} = A + \frac{\sum \left(\dfrac{X-A}{i}\right)f}{\sum f} \times i = 3.60 + \frac{7}{25} \times 0.6$$

$$= 3.768 \approx 3.77(\text{分})$$

(四) 算术平均数与定额的制订

制订定额的方法很多,其中利用统计分析方法计算先进平均数,则是制订平均先进定额的基础。

先进平均数的计算方法,就是先求出总平均数,再根据优于平均水平以上的标志值计算其平均数。其计算式如下:

$$\overline{X}_a = \frac{\sum X_a f_a}{\sum f_a} \qquad (4-23)$$

式中:$\overline{X}_a$ 代表先进平均数;

X_a 代表优于一般平均数的标志值;

f_a 代表优于一般平均数的各组总体单位数。

如果根据单项数列计算先进平均数,方法比较简单。如果根据组距数列计算,方法比较复杂,因为总平均数所在数组的位置对先进平均数有一定的影响,需要用插补法按比例来补正先进平均数的近似值。兹举例说明如下:

表 4-8 用插补法按比例补正先进平均数的近似值的情况

工人生产零件数(件)	工人数 f	组中值 X	每组工人生产件数 Xf
6～8	5	7	35
8～10	10	9	90
10～12	17	11	187
12～14	8	13	104
合　　计	40	—	416

根据上表资料计算工人平均日产零件数为

$$\overline{X} = \frac{\sum Xf}{\sum f} = \frac{416}{40} = 10.4（件）$$

可见,超过总平均数的先进部分在 10～12 件这一组中,因此要按比例先计算 10.4～12 件这一部分的工人数和组中值,然后计算先进平均数。

表 4-9 先进平均数计算表

工人生产零件数(件)	工人数 f	组中值 X	每组工人生产件数 Xf
10.4～12	14	11.2	156.8
12～14	8	13	104
合　　计	22	—	260.8

在上表中:(1) 插补的标志值就是 10.4～12 件这一组的组中值,即 $\frac{10.4+12}{2} = 11.2$(件);(2) 插补的次数 f 就是根据原有的资料 10～12 这一组的工人数,按比例均摊,推算得出 $\frac{12-10.4}{12-10} \times 17 \approx 14$(人)。则先进平均数的近似值为:

$$\overline{X}_a = \frac{\sum X_a f_a}{\sum f_a} = \frac{11.2 \times 14 + 13 \times 8}{14 + 8} = \frac{260.8}{22} = 11.85（件）$$

以上计算的先进平均数,是以平均数值愈大愈好的现象为例。如果遇到平均数值愈小愈好的现象,如单位产品平均原材料消耗量、单位产品的平均成本等,计算先进平均数的方法基本相同,但应该用小于总平均数部分的标志值进行计算。先进平均数可以为制订平均先进定额,加强经济管理,提高经济效益,编制计划等提供参考依据。

管理部门做好定额统计和分析工作外,还采用加权平均数制订劳动定额等。例如,根据已掌握的为完成任务 A 的先进工时为 a,保守工时为 b,有把握的工时为 m,则完成任务 A 的平均工时定额为

$$M_T = \frac{a + 4m + b}{6} \tag{4-24}$$

上式是一加权平均数公式。首先假定 m 的可能性两倍于 a，应用加权平均数，求 a 和 m 间的平均值为：$(a+2m)/3$；同理，在 m 和 b 之间的平均值为 $(2m+b)/3$。因此，为完成任务 A 的时间分布，可用 $(a+2m)/3$ 和 $(2m+b)/3$ 各以 $\frac{1}{2}$ 的可能性的分布来代表，从而取其平均数，即：

$$\frac{1}{2}\left(\frac{a+2m}{3}+\frac{2m+b}{3}\right)=\frac{a+4m+b}{6}$$

这一加权算术平均数公式也称为期望时期 M_T 的数学模型，在管理工作中广泛采用。此外，对市场动向和需求进行预测时，为了把几种预测值汇总成整个企业的预测值，一般采用"推定平均值"的办法，实质上就是(4-24)式的具体应用：

$$推定平均值 = \frac{最乐观预测值 + 4 \times 最可能预测值 + 最悲观预测值}{6}$$

二、调和平均数

（一）调和平均数的意义和种类

调和平均数是各个变量值（标志值）倒数的算术平均数的倒数。它是根据各个变量值的倒数计算的平均数，所以又称为倒数平均数，一般用符号 $\overline{X}_H$ 代表。从其计算方法来说，也有简单调和平均数和加权调和平均数两种。

设有变量值 X_1，$X_2 \cdots X_N$，其倒数分别为 $\frac{1}{X_1}$，$\frac{1}{X_2} \cdots \frac{1}{X_N}$，这些倒数的算术平均数为：

$$\frac{\frac{1}{X_1}+\frac{1}{X_2}+\cdots+\frac{1}{X_N}}{N}=\frac{\sum \frac{1}{X}}{N}$$

再求其倒数，即得出简单调和平均数公式如下：

$$\overline{X}_H = \frac{1}{\frac{1}{N}\left(\frac{1}{X_1}+\frac{1}{X_2}+\cdots+\frac{1}{X_N}\right)} = \frac{N}{\sum \frac{1}{X}} \qquad (4-25)$$

例如，某种蔬菜的价格，甲集市每千克 3.50 元，乙集市每千克 4.10 元，丙集市每千克 4.60 元，若在以上集市各买 1 元，求平均每千克多少元？可采用简单调和平均数计算，得：

$$\overline{X}_H = \frac{N}{\sum \frac{1}{X}} = \frac{3}{\frac{1}{3.50}+\frac{1}{4.10}+\frac{1}{4.60}} = 4(元)$$

在社会经济统计中,常用的则是一种特定权数的加权调和平均数。

(二) 加权调和平均数的应用

在很多情况下,由于只掌握每组某个标志的数值总和(M)而缺少总体单位数(f)的资料,不能直接采用加权算术平均数法计算平均数,则应采用加权调和平均数。例如,设某种商品在三个农贸市场上的单价和贸易额资料如表 4-10 所示。

表 4-10 某商品在三个农贸市场的单价和贸易额

市　　场	单价(元)X	贸易额(元)$M=Xf$	贸易量(公斤)$f=M/X$
甲	1.00	2 500	2 500
乙	0.90	2 700	3 000
丙	0.80	4 000	5 000
合　　计	—	9 200	10 500

$$\text{平均价格} = \frac{2\,500 + 2\,700 + 4\,000}{\frac{2\,500}{1.0} + \frac{2\,700}{0.9} + \frac{4\,000}{0.8}} = \frac{9\,200}{10\,500} = 0.88(\text{元})$$

用符号表示:

$$\overline{X}_H = \frac{M_1 + M_2 + M_3 + \cdots + M_N}{\frac{M_1}{X_1} + \frac{M_2}{X_2} + \frac{M_3}{X_3} + \cdots + \frac{M_N}{X_N}} = \frac{\sum M}{\sum \frac{M}{X}} = \frac{\sum M}{\sum \frac{1}{X}M} \qquad (4-26)$$

(4-26)式就是以总体单位的标志总量 M 为权数的加权调和平均数公式。事实上,研究同一个问题时,加权调和平均数同加权算术平均数的实际意义是相同的,只是由于所掌握的资料不同,采用不同的计算过程而已。因 $M = xf$,代入(4-26)式,即得:

$$\overline{X}_H = \frac{\sum M}{\sum \frac{M}{X}} = \frac{\sum Xf}{\sum \frac{Xf}{X}} = \frac{\sum Xf}{\sum f}$$

可见,加权调和平均数和加权算术平均数的计算公式可以相互推算,前者是作为后者的变形来应用的。

在统计工作中,有时需要根据相对数和平均数来计算其平均数,以下将举例说明在什么条件下应当采用调和平均数法。

(1) 由相对数计算平均数　计算平均计划完成程度时,如果只有实际完成数字而无计划数字,就应采用加权调和平均数法计算。例如,在表 4-11 中,计算工作量计划完成程度如下:

表 4-11 工作量计划完成程度的计算

按工作量计划完成程度分组(%)	组中值(%)X	实际工作量(万元)M	$\frac{M}{X}$(计划工作量)
90~100	95	57	60
100~110	105	420	400
110~120	115	172	150
合　　计	—	649	610

$$平均完成计划(\%) = \frac{\sum M}{\sum \frac{M}{X}} = \frac{57 + 420 + 172}{\frac{57}{0.95} + \frac{420}{1.05} + \frac{172}{1.15}}$$

$$= \frac{649}{610} = 1.064 \text{ 或 } 106.4\%$$

(2) 由平均数计算平均数设某车间三个班组工人的劳动生产率和实际产量如表4-12所示,计算车间平均劳动生产率时,应采用加权调和平均数法。

表 4-12 加权调和平均数法计算平均数

班　　组	平均劳动生产率(件/工时)X	实际产量(件)M	$\frac{M}{X}$(实际工时)
甲	10	4 000	400
丙	12	2 400	200
合　　计	—	8 600	800

$$车间平均劳动生产率 = \frac{\sum M}{\sum \frac{M}{X}} = \frac{4\,000 + 2\,200 + 2\,400}{\frac{4\,000}{10} + \frac{2\,200}{11} + \frac{2\,400}{12}}$$

$$= \frac{8\,600}{800} = 10.75(件/工时)$$

从以上计算平均数的例子来看,当掌握的资料是变量值(X)和总体的标志总量(M)时,则权数就是标志总量,这时就采用加权调和平均数公式计算平均数。反之,如果已掌握变量值(X)及其相应的总体单位数(f),则权数就是总体单位数,就可以直接采用加权算术平均数法计算平均数。

三、几何平均数

几何平均数是另一种计算平均标志值的平均数。根据几何平均数的数学性质,它是计算平均比率和平均速度常用的一种方法。

(一) 几何平均数的意义和种类

几何平均数就是 n 个变量值(X_i)连乘积的 n 次方根。其计算公式为:

$$\overline{X}_G = \sqrt[n]{X_1 \cdot X_2 \cdot X_3 \cdots X_n} = \sqrt[n]{\prod X} \qquad (4-27)$$

上式中：$\overline{X}_G$ 代表几何平均数，$\prod$ 为连乘符号。

计算几何平均数时，由于变量值个数较多，需要开高次方，为了计算上的方便，通常利用对数进行计算。将(4-27)式两边各取对数，则：

$$\lg \overline{X}_G = \frac{1}{n}(\lg X_1 + \lg X_2 + \lg X_3 + \cdots + \lg X_n)$$

$$= \frac{1}{n}\sum \lg X \qquad (4-28)$$

可见，几何平均数的对数等于各个变量值的对数的算术平均数。求出几何平均数的对数后，再由对数找出真数，就是几何平均数。

例如，某企业生产某一产品，要经过铸造、金加工和电镀三个连续作业的车间，各车间的产品合格率如表 4-13 所示。

表 4-13　各车间的产品合格率表

车间	产品合格率(%)X	合格率的对数 lg X
铸造车间	95.0	1.977 7
金加工车间	95.8	1.981 4
电镀车间	93.0	1.968 5
合计	—	5.927 6

由于各个车间的产品合格率是在其前一个车间的合格产品基础上计算的，所以各车间产品合格率的总和并不等于该企业产品的总合格率，因此不能采用算术平均数计算车间产品平均合格率。上述三个车间的产品合格率的连乘积等于该企业产品的总合格率，这就符合计算几何平均数的基本要求，即某一个总体的标志总量(一般表现为总比率或总速度)等于各个变量值的连乘积，则适合采用几何平均数方法计算平均标志值。所以应采用几何平均数计算车间产品平均合格率：

$$\overline{X}_G = \sqrt[n]{\prod X} = \sqrt[3]{95\% \times 95.8\% \times 93\%} = 94.58\%$$

按对数方法计算几何平均数，得出车间产品平均合格率为：

$$\lg \overline{X}_G = \frac{\sum \lg X}{n} = \frac{5.927\ 6}{3} = 1.975\ 8$$

所以 $\overline{X}_G = 94.58\%$

从几何平均数的计算方法来看，有简单几何平均数和加权几何平均数两种。(4-27)和(4-28)式都是简单几何平均数公式。如果变量值较多，其出现的次数不同，则应采用加权几何平均数，其公式如下：

$$\overline{X}_G = \sqrt[\sum f]{X_1^{f_1} \cdot X_2^{f_2} \cdot X_3^{f_3} \cdots X_n^{f_n}} = \sqrt[\sum f]{\prod X^f} \qquad (4-29)$$

按对数方法计算,将上式两边各取对数,则:

$$\lg \overline{X}_G = \frac{f_1 \lg X_1 + f_2 \lg X_2 + f_3 \lg X_3 + \cdots + f_n \lg X_n}{f_1 + f_2 + f_3 + \cdots + f_n}$$

$$= \frac{\sum f \lg X}{\sum f} \tag{4-30}$$

在社会经济统计中,直接应用加权几何平均数的场合并不多见。为了说明其计算方法,兹以美国 50 个大城市的物价指数为例,计算加权几何平均数如表 4-14 所示。

表 4-14 加权几何平均数计算法

按指数分组(%)	组中值 X	城市数 f	$\lg X$	$f \lg X$
95~105	100	3	2.000 0	6.000 0
105~115	110	9	2.041 4	18.372 6
115~125	120	11	2.079 2	22.871 2
125~135	130	18	2.113 9	38.050 2
135~145	140	9	2.146 1	19.314 9
合　计	—	50	—	104.608 9

$$\lg \overline{X}_G = \frac{\sum f \lg X}{\sum f} = \frac{104.608\ 9}{50} = 2.092\ 18$$

所以 $\overline{X}_G = 123.646\%$,即平均物价指数为 123.646%。

(二) 几何平均数与算术平均数、调和平均数的关系

算术平均数最容易受极端变量值的影响,而受极大值的影响大于受极小值的影响。调和平均数也受极端变量值的影响,但受极小值的影响大于受极大值的影响。几何平均数受极端数值的影响程度,要比前述两种平均数小。因此,从数量关系上考察,用同一资料计算这三种平均数时,其结果可用下述不等式表示:

$$\overline{X} \geqslant \overline{X}_G \geqslant \overline{X}_H \tag{4-31}$$

当标志值数列中的每一个标志值都相等时,则有:$\overline{X} = \overline{X}_G = \overline{X}_H$。
兹以任意两个实数 a、b 证明上述结论 $(a \neq b)$:

$$(a-b)^2 = a^2 - 2ab + b^2 \geqslant 0$$

$$a^2 + b^2 - 2ab + 4ab \geqslant 4ab$$

$$(a+b)^2 \geqslant 4ab$$

$$a+b \geqslant 2\sqrt{ab}$$

$$\frac{a+b}{2} \geqslant \sqrt{ab}$$

即: $\overline{X} \geqslant \overline{X}_G$

因为 $(a+b) \geqslant 2\sqrt{ab}$

$$\frac{ab}{(a+b)} \leqslant \frac{1}{2}\sqrt{ab}$$

$$\frac{2ab}{(a+b)} \leqslant \sqrt{ab}$$

$$\frac{2}{\frac{1}{a}+\frac{1}{b}} \leqslant \sqrt{ab}$$

所以 $\overline{X}_H \leqslant \overline{X}_G$

又 $\overline{X} \geqslant \overline{X}_G$

所以 $\overline{X} \geqslant \overline{X}_G \geqslant \overline{X}_H$

以上仅证明了两个变量值之间 $\overline{X}$、$\overline{X}_G$、$\overline{X}_H$ 三者之间的关系,若推广到 n 个变量值,则需要引入幂平均数 $\overline{X}_K$ 的概念。

幂平均数 $\overline{X}_K$ 的一般式为:

$$\overline{X}_K = \sqrt[K]{\frac{\sum X^K}{n}} = \left[\frac{\sum X^K}{n}\right]^{\frac{1}{K}} \tag{4-32}$$

它是各种平均数的一般形式。可以证明各种平均数都是幂平均数的特例。

当 $K=2$ 时,$\overline{X}_2 = \sqrt{\frac{\sum X^2}{n}}$ 为平方均数;

当 $K=1$ 时,$\overline{X}_1 = \frac{\sum X}{n}$ 为算术平均数;

当 $K=0$ 时,$\overline{X}_0 = \sqrt[n]{X_1 \cdot X_2 \cdots X_n}$ 为几何平均数[①];

当 $K=-1$ 时,$\overline{X}_{-1} = \left(\frac{\sum X^{-1}}{n}\right)^{-1} = \frac{n}{\sum \frac{1}{X}}$ 为调和平均数。

运用数学原理可以证明:幂平均数 $\overline{X}_K$ 是单调递增有界函数,K 值越大,幂函数值越大。而平方均数、算术平均数、几何平均数、调和平均数分别是幂平均数 $\overline{X}_K$ 的 $K=2$、$K=1$、$K=0$、$K=-1$ 时的特例。由 K 值大小,可直接判断其相应平均值的大小关系,故

---

① 当 $K=0$ 时,对幂平均数 $\overline{X}_K$ 两边取对数,再用洛必达求极限法则可得几何平均数。

有

$$\overline{X} \geqslant \overline{X}_G \geqslant \overline{X}_H$$

这就从 n 个变量值角度证明了上述关系式成立。

第五节 位置平均数

一、众数

(一) 众数的概念

众数是指总体中最常见的标志值,亦即在研究和考察某种社会经济现象时,重复出现次数最多的标志值。因此,它具有普遍性,可以近似地表明现象的一般水平。

通常,如果只要求掌握一般的、常见的变量值作为研究问题、安排工作时的参考,就可以采用众数。例如,说明企业职工最普遍的工资和工人的一般文化水平,反映某地区某种农作物通常达到的单位面积产量,掌握消费者需要最多的服装、鞋袜、帽子等的尺码,表明某种商品成交量最多的价格水平,等等,就可以不计算算术平均数而采用众数。

(二) 众数的计算方法

计算众数的方法,须视所掌握的资料而定。在未分组资料或单项数列中,可以直接观察来确定众数,即总体中具有最多次数的标志值。从等距分组数列计算众数时,首先要确定次数最多的一组为众数组,然后参照变量数列次数分布的情况,根据众数组的变量值,进一步计算众数的近似值。

在等距数列次数分布对称的条件下,或者众数组相邻两组的次数相等时,则众数组的组中值可以作为众数的近似值。反之,在等距数列次数分布不对称的情况下,众数的数值(M_0)一般受相邻组次数的影响,亦即众数具体数值并不等于众数组的组中值,而要根据其相邻两组次数的多少来确定。如果众数组前一组的次数(f_1)大于众数组后一组的次数(f_3),则众数值将偏向于众数组的下限(X_L);反之,如果众数组前一组的次数小于众数组后一组的次数,则众数值将偏向于众数组的上限(X_U)。因此,可以按众数组次数(f_2)与其两个相邻组次数的差数(f_2-f_1)和(f_2-f_3)的比例,采用下限公式或上限公式来确定众数的近似值,这种方法叫作比例插值法。仍以 i 代表众数组的组距,则用上述方法计算众数近似值的公式如下:

① 下限公式:

$$M_0 = X_L + \frac{f_2 - f_1}{(f_2 - f_1) + (f_2 - f_3)} \times i \qquad (4-33)$$

根据表 4-7 中的资料,代入上式:

$$M_0 = 3.3 + \frac{7-6}{(7-6)+(7-5)} \times 0.6 = 3.3 + 0.2 = 3.5 \text{ 分}$$

② 上限公式：

$$M_0 = X_U - \frac{f_2 - f_3}{(f_2 - f_1) + (f_2 - f_3)} \times i \tag{4-34}$$

按照上例中的有关资料代入，得：

$$M_0 = 3.9 - \frac{7-5}{(7-6)+(7-5)} \times 0.6$$
$$= 3.9 - 0.4 = 3.5 \text{ 分}$$

此外，可以用图示法求众数的近似值。根据等距数列的资料绘制直方图，每一个柱形的高度与相应组的次数成正比，如图 4.1 所示。

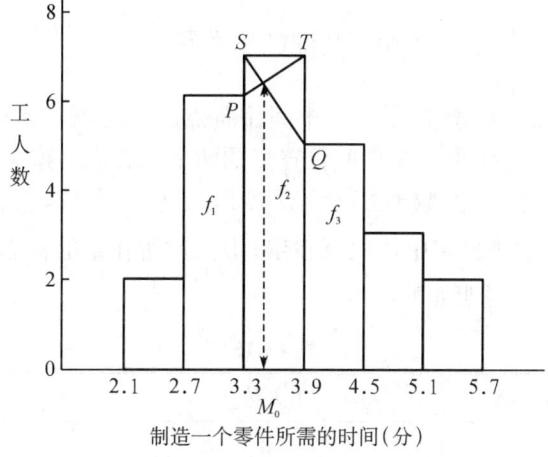

图 4.1 计算众数近似值示意图

将图 4.1 中的 S 和 Q 两点连成一直线，T 和 P 连成一直线，这两条直线的交点的横坐标就是众数的近似值。

如上所述，可见众数的数值是在总体各单位高度集中的变量值上，不是根据全部变量值加以平均求得的，所以它不受极大极小数值的影响，仅受其前后相邻两组次数大小的影响。因此，只有当总体单位数很多而又有明显的集中趋势时，测定众数才有现实意义。如当变量数列呈均匀分布时，则无众数可言。此外，如果变量数列中出现最多次数的变量值不止一个而是两个或两个以上时，往往反映统计数据来自两个或两个以上有区别的总体，这就需要检查统计调查对象的性质和特点，不适宜笼统地计算众数，以免导致不可靠的结论。

二、中位数

(一) 中位数的概念

将总体单位的某一数量标志的各个数值按其大小顺序排列，处于中点位置的标志值

就是中位数。例如,某生产小组有七个工人生产某种零件,其日产量按递升顺序排列如下:

$$17, 18, 20, 20, 22, 22, 24$$

中位数就是第四个工人的日产量20件。

中位数就是将某标志的全部数值均等地分为两半的那个标志值。其中,有一半数值小于中位数,另一半数值则大于中位数。由于中位数是根据标志值所处的中点位次来确定的,不受极大或极小数值的影响,所以可以用来代替变量值的一般水平。在工业产品质量检查中,经常采用中位数。

(二) 确定中位数的方法

在资料未分组的情况下,将总体各单位的标志值按其大小顺序排列,确定标志值数列的中间位置点,即

$$中位数位置 = \frac{n+1}{2} \qquad (4-35)$$

如果总体单位的项数(n)为奇数,则居于中间位置点的标志值就是中位数,如上例所示。如果总体单位的项数(n)为偶数,则中间位置点的两个标志值的算术平均数为中位数。

根据单项数列计算中位数时,先计算各组的累计次数,然后根据中点的位次($\sum f/2$)对照累计次数来确定中位数所在组;中位数所在组的标志值就是中位数,兹以表4-15中的资料为例,说明如下:

表 4-15

工人按日产量分组(件)X	工人数 f	累计次数 S
4	8	8
5	22	30
6	42	72
7	38	110
8	17	127
9	3	130
合 计	130	—

上例中的中点位次 $\sum f/2 = 130/2 = 65$,中位数为第65个工人的日产量件数。根据累计次数确定中位数为第三组的变量值,即中位数为6件。

按组距数列计算中位数时,首先要计算各组累计次数,再按 $\sum f/2$ 确定中点位次,根据累计次数确定中位数的所在组,用比例插值法计算中位数的近似值。仍以表4-7中的资料为例,说明其计算方法如下:

(1) 表4-7中的工人数为25人,其中点位次为 $\sum f/2 = 25/2 = 12.5$;(2) 根据累

计次数可以看出，中位数在第三组，即在制造一个零件所需的时间3.3～3.9分这一组内；(3)假定中位数所在组内的标志值是均匀分布的，就可用比例插值法推算中位数的近似值。因中位数在该组中的位次为$\sum f/2 - S_{m-1}$（中位数前一组的累计次数），即$25/2 - 8 = 4.5$位次，占中位数所在组次数(f_m)的比例为：4.5/7，按组距$i=0.6$(分)计算其位次数值为：$\frac{4.5}{7} \times 0.6 = 0.386$(分)；(4)将上述数字与中位数所在组的下限($X_L$)相加，就是中位数($M_e$)的近似值：$3.3 + 0.386 = 3.686$(分)。

由上述计算中位数的过程可以归纳为如下的公式，并用表4-7中的数字代入公式，其结果如下：

$$M_e = X_L + \frac{\sum f/2 - S_{m-1}}{f_m} \times i \qquad (4-36)$$
$$= 3.3 + \frac{25/2 - 8}{7} \times 0.6$$
$$= 3.3 + 0.386 = 3.686(分)$$

上述公式是按下限计算中位数的近似值，简称下限公式。如果按上限计算时，则上限公式为：

$$M_e = X_U - \frac{\sum f/2 - S_{m+1}}{f_m} \times i \qquad (4-37)$$

式中：X_U代表中位数所在组上限；

S_{m+1}代表中位数所在组以后各组的累计次数；其余的符号与(4-36)式相同。

现用表4-7中的资料，代入(4-37)式，得①

$$M_e = 3.9 - \frac{25/2 - 10}{7} \times 0.6 = 3.9 - 0.214 = 3.686(分)$$

三、众数、中位数和算术平均数的关系

众数、中位数与算术平均数之间有着一定的关系，这种关系决定于总体次数分布的状况。当次数分布呈对称的钟形分布时，算术平均数位于次数分布曲线的对称点上，而该点又是曲线的最高点和中心点，因此，众数、中位数和算术平均数三者相等，其关系如图4.2(a)所示。当次数分布呈非对称的钟形分布时，由于这三种平均数受极端数值影响程度的不同，因而它们的数值就存在一定的差别，但三者之间仍有一定的关系。当次数分布右偏时，算术平均数受偏高数值影响较大，其位置必然在众数之右，中位数在众数与算术平均数之间，因而有如下的关系(见图4.2(b))：$M_0 < M_e < \overline{X}$。反之，当次数分布左偏时，算术平均数受偏小数值的影响较大，其位置在众数之左，中位数仍在两者之间，三者的关

---

① 其中S_{m+1}是按较大制累计得出的，在本例中为$2+3+5=10$。

系如图 4.2(c)所示：$\overline{X} < M_e < M_0$。

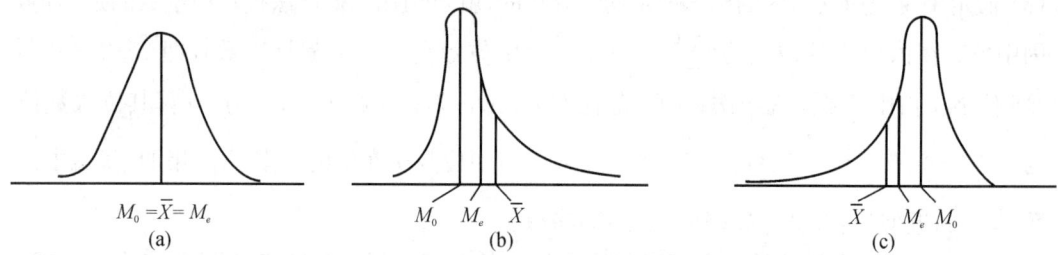

图 4.2　众数、中位数和算术平均数的位置比较

根据英国统计学家皮尔逊(Karl Pearson)的经验,在偏态分布的偏斜程度不太显著时,上述三种平均数的位置有一定的关系,即中位数与算术平均数的距离,约等于众数与算术平均数距离全长的 1/3；中位数与众数的距离,约等于众数与算术平均数距离全长的 2/3。据此,得出如下的经验公式：

$$M_0 = \overline{X} - 3(\overline{X} - M_e) \qquad (4-38)$$
$$= 3M_e - 2\overline{X}$$

利用上述经验公式,从已知其中任何两个平均数之值,可以推算另一个平均数之值。例如,以表 4-7 中的资料为例,已知 $\overline{X} = 3.77$ 分,$M_e = 3.686$ 分,代入上式,得

$$M_0 = 3 \times 3.686 - 2 \times 3.77$$
$$= 11.054 - 7.54$$
$$= 3.518(分)$$

结果与按(4-33)、(4-34)式计算的近似值 3.5 分非常接近。

第六节　应用平均指标的基本原则

在统计研究和分析中,平均指标是一种广泛应用的指标,具有十分重要的作用。为了正确发挥平均指标的作用,在应用时应该注意以下几个基本原则：

(一) 总体的同质性是计算和应用平均数的前提条件和基本原则

因为只有在同质总体中,总体各单位才具有共同的特征,从而才能按某一数量标志计算其平均数,用一个代表性数值来说明总体的一般水平。马克思早已指出："平均量始终只是同种的许多不同的个别量的平均数。"[①]反之,如果将不同性质的各个单位混合在一起计算平均数,只能给人们以假象,掩盖事物的真相。例如在资本主义国家统计中,把企业中资方代理人的高额薪金和工人的工资混合在一起,计算所谓的平均工资。这是客观

---

① 马克思：《资本论》第一卷,人民出版社 1975 年版,第 359 页。

上不存在的平均数,所以列宁斥之为"虚构平均数"。

(二) 社会经济统计中应用的算术平均数、调和平均数、几何平均数、中位数和众数,各有其特点和适用条件

应该从研究对象的实际内容出发,根据统计资料的特点和研究的目的来选用各种平均数。有时,还可以把几种平均数结合起来应用,以利于全面分析社会经济现象总体某一标志的一般水平及其分布情况。

(三) 要用组平均数补充总平均数

根据同质总体计算的平均数,称之为总平均数,反映现象总体的一般水平。但在很多情况下,只计算总平均数还不足以说明问题。现用表4-16中的假设资料为例,说明如下:

表4-16 在分组的基础上计算组平均数

按地势条件分组	甲生产队				乙生产队			
	播种面积(亩)	比重(%)	总产量(千克)	平均亩产量(千克)	播种面积(亩)	比重(%)	总产量(千克)	平均亩产量(千克)
平原	30	60	15 000	500	40	40	20 800	520
丘陵	20	40	7 500	375	60	60	22 800	380
合计	50	100	22 500	450	100	100	43 600	436

从表4-16中看出,甲队粮食总平均亩产量为450千克,乙队粮食亩产量总平均数为436千克。但从各组的平均数来看,乙队的平原地和丘陵地的平均亩产量均高于甲队。导致总平均数与组平均数不一致的原因,主要是影响总平均数的大小有两个因素,一是平原地和丘陵地的生产水平,二是生产水平不同的播种面积在总的播种面积中的比重,其中任何一个因素发生变化,都会影响粮食总平均亩产量。从上表中可以明显看出,乙队的平原地播种面积的比重只占40%,小于甲队,所以乙队的总平均亩产量低于甲队。由此可见,现象内部结构不同,对总平均数的影响很大。为了正确表明总平均指标的影响因素或变动的原因,应在分组的基础上计算组平均数,借以补充说明总平均数。

(四) 应当用分配数列和典型单位的资料补充说明平均数

因为平均数在反映现象总体一般水平的同时,却又掩盖了总体某一标志在各个单位之间的差异及其分布状况。因此,为了深入地全面地说明问题,在应用平均数时,要按被平均的数量标志进行分组,编制分配数列来补充说明平均数。此外,反映现象总体一般水平的平均数,它体现一定范围内的现象总体的共性,但同时又掩盖了被研究现象的个性。因此,平均数必须和总体单位的典型事例相结合,特别要研究先进和后进的典型,使平均数具有丰富的内容,以发挥平均数对社会经济现象的认识作用。

第七节 标志变异指标

一、标志变异指标的意义和作用

在同质总体中,按某一不变标志而言,总体各单位之间并无本质上的差别,但从另一方面来看,彼此之间则存在着数量上的差异。总体各单位标志值的差异在统计上称为变异,反映总体各单位标志值的离散状况或变异程度的综合指标,称为标志变异指标或标志变动度。

标志变异指标和平均指标是一对相互联系的对应指标,是从两个不同的侧面反映同质总体的共同特征。平均指标表明总体各单位标志值的一般水平,说明变量数列中变量值的集中趋势;标志变异指标则表明总体各单位标志值的差别大小的程度,说明变量值的离中趋势。

在统计分析中,计算总体标志值的平均数的同时,进一步测定标志变异指标,这对于全面认识总体的特征,探讨其变动的规律性,进行科学管理与预测等都有重要的意义。

测定标志变异指标是应用平均指标进行统计分析的重要方法之一。标志变异指标的主要作用可以归纳如下:

(一)标志变异指标可以衡量平均数的代表性

很明显,如果总体各单位标志值的差异程度大,则平均数的代表性小。反之,标志值变动范围或程度小,则平均数的代表性就大。例如,假设有两个工人小组日产零件数如下:

$$甲组:5,6,7,8,9;\overline{X}=7 件$$

$$乙组:2,3,7,10,13;\overline{X}=7 件$$

显然,甲、乙两组的平均日产零件都是 7 件,但两组工人的日产量的变异程度不同,因而平均日产量的代表性也不同。甲组工人的日产量变动幅度较小,其平均数的代表性就大;乙组工人的日产量彼此差异较大,其平均数的代表性也就较小。

(二)标志变异指标可以反映经济活动过程的均衡性、节奏性或稳定性

例如,检查生产计划执行情况时,除了计算平均完成计划程度外,要用变异指标分析计划执行过程中的均衡性和节奏性,是否存在前松后紧和突击现象。又如进行产品质量统计检验,经常采用标志变异指标。如果指标变动度较小,说明产品质量比较稳定;反之,变动程度愈大,则产品质量的稳定性愈差。

(三)标志变异指标可以揭示总体变量分布的离中趋势,是研究总体分布的重要特征值

如前所述,社会经济现象受多种因素的影响,其中,由于主要的必然的因素的作用,次要的偶然的因素则在平均数周围正负作用而相互抵消,从而使总体各单位标志值以平均数为中心上下波动。因此,平均指标揭示了总体变量分布的集中趋势,成为研究总体分布的重要特征值。而标志变异指标则从另一侧面揭示了以平均数为中心,各标志值偏离中心的程度。一般来说,标志变异指标值越大,说明总体各标志值平均来说离中心点越远,亦即偏离平均数的程度越大,反之则相反。通过标志值的离中分析,可以进一步研究标志变量的分布是否接近或偏离正态分布的状况,从而可以帮助我们更好地认识数列分布的规律性。

二、标志变异绝对指标

常用的标志变异指标有全距、平均差和标准差。这一类变异指标主要用以反映标志变动的绝对程度,用绝对数表示,一般不能用于不同总体之间离散程度大小的直接比较。

(一) 全距

就是总体各单位标志值中的最大值与最小值的差距,借以表明总体标志值的差异范围的大小。在组距数列中,全距的近似值就是最高组的上限与最低组的下限之差。由于全距(R)是一个数列中两个极端数值之差,所以又称为极差:

$$R = X_{\max} - X_{\min} \tag{4-39}$$

全距是测定标志变动度最简单的方法,计算简便,而且容易理解,因此在很多场合采用全距来约略地说明某些现象的标志变动程度,例如农作物收获率的差距、某一商品价格的差距等。特别是在现代化高速生产的工艺过程中,常用全距检查产品质量的稳定性和进行质量控制。但由于全距不是根据全部标志值计算的,很容易受极端数值的影响,其结果不能充分反映现象的实际离散程度,因而在应用方面有一定的局限性。

(二) 平均差

平均差就是总体各单位标志值对其算术平均数的离差绝对值的算术平均数,它能综合反映总体各单位标志值的变动程度。平均差愈大,表示标志变动度愈大;反之,平均差愈小,表示变动度愈小。

在资料未经分组的情况下,平均差(用 A. D. 代表)可按下述公式计算:

$$\text{A. D.} = \frac{\sum |X - \overline{X}|}{N} \tag{4-40}$$

由于各个标志值与其算术平均数的离差的代数和恒等于零,所以要用离差的绝对值($|X - \overline{X}|$)计算平均差。在资料已分组的情况下,要计算加权平均差,其计算公式为:

$$\text{A. D.} = \frac{\sum |X - \overline{X}| f}{\sum f} \tag{4-41}$$

上式中的 X,在组距数列中则用各组的组中值代表。兹以工人按日产量分组的资料为例,

说明平均差的计算方法如下：(见表4-17)

$$\overline{X} = \frac{\sum Xf}{\sum f} = \frac{2\,400}{50} = 48(件)$$

$$A.D. = \frac{\sum |X-\overline{X}|f}{\sum f} = \frac{380}{50} = 7.6(件)$$

表4-17 平均差的计算方法

工人按日产量分组(件)	工人数 f	组中值 X	Xf	$\|X-\overline{X}\|$	$\|X-\overline{X}\|f$
30～40	10	35	350	13	130
40～50	20	45	900	3	60
50～60	15	55	825	7	105
60～70	5	65	325	17	85
合　　计	50	—	2 400	—	380

平均差不同于全距，它考虑了总体全部单位标志值的差异，能较准确地反映总体各标志值的平均变异程度。但由于它采用绝对值的离差形式加以数学假定，在运用上有较大的局限性，因此，需要采用一种数学性能更优越的标志变异指标，即标准差。

(三) 标准差

为了克服平均差采用离差绝对值计算的缺点，可以先求出各个标志值对其算术平均数的离差，将各项离差加以平方 $(X-\overline{X})^2$，以消除离差的正负号；然后再计算这些离差平方的算术平均数，所得结果称为总体方差。如果用符号 σ^2 代表总体方差，其计算公式为：①

$$\sigma^2 = \frac{1}{N} \sum (X-\overline{X})^2 \qquad (4-42)$$

因为统计指标数值一般都是名数，而名数的平方除了少数如平方米等有意义外，很多名数如千克、元等等的平方并没有现实意义，不容易理解。因此，在统计分析中通常将方差开方，求出正平方根，还原为与平均数相同的名数，称为标准差或均方差，记作 σ，其公式如下：

$$\sigma = \sqrt{\frac{\sum (X-\overline{X})^2}{N}} \qquad (4-43)$$

上式可以化为：

---

① 公式(4-42)中的 σ，是希腊字母小写，读作 *Sigma*。

第四章 综合指标

$$\sigma = \sqrt{\frac{\sum(X-\overline{X})^2}{N}} = \sqrt{\frac{\sum(X^2 - 2\overline{X}X + \overline{X}^2)}{N}}$$

$$= \sqrt{\frac{\sum X^2}{N} - \frac{2\overline{X}\sum X}{N} + \frac{N\overline{X}^2}{N}}$$

$$= \sqrt{\frac{\sum X^2}{N} - 2\overline{X}^2 + \overline{X}^2}$$

$$= \sqrt{\frac{\sum X^2}{N} - \overline{X}^2} \tag{4-44}$$

因为 $\overline{X} = \frac{\sum X}{N}$，所以

$$\sigma = \sqrt{\frac{\sum X^2}{N} - \left(\frac{\sum X}{N}\right)^2} \tag{4-45}$$

上述(4-43)、(4-44)和(4-45)式是根据未分组资料计算标准差的简单平均式。如果用(4-45)式计算标准差，可以不必先求出 $\overline{X}$，直接按各个标志值计算，从而避免因计算平均数时四舍五入引起的舍入误差。假设某自学小组6名学生统计考试成绩如表4-18第一栏所示，现用公式(4-43)和(4-45)计算其标准差，如表4-18所示：

表4-18　按标志值计算

分数 X	$X-\overline{X}$	$(X-\overline{X})^2$	X^2
67	-11.5	132.25	4 489
70	-8.5	72.25	4 900
73	-5.5	30.25	5 329
80	1.5	2.25	6 400
85	6.5	42.25	7 225
96	17.5	306.25	9 216
471	—	585.50	37 559

$$\overline{X} = \frac{\sum X}{N} = \frac{471}{6} = 78.5（分）$$

$$\sigma = \sqrt{\frac{\sum(X-\overline{X})^2}{N}} = \sqrt{\frac{585.5}{6}} = \sqrt{97.58}$$

$$= 9.88 \text{ 分}$$

或

$$\sigma = \sqrt{\frac{\sum X^2}{N} - \left(\frac{\sum X}{N}\right)^2} = \sqrt{\frac{37\,559}{6} - \left(\frac{471}{6}\right)^2}$$

$$= \sqrt{6\,259.83 - 6\,162.25} = \sqrt{97.58} = 9.88(分)$$

由分组资料或组距数列计算均方差,需要采用加权公式:

$$\sigma = \sqrt{\frac{\sum(X-\overline{X})^2 f}{\sum f}} \qquad (4-46)$$

同理,上式也可以化为如下的形式:

$$\sigma = \sqrt{\frac{\sum fX^2}{\sum f} - \left[\frac{\sum fX}{\sum f}\right]^2} \qquad (4-47)$$

当 X 和 f 的数值相当大时,计算标准差的过程相当复杂,可以采用简捷法。根据算术平均数的数学性质,可以将(4-47)式化为:

$$\sigma = i\sqrt{\frac{\sum\left(\frac{X-A}{i}\right)^2 f}{\sum f} - \left[\frac{\sum\left(\frac{X-A}{i}\right)f}{\sum f}\right]^2} \qquad (4-48)$$

设 $\frac{X-A}{i} = d$,则

$$\sigma = i\sqrt{\frac{\sum fd^2}{\sum f} - \left[\frac{\sum fd}{\sum f}\right]^2} \qquad (4-49)$$

兹以甲、乙两组日产零件数的分组资料为例,说明按简捷法公式计算标准差的方法。甲组中,令 $A = 230$;乙组中,令 $A = 170$。

表 4-19 甲、乙两组月产零件数的分组资料

甲 组					乙 组				
工人按日产零件数分组	工人数 f	d	fd	fd^2	工人按日产零件数分组	工人数 f	d	fd	fd^2
140~160	7	-4	-28	112	120~140	2	-2	-4	8
160~180	5	-3	-15	45	140~160	16	-1	-16	16
180~200	11	-2	-22	44	160~180	37	0	0	0
200~220	7	-5	-7	7	180~200	24	1	24	24
220~240	18	0	0	0	200~220	14	2	28	56
240~260	3	1	3	3	220~240	10	3	30	90
260~280	3	2	6	12	240~260	3	4	12	48
280~300	1	3	3	9	260~280	1	5	5	25
合 计	55	—	-60	232	合 计	107	—	79	267

甲 组   乙 组

$$\overline{X} = A + \frac{\sum fd}{\sum f} \times i \qquad\qquad \overline{X} = A + \frac{\sum fd}{\sum f} \times i$$

$$= 230 + \frac{-60}{55} \times 20 = 208.18(件) \qquad = 170 + \frac{79}{107} \times 20 = 184.77(件)$$

$$\sigma = i\sqrt{\frac{\sum fd^2}{\sum f} - \left(\frac{\sum fd}{\sum f}\right)^2} \qquad \sigma = i\sqrt{\frac{\sum fd^2}{\sum f} - \left(\frac{\sum fd}{\sum f}\right)^2}$$

$$= 20\sqrt{\frac{232}{55} - \left(\frac{-60}{55}\right)^2} \qquad = 20\sqrt{\frac{267}{107} - \left(\frac{79}{107}\right)^2}$$

$$= 20\sqrt{3.028} = 34.8(件) \qquad = 20\sqrt{1.9522} = 27.93(件)$$

标准差不仅具有平均差的优点,而且在数学处理上比平均差更为合理。其一,采用平方的方法来消除离差的正负号,便于数学运用。其二,运用了 $\sum(X-\overline{X})^2 =$ 最小值的数学性质,使标准差的计算更精确、更科学。其三,在正态分布条件下,标准差与平均数有着明确的数量关系,是真正测度离中趋势的标准。

在分组条件下求标志值的标准差和未分组条件下求所有标志值的标准差,其结果是不同的。在社会经济统计分析中,我们经常要将分组分析与标志变异分析结合起来应用,这就要求我们能根据不同层次的分组要求计算各层次的方差,即计算总方差、组间方差与组内方差。

总方差就是指总体中所有标志值与其总平均数离差平方的算术平均数,它是以所有标志值对总平均数计算的标准差平方,反映整个总体的总离差。组间方差是根据各组平均数对其总平均数计算的标准差平方,反映各组之间的离差。组内方差是根据各组中各单位标志值对组平均数计算的标准差平方,反映各组内部的离差。对上述各方差之间的关系进行研究,可以发现存在下述数学关系式:

$$总方差(\sigma^2) = 组间方差(\delta^2) + 组内方差的平均数(\overline{\sigma_i^2}) \tag{4-50}$$

这就是方差的加法定理。运用该定理可计算各种方差。

例如,已知两组学生的学习成绩分组资料如表 4-20 所示,试求该资料的总方差,并以加法定理验证之。

表 4-20 甲、乙两组学生的学习成绩

成绩分组(分)	甲组人数(人)	乙组人数(人)
60 以下	2	1
60~80	12	7
80~100	10	22
合 计	24	30

1. 按所有标志值求总方差

先求出各组平均数及总平均数：

$$\overline{X}_{甲} = \frac{\sum Xf}{\sum f} = \frac{50 \times 2 + 70 \times 12 + 90 \times 10}{24} = \frac{1\,840}{24}$$
$$= 76.67(分)$$

$$\overline{X}_{乙} = \frac{\sum Xf}{\sum f} = \frac{50 \times 1 + 70 \times 7 + 90 \times 22}{30} = \frac{2\,520}{30} = 84(分)$$

$$\overline{X}_{总} = \frac{\sum Xf}{\sum f} = \frac{1\,840 + 2\,520}{24 + 30} = \frac{4\,360}{54} = 80.74(分)$$

再求总方差：

$$\sigma^2 = \frac{\sum (X - \overline{X}_{总})^2 f}{\sum f} \text{ 或 } \frac{\sum X^2 f}{\sum f} - (\overline{X}_{总})^2$$

$$= \frac{50^2 \times 2 + 70^2 \times 12 + 90^2 \times 10 + 50^2 \times 1 + 70^2 \times 7 + 90^2 \times 22}{24 + 30} - (80.74)^2 = 144.01$$

2. 按方差加法定理求总方差

（1）求组间方差

先求各组平均数及总平均数：

已求得 $\overline{X}_{甲} = 76.67$ 分，$\overline{X}_{乙} = 84$ 分，$\overline{X}_{总} = 80.74$ 分

再求组间方差：

$$\delta^2 = \frac{\sum (\overline{X}_i - \overline{X}_{总})^2 f_i}{\sum f_i} \text{ 或 } \frac{\sum \overline{X}_i^2 f_i}{\sum f_i} - (\overline{X}_{总})^2 \quad (f_i \text{ 为各组单位数})$$

$$= \frac{76.67^2 \times 24 + 84^2 \times 30}{24 + 30} - (80.74)^2$$

$$= 13.62$$

（2）求各组的组内方差

$$\sigma_i^2 = \frac{\sum (X_i - \overline{X}_i)^2 f_i}{\sum f_i} \text{ 或 } \frac{\sum X_i^2 f_i}{\sum f_i} - (\overline{X}_i)^2$$

（此处 f_i 为各标志值的次数）

$$\sigma_{甲}^2 = \frac{50^2 \times 2 + 70^2 \times 12 + 90^2 \times 10}{24} - (76.67)^2 = 155.04$$

$$\sigma_{乙}^2 = \frac{50^2 \times 1 + 70^2 \times 7 + 90^2 \times 22}{30} - (84)^2 = 110.67$$

(3) 求组内方差的平均数

$$\overline{\sigma_i^2} = \frac{\sum \sigma_i^2 f_i}{\sum f_i} (f_i \text{ 为各组单位数})$$

$$= \frac{155.04 \times 24 + 110.67 \times 30}{54} = 130.39$$

(4) 按方差的加法定理求总方差

$$\sigma^2 = \delta^2 + \overline{\sigma_i^2} = 13.62 + 130.39 = 144.01$$

按加法定理求得的总方差与上述总方差的计算结果相同。

三、交替标志的平均数与标准差

在统计研究中，经常遇到这样一种情况，即总体全部单位可划分两种情况，即具有或不具有某种性质的单位，这两部分单位合并构成一个总体。例如，全部产品经质量检验，可分为合格品和非合格品两部分；人口总体按性别可分为男性和女性两部分等等。这种通过"是、否"或"有、无"的区分将总体单位划分为两部分的标志，称为交替标志。它在总体单位间以两种形式出现，非此即彼。交替标志主要用于反映总体单位间性质上的差别。

对交替标志进行研究，需要把这种标志在性质上的差别转化为数量上的差异，进一步分析其数量特征。统计上是通过(0,1)变量值的处理方法对其进行过渡。由于交替标志只有两种标志表现，因此可用 1 代表具有某种性质的单位的标志值，用 0 代表不具有某种性质的单位的标志值，并将具有某种标志值的那部分总体单位数占总体全部单位数的比重（成数），用 P 表示，将不具有某种标志值的那部分总体单位数占总体全部单位数的比重（成数），用 Q 表示。即：

$$P = \frac{N_1}{N}, \quad Q = \frac{N_0}{N}$$

$$N_1 + N_0 = N$$

$$P + Q = 1$$

通过以上对交替标志的过渡与转换，就能计算交替标志的平均数与标准差。计算交替标志的平均数和标准差的方法可以表述如下：

表 4-21　计算交替标志的平均数和标准差

交替标志值 X	总体成数 f	Xf	$X-\overline{X}(\overline{X}=P)$	$(X-\overline{X})^2$	$(X-\overline{X})^2 f$
1	P	P	$1-P$	$(1-P)^2$	$(1-P)^2 P$
0	Q	0	$0-P$	$(0-P)^2$	$(0-P)^2 Q$
合　计	1	P	—	—	$Q^2 P + P^2 Q$

交替标志
的平均数：
$$\overline{X} = \frac{\sum Xf}{\sum f} = \frac{1 \times P + 0 \times Q}{P + Q} = \frac{P}{1} = P \tag{4-51}$$

交替标志
的标准差：
$$\sigma = \sqrt{\frac{\sum (X-\overline{X})^2 f}{\sum f}} = \sqrt{\frac{(1-P)^2 P + (0-P)^2 Q}{P+Q}}$$

$$= \sqrt{\frac{Q^2 P + P^2 Q}{1}} = \sqrt{PQ(Q+P)}$$

$$= \sqrt{PQ} = \sqrt{P(1-P)} \tag{4-52}$$

四、标志变异相对指标

上述讨论的各种标志变异的绝对指标，如平均差、标准差等，是有计量单位的名数，其数值的大小不仅受标志值变动程度的影响，而且又受平均水平高低的影响。因此，为了对比分析不同平均水平的变量数列的标志变动度，不宜直接用平均差或标准差，而应消除计量单位不同以及平均水平高低不一的影响，计算能反映标志变动的相对指标，即标志变动系数，又称离散系数或变异系数。常用的标志变动系数有平均差系数和标准差系数，而以标准差系数的应用最为普遍。此外，有时也应用全距系数。

（一）平均差系数

即平均差除以相应的算术平均数，反映标志值离差的相对水平，记作 $V_{A.D.}$，其公式如下：

$$V_{A.D.} = \frac{A.D.}{\overline{X}} \times 100\% \tag{4-53}$$

（二）标准差系数

即标准差除以相应的算术平均数，反映标志值离差的相对水平，记作 V_σ，其计算公式为：

$$V_\sigma = \frac{\sigma}{\overline{X}} \times 100\% \tag{4-54}$$

综上所述，可见标志变动系数一般用百分数表示，由于把相应的算术平均数都化作 100，因而标志变动系数可以用来比较平均水平不同的几组标志值的变动程度。同时，平均差系数、标准差系数只是平均差、标准差相当于相应的算术平均数的百分比，不再保持原有资料的单位，因此，可以用来比较计量单位不同的指标之间的变异程度。

例如，甲乙企业平均产量和标准差、标准差系数资料如表 4-22 所示：

表 4-22　甲乙企业平均产量和标准差、标准差系数资料

	计量单位	月平均产量 $\overline{X}$	标准差 σ	标准差系数(%) V_σ
甲企业	件	5 500	225	4.09
乙企业	千克	640	50	7.81

上表资料,从标准差看,乙企业明显小于甲企业,但不能就此断定乙企业平均产量的代表性高。因为这两个企业生产的是不同产品(计量单位不同),平均产量相差悬殊(平均水平不同),故不能直接根据标准差对比,而应采用标准差系数进行比较分析。计算 V_σ 的结果与 σ 截然相反,得出的结论是:甲企业的平均产量比乙企业稳定,代表性高。

五、偏度与峰度

平均指标和标志变异指标可以揭示变量数列的集中趋势和离中趋势,是描述次数分布主要特征的重要指标。在对数列分布状况有了基本认识的基础上,还要进一步研究次数分布的形态特征,计算偏度与峰度。

(一) 偏度

偏度是指次数分布非对称的偏态方向程度。为了精确测定次数分布的偏斜状况,统计上采用偏斜度指标。计算偏斜度有不同的方法,现介绍其中比较简单的一种方法。

由前述介绍可知,在对称分布条件下,$\overline{X} = M_e = M_0$;在偏态分布条件下,三者存在数量(位置)差异。其中,M_e 居于中间,$\overline{X}$ 与 M_0 分居两边,因此,偏态可用 $\overline{X}$ 与 M_0 的绝对差额(距离)来表示。即

$$偏态 = \overline{X} - M_0$$

$\overline{X}$ 与 M_0 的绝对差额越大,表明偏斜程度越大;$\overline{X}$ 与 M_0 的绝对差额越小,则表明偏斜程度越小。当 $\overline{X} > M_0$,说明偏斜的方向为右(正)偏;当 $\overline{X} < M_0$,则说明偏斜的方向为左(负)偏。

由于偏态是以绝对数表示的,具有原数列的计量单位,因此不能直接比较不同数列的偏态程度。为了使不同数列的偏态值可比,可计算偏态的相对值,即偏斜度(α),又称为偏态系数,就是将偏态的绝对数用其标准差除之。公式为:

$$\alpha = \frac{\overline{X} - M_0}{\sigma} = \frac{3(\overline{X} - M_e)}{\sigma} \tag{4-55}$$

偏斜度是以标准差为单位的算术平均数与众数的离差,故其取值范围一般在 0 与 ± 3 之间。α 为 0 表示对称分布,α 为 +3 与 -3 分别表示极右偏态和极左偏态。例如,根据表 4-7 中的资料,其算术平均数为 3.77 分,中位数为 3.686 分,标准差为 0.823 2 分,因而该数列的次数分布的偏斜度为:

$$\alpha = \frac{3(\overline{X} - M_e)}{\sigma} = \frac{3(3.77 - 3.686)}{0.823 2} = 0.3$$

计算结果表明,25 名工人按制造一个零件所需时间(分)分组的变量数列属于正偏态

分布,其偏斜程度不大,仅为 0.3。

(二) 峰度

峰度是指次数分布曲线顶峰的尖平程度,是次数分布的又一重要特征。统计上,常以正态分布曲线为标准,来观察比较某一次数分布曲线的顶端是尖顶或平顶以及尖平程度的大小。

根据变量值的集中与分散程度,峰度一般可表现为三种形态:尖顶峰度、平顶峰度和标准峰度。当变量值的次数在众数周围分布比较集中,使次数分布曲线比正态分布曲线顶峰更为隆起尖峭,称为尖顶峰度,如图 4.3 中分布曲线 a;当变量值的次数在众数周围分布较为分散,使次数分布曲线较正态分布曲线更为平缓,称为平顶峰度,如图 4.3 中分布曲线 c;如变量值的次数完全服从正态分布的规律,则其次数分布曲线就是正态分布曲线,它的峰度就是标准峰度,如图 4.3 中分布的曲线 b。可见,尖顶峰度或平顶峰度都是相对正态分布曲线的标准峰度而言的。

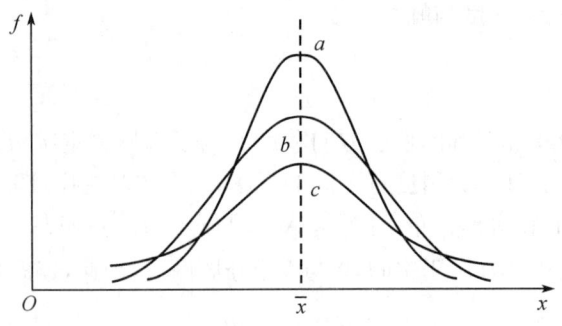

图 4.3 峰度示意图

峰度的测定,一般是采用统计动差方法,即以四阶中心动差 V 为测定依据,将 V_4 除以其标准差的四次方 σ^4,以消除单位量纲的影响,便于不同次数分布曲线的峰度比较,从而得到以无名数表示的相对数,即为峰度的测定值(β)。计算公式为:

$$\beta = \frac{V_4}{\sigma^4} = \frac{\sum (X-\overline{X})^4 f}{\sum f} \bigg/ \sigma^4 \qquad (4-56)$$

由统计计算分析可知,当次数分布为正态分布曲线时,$\beta = 3$,以此为标准,就可比较分析各种次数分布曲线的峰度。当 $\beta > 3$ 时,表示分布曲线呈尖顶峰度,为尖顶曲线,说明变量值的次数较为密集地分布在众数的周围,β 值越大于 3,分布曲线的顶端越尖峭。当 $\beta < 3$ 时,表示分布曲线呈平顶峰度,为平顶曲线,说明变量值的次数分布比较均匀地分散在众数的两侧,β 值越小于 3,则分布曲线的顶峰就越平缓。一般当 β 值接近于 1.8 时,分布曲线呈水平矩形分布形态,说明各组变量值的次数相同。当 β 值小于 1.8 时,次数分布曲线趋向"U"型分布。实际统计分析中,通常将偏度和峰度结合起来运用,以判断变量分布是否接近于正态分布。

第五章 时间数列

第一节 时间数列概述

一、时间数列的意义

综合指标法主要是根据同一时期的资料，从静态上对总体的数量特征进行分析的基本方法。但社会经济现象总是随着时间的推移而不断地发展变化，因此还要进行动态分析。

所谓动态，就是现象在时间上的发展变化。要进行动态分析，首先要编制时间数列。将某一个统计指标在不同时间上的各个数值，按时间先后顺序排列，就形成一个时间数列，也叫作动态数列。

由此可以看出，时间数列一般是由两个基本要素构成的，即被研究现象所属的时间，以及反映该现象的统计指标数值。

通过时间数列的编制和分析，首先，可以从现象的量变过程中反映其发展变化的方向、程度和趋势，研究其质量变化的规律性。其次，通过时间数列资料的研究，可以对某些社会经济现象进行预测。第三，利用时间数列，可以在不同地区或国家之间进行对比分析。由此可见，编制和分析时间数列具有重要的作用，已成为对社会经济现象进行统计分析的一种重要方法。

二、时间数列的种类

时间数列按其排列的指标表现形式的不同，可分为三类，即绝对数时间数列、相对数时间数列和平均数时间数列。绝对数时间数列是基本数列，后两类则是以前者为基础计算得出的派生数列。

（一）绝对数时间数列

绝对数时间数列是由一系列同类的总量指标数值按时间顺序排列的时间数列，可以反映某种社会经济现象在各个时期达到的绝对水平及其发展变化情况。绝对数时间数列按其所反映的社会经济现象性质的不同，又可以区分为时期数列和时点数列。

表 5-1 时间数列示例表

年 份	1991	1992	1993	1994	1995	1996
国内生产总值(亿元)	21 617.8	26 638.1	34 634.4	46 759.4	58 478.1	68 593.8
第三产业占国内生产总值比重(%)	33.4	34.3	32.7	31.9	30.7	30.8
职工平均工资(元)	2 340	2 711	3 371	4 538	5 500	6 210

1. 时期数列。即数列中每个指标数值都是反映某种社会经济现象在一定时期内发展过程的总量,这种绝对数时间数列就称为时期数列。表 5-1 中所列的 1991~1996 年我国国内生产总值就是一个时期数列。时期数列具有两个主要特点:(1)时期数列中每个指标数值表示在一段时期内发展过程的总量,因而各个指标数值可以相加,相加的合计数表示更长时期内的发展总量;(2)数列中每个指标数值的大小与计算时期的长短有直接联系,在一般情况下,时期愈长,指标数值愈大;反之,时期愈短,指标数值就愈小。

2. 时点数列。即数列中每个指标数值都是反映某种社会经济现象在一定时点上的状态及其水平,这种绝对数时间数列就称为时点数列。例如,表 5-2 就是根据某车间工人人数资料编制的时点数列。

表 5-2 时点数列

时 间	1月1日	2月1日	3月1日	4月1日
工人人数	210	250	2.64	280

时点数列也有两个主要特点:(1)因为数列中的每个指标数值只是表明某一社会经济现象在一定时点上所达到的水平,所以各项指标数值不能相加,如果把各个时点上的数值相加,就会产生重复计算,所得的数字不能反映实际情况。(2)在时点数列中,两个相邻的指标数值之间相隔的时间距离称为间隔。数列中每一指标的大小与时间间隔的长短没有直接联系。

(二) 相对数时间数列

相对数时间数列是由一系列同类相对指标数值按时间顺序排列的时间数列,用来说明现象之间的数量对比关系或相互联系的发展变化过程。如表 5-1 中,历年第三产业占国内生产总值比重就构成一个相对数时间数列。由于相对指标一般表现为两个有关的绝对数之比,因此,不论是时期数列还是时点数列,均可据以编制有关的相对数时间数列。上述表 5-1 中的相对数时间数列就是由两个时期数列对比形成的。在相对数时间数列中,由于各个指标数值的基数不同,所以不能直接相加。

(三) 平均数时间数列

平均数时间数列是由一系列同类平均指标数值按时间顺序排列的时间数列,用来表明某一社会经济现象的一般水平的变化过程或发展趋势。例如,表 5-1 中,由各个时期的职工平均工资所构成的时间数列就是平均数时间数列。数列中的各个指标数值也不能相加,因为相加所得的数值没有实际的经济意义,不能说明任何问题。由于平均数有一般平均数(静态平均数)和序时平均数(动态平均数)之分,相应的,平均数时间数列也可以分为由一般平均数和序时平均数构成的两种平均数时间数列。

三、编制时间数列的原则

编制上述各种时间数列的主要目的,就在于分析社会经济现象的发展变化过程及其规律性。为此,保证数列中各项指标数值的可比性,已成为编制时间数列的基本要求,而要保证数列中指标数值的可比性,就应遵循以下的基本原则:

(一) 时期长短应该相等

时期数列中各项指标数值与时期长短直接有关,因此,在同一个时期数列中各个指数值所属时期长短要求相等,否则就不能比较。但这个原则不能绝对化;为了某种特殊的研究目的,也可以将时期不等的指标数值编制时期数列。例如,我国新中国成立前自1900年到1948年的钢产量为760万吨,而第一个五年计划期间的钢产量为1 666.7万吨,两者虽然时期不等,但仍然可以说明第一个五年计划期间的钢产量超过了旧中国半个世纪的钢产量总和的一倍以上,表明了我国社会主义制度的优越性。

对于时点数列来说,其指标数值的大小与时点间隔的长短没有直接关系,所以各个指标数值之间的间隔应否相等,须视实际情况和需要而定。但为了更明显地反映现象的变化过程及其规律性,各个指标数值之间的时间间隔仍应力求前后一致。

(二) 总体范围应该一致

编制时间数列时,通常涉及总体范围的问题,即被研究的社会经济现象所包括的地区范围、隶属关系的范围、分组范围等是否前后一致。如果总体范围有了变动,则前后各期的指标数值不能直接对比,必须将资料加以适当的调整。例如,某一地区的行政区划发生变动后,该地区的人口数、土地面积、工农业总产值等等都要做相应的调整,使编制的时间数列具有可比性,正确说明所研究的问题。

(三) 经济内容应该统一

因为指标数值是反映一定质的经济内容,不能只就数量而论数量,而不注意时间数列中各个指标内容的同质性。例如,乡镇工业企业与现代化工业企业在性质上是有差别的,就不能把这两类的企业数目混合一起,编成一个时间数列进行比较。有时,时间数列的指标名称相同,但经济内容不尽相同,如果仍然机械地进行对比分析,可能导致错误的结论。特别是研究不同的社会制度或者研究重大变革时期的经济发展变化情况时,更应注意指标数值反映的经济内容是否一致的问题。

(四) 各项指标数值的计算方法、计算价格和计量单位应该一致

在指标名称及其经济内容一致的前提下,采用什么方法计算,按照何种价格或单位计量,各个指标数值都要保持前后一致。例如,研究工业企业劳动生产率的变动,产量用实

物量还是用价值量,人数用全部职工数还是用生产工人数,前后各期都要统一。如果按实物指标计算,就应采用统一的计量单位,否则,在指标数值上就没有可比性。如果采用价值指标,这就涉及按现价、不变价格计算的问题。例如,不同时期的工农业产值进行对比时,就应采用统一的不变价格计算,以消除价格因素的影响,正确反映工农业生产的发展情况。[①]

第二节 发展水平指标

为了阐明社会经济现象发展的规模和速度,认识事物发展的规律性,必须对时间数列进行分析,计算一系列表明现象发展变化状况的动态分析指标。动态分析指标可以归纳为两类,即发展水平指标和发展速度指标。本节先介绍发展水平指标。

发展水平指标主要用来分析现象在某一时期或时点上发展变化的水平,包括发展水平、增减水平、平均增减水平和平均发展水平等指标。

一、发展水平和增减水平

(一) 发展水平

是指处于量变过程中的事物在一定时期内或时点上所达到的规模或水平,亦即时间数列中的每个指标数值。它是计算各种动态分析指标的基础。

时间数列中第一项指标数值叫作最初水平,最后一项指标数值叫作最末水平。进行动态对比时,作为对比基础时期的发展水平叫作基期水平,而要与基期水平进行对比的那个时期的发展水平,称为报告期水平或计算期水平。如用符号表示数列中的发展水平,即:

$$a_0, a_1, a_2, a_3, \cdots, a_{n-1}, a_n$$

则 a_0 代表最初水平, a_n 代表最末水平,其余就是中间各项水平。基期和报告期或最初水平和最末水平都不是固定不变的,将随着研究的目的要求和研究时间的变更而做相应的改变。发展水平在文字表达上,习惯用"增加到"或"增加为"及"降低到"或"降低为"来表示。如表5-1 中,1995 年我国国内生产总值为 58 478.1 亿元,1996 年增加到 68 593.8 亿元。

(二) 增减水平

增减水平或称增减量,表示现象在一定时期内增减的绝对数量,它等于报告期水平

[①] 现价是指各种产品在年内的实际价格,所以又称当年价格。不变价格亦称可比价格,是反映历史上某一特定时期或时点产品价值量及产品价比关系的价格。不变价格只是在一定时期内相对固定,随着情况的改变,就要编制新的不变价格。建国 40 多年来,先后采用 1950 年不变价格、1952 年不变价格、1957 年不变价格、1970 年不变价格、1980 年不变价格和 1990 年不变价格。

(a_i)与基期水平(a_0)之差：

$$增减量\ \Delta a = a_i - a_0 \tag{5-1}$$

增减量可以是正值，表示现象水平增长，如产值的增长、销售额的扩大、劳动生产率的提高等等；增减量可以是负值，表示现象水平的下降，如单位产品成本的降低、原材料消耗的节约等。

增减量指标由于选择基期的不同，又可以分为两种：(1)逐期增减量，就是报告期水平与前一期水平的差额，说明现象逐期增减的数量。如用符号表示，即：

$$a_1 - a_0, a_2 - a_1, a_3 - a_2, \cdots, a_n - a_{n-1}$$

(2)累积增减量，就是报告期水平与某一固定时期（通常为最初水平 a_0）的差额，说明一定时期内的总增减量。如用符号表示，即：

$$a_1 - a_0, a_2 - a_0, a_3 - a_0, \cdots, a_n - a_0$$

不难看出，逐期增减量与累积增减量存在以下关系：
(1)各个逐期增减量之和等于相应的累积增减量，即

$$(a_1 - a_0) + (a_2 - a_1) + (a_3 - a_2) + \cdots + (a_n - a_{n-1}) = a_n - a_0 \tag{5-2}$$

(2)相邻两个累积增减量之差等于相应的逐期增减量，即

$$(a_i - a_0) - (a_{i-1} - a_0) = a_i - a_{i-1} \tag{5-3}$$

根据表 5-1 各年国内生产总值资料计算增减量指标，结果如表 5-3 所示：

表 5-3　增减量计算示例表　　　　　　　　　　　单位：亿元

年　　份	1991	1992	1993	1994	1995	1996
发展水平：国内生产总值	21 617.8	26 638.1	34 634.4	46 759.4	58 478.1	68 593.8
增减量：逐期	—	5 020.3	7 996.3	12 125	11 718.7	10 115.7
累积	—	5 020.3	13 016.6	25 141.6	36 860.3	46 976

与发展水平不同，增减水平在文字表达上，通常用"增长了"或"减少了"来表示。如表 5-3 中，1995 年国内生产总值为 58 478.1 亿元，1996 年增加了 10 115.7 亿元。

二、平均增减水平和平均发展水平

(一)平均增减水平

平均增减水平又称平均增减量，是用来说明某种现象在较长时期内平均每期增减的绝对量。计算平均增减水平的方法有两种：水平法和总和法。

1. 水平法。它是将各个逐期增减量相加后，除以逐期增减量的个数；或者将累积增减量除以时间数列项数减1。即

$$\text{平均增减量}\overline{\Delta a} = \frac{\text{逐期增减量之和}}{\text{逐期增减量个数}} = \frac{\text{累积增减量}}{\text{时间数列项数} - 1} \quad (5-4)$$

如表 5-3 中,我国在 1991~1996 年间国内生产总值年平均增减量为:

$$\overline{\Delta a} = \frac{5\,020.3 + 7\,996.3 + 12\,125 + 11\,718.7 + 10\,115.7}{5}$$

$$= \frac{46\,976}{6-1} = 9\,395.2(\text{亿元})$$

按水平法计算的平均增减水平,其实质就是能保证以基期水平(a_0)为基础,经过 n 期的按每期平均增减水平($\overline{\Delta a}$)的发展,第 n 期发展水平的理论值与其实际值相等。即满足

$$a_0 + n\,\overline{\Delta a} = a_n$$

2. 总和法。这一计算方法的实质,就是要求按照平均增减水平推算的各期发展水平的理论值总和与各期发展水平的实际值总和相等。即

$$(a_0 + \overline{\Delta a}) + (a_0 + 2\,\overline{\Delta a}) + \cdots + (a_0 + n\,\overline{\Delta a}) = a_1 + a_2 + \cdots + a_n$$

$$na_0 + \overline{\Delta a}(1 + 2 + \cdots + n) = \sum a_i$$

$$\overline{\Delta a}(1 + 2 + \cdots + n) = \sum (a_i - a_0)$$

$$\overline{\Delta a} = \frac{2\sum(a_i - a_0)}{n(n+1)} \quad (5-5)$$

上式就是总和法求平均增减水平的计算公式。如按总和法计算,我国在 1991~1996 年间国内生产总值年平均增减水平应为:

$$\overline{\Delta a} = \frac{2(5\,020.3 + 13\,016.6 + 25\,141.6 + 36\,860.3 + 46\,976)}{5(5+1)}$$

$$= 8\,467.7(\text{亿元})$$

根据同一资料,应用水平法和总和法计算平均增减水平会存在一定的差异,这是由于两者的理论依据、计算方法和侧重面不同,有着不同的应用场合。具体选择哪种方法,取决于被研究现象的性质特点以及分析的目的和要求。

实际统计工作中,还常常计算年距增减水平。该指标可以消除季节变动的影响,反映本期发展水平比去年同期发展水平的增减绝对量。即

$$\text{年距增减水平} = \text{本期发展水平} - \text{去年同期发展水平} \quad (5-6)$$

(二)平均发展水平

平均发展水平是指时间数列中各个时期或时点上的发展水平的平均数,从动态上说明社会经济现象在某一段时间内发展的一般水平,在统计上称为动态平均数或序时平均数。

社会经济现象在不同时间上的发展变化总是不平衡的,为了概括地说明其发展变化的一般水平,反映其变动的规律性,就必须计算序时平均数。此外,通过序时平均数,可以解决时间数列中某些可比性问题,便于对同一现象在不同历史阶段的变化状况进行比较,对不同单位、不同地区、不同部门或不同国家在某一段时间内某一现象发展的一般水平进行比较。

序时平均数与一般平均数既有共性,也有区别。其共性都是将现象的数量差异加以抽象平均来反映现象的一般水平。其区别主要表现在三个方面。第一,前者平均的是现象在不同时期或时点上的数量差异;而后者平均的是现象在同一时间上的数量差异。第二,前者是从动态上反映现象在一段时间内发展的一般水平;后者则是从静态上反映现象在具体时间条件下的一般水平。第三,前者的计算依据是时间数列;后者的计算依据则是变量数列。

由于时间数列的种类不同,因此计算其序时平均数的方法也有所不同。

1. 由绝对数时间数列计算序时平均数

(1) 由时期数列计算序时平均数。时期数列中各个指标数值是可以直接相加的,可以采用简单算术平均法计算其序时平均数($\bar{a}$),即数列中各个指标数值(或各个发展水平)之和除以时期项数(n)。如用符号表示,其计算公式为:

$$\bar{a} = \frac{a_1 + a_2 + a_3 + \cdots + a_n}{n} = \frac{\sum a_i}{n} \tag{5-7}$$

仍以表 5-3 资料为例计算序时平均数如下:

$$\bar{a} = \frac{21\,617.8 + 26\,638.1 + 34\,634.4}{6} + \frac{46\,759.4 + 58\,478.1 + 68\,593.8}{6}$$
$$= 42\,786.9(亿元)$$

该序时平均数把我国国内生产总值在 1991~1996 年间的数量差异,抽象概括为在这一段时间内国内生产总值的一般水平。

(2) 由时点数列计算序时平均数。时点数列是根据时点资料编制的,相邻时点之间总会有一定的间隔,因此时点数列一般都是间断数列。但如果时点数列的资料是逐日记录,而且逐日排列的,则可视为连续时点数列。

A. 由连续时点数列计算序时平均数。在连续时点数列中有间隔相等和间隔不等两种情况:

(a) 间隔相等的连续时点数列。即数列中各时点指标值之间的时间间隔相等,都是日。可采用简单算术平均法,即以各时点指标值总和($\sum a$)除以时点个数(n),求得序时平均数。算式为:

$$\bar{a} = \frac{a_1 + a_2 + \cdots + a_n}{n} = \frac{\sum a}{n} \tag{5-8}$$

例如,某企业 1996 年 3 月上旬职工人数资料如表 5-4 所示:

表 5-4 职工人数资料表

日期	1日	2日	3日	4日	5日	6日	7日	8日	9日	10日
职工人数(人)	200	210	206	200	212	208	206	210	214	214

该企业 3 月上旬
日平均职工人数

$$\bar{a} = \frac{\sum a}{n}$$

$$= \frac{200+210+206+200+212+208+206+210+214+214}{10}$$

$$= 208(人)$$

(b) 间隔不等的连续时点数列。即数列中的各时点指标值不是逐日变动的,相邻时点指标值之间的时间间隔不相等。可采用加权算术平均法,即以每次变动持续的时间间隔长度(f)为权数对各时点指标值进行加权平均,求得序时平均数。算式为:

$$\bar{a} = \frac{a_1 f_1 + a_2 f_2 + \cdots + a_n f_n}{f_1 + f_2 + \cdots + f_n} = \frac{\sum af}{\sum f} \qquad (5-9)$$

例如,某商场 1997 年 1 月营业员人数资料如表 5-5 所示:

表 5-5 营业员人数资料表

日期	1月1日~1月7日	1月8日~1月11日	1月12日~1月18日	1月19日~1月20日	1月21日~1月31日
营业员人数(人)	410	414	430	424	416

该商场 1 月份
日平均营业员人数

$$\bar{a} = \frac{\sum af}{\sum f} = \frac{410 \times 7 + 414 \times 4 + 430 \times 7 + 424 \times 2 + 416 \times 11}{31}$$

$$= 418(人)$$

B. 由间断时点数列计算序时平均数。要精确计算时点数列的序时平均数,必须掌握各个时点的资料,这就需要统计每一个时点的数据,编制连续时点数列,显然这是一项十分繁杂的工作。实际统计工作中,为方便起见,通常是每隔一定的时间统计一次,时点一般定在期初或期末(如月初月末、年初年末等),这样每次统计的间隔相等;或者是仅当现象的数量发生变动时进行统计,这样每次统计的间隔就不相等。因此,间断时点数列又可以分为间隔相等和间隔不等的两种情况。

(a) 间隔相等的间断时点数列。它是根据间隔相等的各期期初或期末时点资料编制的时点数列。可以假定相邻时点之间现象的变动是均匀的,在此假定条件下,就可推算序时平均数的近似数。例如根据表 5-2 的资料,假定相邻两个时点之间人数是均匀变动的,则可将相邻两个时点人口数相加再除以 2,就可求出各月的平均工人数:

$$一月份的平均工人数 = \frac{210+250}{2} = 230(人)$$

第五章 时间数列

$$二月份的平均工人数 = \frac{250+264}{2} = 257(人)$$

$$三月份的平均工人数 = \frac{264+280}{2} = 272(人)$$

根据各月的平均工人数,采用简单算术平均法可以求出第一季度的平均工人数:

$$第一季度平均工人数 = \frac{230+257+272}{3} = 253(人)$$

将上述计算步骤合并简化为:

$$\frac{\frac{210+250}{2}+\frac{250+264}{2}+\frac{264+280}{2}}{3} = \frac{\frac{210}{2}+250+264+\frac{280}{2}}{4-1} = 253(人)$$

这种计算时点数列序时平均数的方法,可以概括为如下的基本公式:

$$\bar{a} = \frac{\frac{a_1}{2}+a_2+a_3+\cdots+a_{n-1}+\frac{a_n}{2}}{n-1} \tag{5-10}$$

式中,a 代表指标数值(发展水平);n 代表指标数值的项数(时点项数)。

按上述公式计算序时平均数时,假定现象在两个时点之间是均匀变动的,但实际上不可能是完全均匀的,因而所得的数值只是近似值。如果时点数列的间隔越小,则所得的数值越接近于实际。

(b) 间隔不等的间断时点数列。它是根据间隔不等的各期期初或期末时点资料编制的时点数列。由于各时点之间的间隔不等,可用各个间隔的长度(f)为权数,对各相应时点的平均值进行加权平均,求得序时平均数。计算公式为:

$$\bar{a} = \frac{\frac{a_1+a_2}{2} \times f_1 + \frac{a_2+a_3}{2} \times f_2 + \cdots + \frac{a_{n-1}+a_n}{2} \times f_{n-1}}{\sum_{i=1}^{n-1} f_i} \tag{5-11}$$

例如,某企业 1996 年库存钢材资料如下:

表 5-6 某企业的库存钢材资料

日 期	年 初	3月末	7月末	年末
钢材库存量(吨)	40	50	70	44

1996 年月平均钢材库存量为:

$$\bar{a} = \frac{\frac{40+50}{2} \times 3 + \frac{50+70}{2} \times 4 + \frac{70+44}{2} \times 5}{3+4+5}$$

$$= \frac{45 \times 3 + 60 \times 4 + 57 \times 5}{12} = 55(吨)$$

2. 由相对数时间数列计算序时平均数

相对数时间数列一般是由两个密切联系的绝对数时间数列相应项对比而形成的,由于各个相对数不能直接相加,所以计算它们的序时平均数时,应分别计算其分子数列的序时平均数($\bar{a}$)和分母数列的序时平均数($\bar{b}$),然后将这两个序时平均数对比,即得相对数时间数列的序时平均数($\bar{c}$)。其基本计算公式为:

$$\bar{c} = \frac{\bar{a}}{\bar{b}} \qquad (5-12)$$

具体计算时,又因为时期数列和时点数列性质的不同,所以采用的方法也有所不同。

(1) 分子数列和分母数列都是时期数列。可以采用下述公式计算相对数时间数列的序时平均数:

$$\bar{c} = \frac{\bar{a}}{\bar{b}} = \frac{\sum a}{n} \Big/ \frac{\sum b}{n} = \frac{\sum a}{\sum b} \qquad (5-13)$$

由于 $c = \frac{a}{b}$,则 $a = bc$,代入上式得:

$$\bar{c} = \frac{\sum bc}{\sum b} \qquad (5-14)$$

根据实际掌握的资料来确定采用上述公式,两者计算的结果完全相同。假设某企业第一季度产量计划完成情况如表 5-7 所示:

表 5-7 某企业第一季度产量计划完成情况表

	1 月份	2 月份	3 月份
a:实际产量(吨)	420	560	714
b:计划产量(吨)	400	500	700
c:计划完成(%)	105	112	102

根据上表资料,按(5-13)式计算该企业第一季度产量计划平均完成程度为:

$$\bar{c} = \frac{\sum a}{\sum b} = \frac{420+560+714}{400+500+700} = \frac{1\,694}{1\,600} = 1.059 \text{ 或 } 105.9\%$$

(2) 分子数列和分母数列都是时点数列。由时点数列计算序时平均数,有连续和间断之分,而每种又有间隔相等和间隔不等之别,这样就形成四种不同的情况,但其基本计算方法不变。兹以间隔相等的间断时点数列对比形成的相对数时间数列序时平均数的计算为例(表 5-8),说明由两个时点数列对比形成的相对数时间数列序时平均数的一般计算方法。

表 5-8 某企业 1996 年第三季度职工人数

日　　期	6月末	7月末	8月末	9月末
a：生产工人数	435	452	462	576
b：全部职工人数	580	580	600	720
c：生产工人数占全部职工人数的%	75	78	77	80

首先，计算生产工人数的序时平均数：

$$\bar{a} = \frac{\frac{435}{2} + 452 + 462 + \frac{576}{2}}{4-1} = \frac{1\,419.5}{3} = 473（人）$$

其次，计算全部职工人数的序时平均数：

$$\bar{b} = \frac{\frac{580}{2} + 580 + 600 + \frac{720}{2}}{4-1} = \frac{1\,830}{3} = 610（人）$$

最后，将上述两个序时平均数对比，即得该企业第三季度生产工人数占全部职工人数的平均比重：

$$\bar{c} = \frac{\bar{a}}{\bar{b}} = \frac{473}{610} = 0.775 \text{ 或 } 77.5\%$$

如上所述，求序时平均数的方法可用公式表示如下：

$$\bar{c} = \frac{\bar{a}}{\bar{b}} = \frac{\frac{a_1}{2} + a_2 + \cdots + a_{n-1} + \frac{a_n}{2}}{n-1}$$

$$\div \frac{\frac{b_1}{2} + b_2 + \cdots + b_{n-1} + \frac{b_n}{2}}{n-1}$$

$$= \frac{\frac{a_1}{2} + a_2 + \cdots + a_{n-1} + \frac{a_n}{2}}{\frac{b_1}{2} + b_2 + \cdots + b_{n-1} + \frac{b_n}{2}} \tag{5-15}$$

又因 $a = bc$，代入上式得：

$$\bar{c} = \frac{\frac{b_1 c_1}{2} + b_2 c_2 + \cdots + b_{n-1} c_{n-1} + \frac{b_n c_n}{2}}{\frac{b_1}{2} + b_2 + \cdots + b_{n-1} + \frac{b_n}{2}} \tag{5-16}$$

（3）分子数列和分母数列是两个不同性质的数列。计算相对数时间数列的序时平均数的基本公式仍然是 $\bar{c} = \bar{a}/\bar{b}$，至于 $\bar{a}$ 和 $\bar{b}$ 的具体计算方法则根据分子数列和分母数列的性质、类别而定。兹举例说明如下：

表 5-9 某商业企业 1996 年第一季度商品流转次数

时间	上年 12 月	1 月	2 月	3 月
a. 商品流转额（万元）	—	240	300	360
b. 月末商品储存额（万元）	80	100	110	120
c. 商品流转次数（次）	—	2.67	2.86	3.13

根据上表资料要求计算该商业企业第一季度月平均商品流转次数和第一季度商品流转次数。

$$商品流转次数 = \frac{商品流转额}{平均商品储存额}$$

由于商品流转额是时期指标，而商品储存额是时点指标，两者不能直接对比，需计算序时平均数后才能加以比较。例如，

$$一月份商品流转次数 = \frac{a_1}{\frac{b_1+b_2}{2}} = \frac{240}{\frac{80+100}{2}} = 2.67(次)$$

同理，可求得二月份和三月份的商品流转次数，见表 5-9 中 c 栏。

计算第一季度月平均商品流转次数，不能将各月的商品流转次数直接相加平均求得，而应通过分子和分母的序时平均数对比得到。即

$$第一季度月平均商品流转次数\ \bar{c} = \frac{\bar{a}}{\bar{b}} = \frac{\frac{\sum a}{3}}{\frac{\frac{b_1}{2}+b_2+b_3+\frac{b_4}{2}}{4-1}} = \frac{\sum a}{\frac{b_1}{2}+b_2+b_3+\frac{b_4}{2}}$$

$$= \frac{240+300+360}{\frac{80}{2}+100+110+\frac{120}{2}} = \frac{900}{310} = 2.903(次)$$

计算第一季度商品流转次数，同样也不能将各月的商品流转次数直接加总求得，它等于第一季度的商品流转额（$\sum a$）除以第一季度的月平均商品储存额（$\bar{b}$）；或等于第一季度的月平均商品流转次数（$\bar{c}$）乘以月数（n）。即

$$第一季度商品流转次数 = \frac{\sum a}{\bar{b}} = \frac{900}{\frac{\frac{80}{2}+100+110+\frac{120}{2}}{3}} = \frac{900}{\frac{310}{3}} = 8.71(次)$$

或

$$= \bar{c} \times n = 2.903 \times 3 = 8.71(次)$$

3. 由平均数时间数列计算序时平均数

平均数时间数列可以由一般平均数或序时平均数所组成，因为这两种平均数不尽相同，所以计算其序时平均数时，也要分别情况，选用不同的具体方法。

(1) 因一般平均数时间数列中的分子数列是标志总量,属于时期数列;其分母数列是总体单位总量,一般属于时点数列,因此,计算这种一般平均数时间数列的序时平均数,和相对数时间数列的计算方法一样。

(2) 由序时平均数时间数列计算其序时平均数时,如果数列中各个时期的时间长度相等,可直接按简单算术平均数公式计算:

$$\bar{a} = \frac{\sum a}{n} \tag{5-17}$$

如果数列中各个时期的时间长度不等,要以时间长度为权数,用加权算术平均数公式计算其序时平均数:

$$\bar{a} = \frac{a_1 f_1 + a_2 f_2 + \cdots + a_{n-1} f_{n-1} + a_n f_n}{f_1 + f_2 + \cdots + f_{n-1} + f_n}$$
$$= \frac{\sum af}{\sum f} \tag{5-18}$$

第三节　发展速度指标

以上述发展水平指标为基础,通过进一步加工分析,可以得出四种具有密切联系的主要发展速度指标,即发展速度、增减速度、平均发展速度和平均增减速度。

发展速度指标可以用来比较分析某种社会经济现象在不同发展阶段,或不同地区、部门、国家之间的发展变化程度,也可以作为编制和检查国民经济计划的参考,是广泛应用的一种动态分析指标。

一、发展速度和增减速度

(一) 发展速度

发展速度是根据社会经济现象报告期发展水平与基期水平对比而得的发展程度的相对指标,表明报告期水平已发展到基期水平的若干倍或百分之几。由于采用基期的不同,有定基发展速度和环比发展速度之分。

(1) 定基发展速度。就是报告期水平对某一固定时期水平(通常为最初水平 a_0)之比,表明该现象在较长时期内总的发展速度,所以也称之为"总速度"。如用符号表示,即

$$\text{定基发展速度}: \frac{a_1}{a_0}, \frac{a_2}{a_0}, \frac{a_3}{a_0}, \cdots, \frac{a_{n-1}}{a_0}, \frac{a_n}{a_0}$$

(2) 环比发展速度。就是报告期水平和前一时期水平之比,表明这种现象逐期的发展速度。如用符号表示,即

环比发展速度：$\dfrac{a_1}{a_0}, \dfrac{a_2}{a_1}, \dfrac{a_3}{a_2}, \cdots, \dfrac{a_{n-1}}{a_{n-2}}, \dfrac{a_n}{a_{n-1}}$

兹用图 5.1 表明定基与环比发展速度的区别如下：

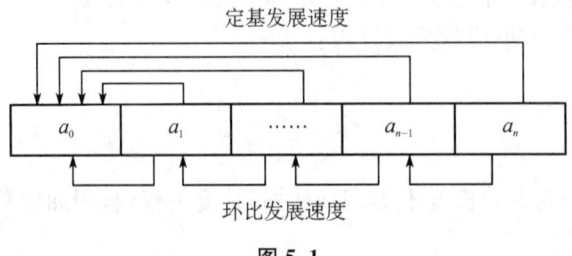

图 5.1

定基发展速度与环比发展速度虽然说明问题时的侧重点有所不同，但它们之间存在着以下两种换算关系：

(a) 定基发展速度等于相应时期内各个环比发展速度的连乘积：

$$\dfrac{a_1}{a_0} \times \dfrac{a_2}{a_1} \times \dfrac{a_3}{a_2} \times \cdots \times \dfrac{a_{n-1}}{a_{n-2}} \times \dfrac{a_n}{a_{n-1}} = \dfrac{a_n}{a_0} \qquad (5-19)$$

(b) 相邻的两个定基发展速度之商等于相应的环比发展速度：

$$\dfrac{a_i}{a_0} \div \dfrac{a_{i-1}}{a_0} = \dfrac{a_i}{a_{i-1}} \qquad (5-20)$$

有时为了说明本期发展水平与去年同期发展水平的相对发展程度，可以计算年距发展速度：

$$年距发展速度 = \dfrac{本期发展水平}{去年同期发展水平} \qquad (5-21)$$

(二) 增减速度

增减速度是根据增减量与其基期水平之比求得的相对指标，表明社会经济现象的增减程度。其计算公式为：

$$增减速度 = \dfrac{增减量}{基期水平} = \dfrac{报告期水平 - 基期水平}{基期水平} = \dfrac{报告期水平}{基期水平} - 1 \qquad (5-22)$$

亦即：

$$增减速度 = 发展速度\left(\dfrac{a_1}{a_0}\right) - 1(或 100\%) \qquad (5-23)$$

由此可见，增减速度是由发展速度减 1(或 100%)而得出的，它们之间有密切的关系，但所说明的内容是不同的：发展速度是说明报告期水平增加到基期水平的多少倍或百分之几，包括了基期水平；增减速度则是说明报告期水平比基期水平增加了或降低了多少倍或百分之几，不包括基期水平，是指"净增加或减少"的倍数或百分比。发展速度没有正负之分,增减速度则有正负之分。增减速度为正值,表示现象的增长程度,即增长率;如为负值,表示现象的降低程度,即降低率。

计算增减速度时也由于采用基期的不同而分为定基增减速度和环比增减速度。

(1) 定基增减速度说明现象在较长时期内总的增减程度,可用公式表示如下:

$$\text{定基增减速度} = \frac{\text{累积增减量}}{\text{最初水平}} = \text{定基发展速度} - 1 \text{ 或}(100\%) \quad (5-24)$$

(2) 环比增减速度表示现象的逐期的增减程度,可用公式表示如下:

$$\text{环比增减速度} = \frac{\text{逐期增减量}}{\text{前一期的水平}} = \text{环比发展速度} - 1(100\%) \quad (5-25)$$

实际统计工作中,为了消除季节变动的影响,可计算年距增减速度,用以说明现象年距增减量与去年同期水平相比而达到的相对增减的方向和程度。

$$\text{年距增减速度} = \frac{\text{年距增减量}}{\text{去年同期发展水平}} = \text{年距发展速度} - 1(\text{或}100\%) \quad (5-26)$$

为了反映增减速度的实际效果,可计算每增减1%的绝对值指标,它是将现象的速度与水平结合起来进行分析的一个指标,用绝对数表示。计算公式为:

$$\text{增减1\%的绝对值} = \frac{\text{逐期增减量}}{\text{环比增减速度} \times 100} = \frac{\text{逐期增减量}}{\frac{\text{逐期增减量}}{\text{前一期水平}} \times 100}$$

$$= \frac{\text{前一期水平}}{100} \quad (5-27)$$

兹以我国1990~1995年工业总产值时间数列为例,说明上述各种动态分析指标的计算,如表5-10所示。

说明:(1) 表中,环比增减速度、定基增减速度与增减1%的绝对值均可按两种方法计算。(2) 注意指标间的换算关系。(a) 各年逐期增减量之和等于累积增减量,即2 701+7 974+13 803+21 774+21 718=67 970。相邻两个累积增减量之差等于逐期增减量。如67 970-46 252=21 718,46 252-24 478=21 774 等。(b) 各年环比发展速度的连乘积等于定基发展速度,即 111.29%×129.95%×139.89%×144.99%×130.95%=384.11%。相邻两个定基发展速度之商等于环比发展速度。如384.11%÷293.33%=130.95%,293.33%÷202.32%=144.99%等。

表5-10 1990~1995年我国工业总产值时间数列资料表

年　份	1990	1991	1992	1993	1994	1995
工业总产值(亿元)	23 924a_0	26 625a_1	34 599a_2	48 402a_3	70 176a_4	91 894a_5
逐期增减量(亿元)	—	2 701	7 974	13 803	21 774	21 718
累计增减量(亿元)	—	2 701	10 675	24 478	46 252	67 970
环比发展速度(%)	—	111.29	129.95	139.89	144.99	130.95

续表

年　　份	1990	1991	1992	1993	1994	1995
定基发展速度(%)	100	111.29	144.62	202.32	293.33	384.11
环比增减速度(%)	—	11.29	29.95	39.89	44.99	30.95
定基增减速度(%)	—	11.29	44.62	102.32	193.33	284.11
增减1%的绝对值(亿元)	—	239.24	266.25	345.99	484.02	701.76

二、平均发展速度和平均增减速度

某一社会经济现象由于所处的历史条件的不同,因而在各个时期中的发展速度也有所差异。为了进行动态分析,需要将现象在各个时期中的速度差异加以抽象,计算平均速度指标。平均速度指标具有重要的应用意义:利用平均速度指标,可用来综合反映国民经济各个发展阶段中的一般发展或增减情况;对此分析不同发展阶段的不同发展速度以及不同国家、地区、单位经济发展的不同情况;是编制和分析国民经济长期计划以及进行预测和决策的重要依据。

平均速度指标包括平均发展速度和平均增减速度。平均发展速度是指各期环比发展速度的平均值,说明某一现象在一个较长时期内逐期平均发展变化的程度。平均增减速度是指各期环比增减速度的平均值(但不能根据各个环比增减速度指标直接求得),说明某一现象在一个较长时期内逐期平均增减变化程度。它与平均发展速度具有密切的联系,两者仅相差一个基数,即

$$平均增减速度 = 平均发展速度 - 1 \text{ 或 } 100\%$$

以下将分别阐述计算平均发展速度的两种方法,即几何平均法(或水平法)和方程法(或累计法)。

(一) 几何平均法

由于现象发展的总速度(记作R)不等于各期发展速度之和,而等于各期环比发展速度的连乘积,所以求环比发展速度的平均值即平均发展速度时,不能用算术平均法计算,通常应用几何平均法:

$$\overline{X}_G = \sqrt[n]{X_1 \cdot X_2 \cdot X_3 \cdot \cdots \cdot X_n} = \sqrt[n]{\prod X_i} \quad (5-28)$$

上式中:$\overline{X}_G$代表各个环比发展速度的几何平均数,亦即平均发展速度;X_i为变量值,即各个环比发展速度;n代表环比发展速度的项数。

如前所述,各个环比发展速度的连乘积等于最后一个时期的定基发展速度(总速度),所以上式可以改写为:

$$\overline{X}_G = \sqrt[n]{\frac{a_1}{a_0} \cdot \frac{a_2}{a_1} \cdot \frac{a_3}{a_2} \cdot \cdots \cdot \frac{a_n}{a_{n-1}}} = \sqrt[n]{\frac{a_n}{a_0}} \quad (5-29)$$

或 $$\overline{X}_G = \sqrt[n]{R} \tag{5-30}$$

在实际工作中,可根据掌握的资料分别选用上述任一公式计算平均发展速度。但由于高次方不能直接开方,通常要用对数方法计算[①]。现用表 5-11 中的假设资料为例,说明如下:

表 5-11 假设资料

年 份	总产值(万元)a_i	环比发展速度 X_i	环比发展速度的对数 $\lg X_i$
1991	381	—	—
1992	410	1.076	0.031 8
1993	440	1.073	0.030 6
1994	505	1.148	0.059 9
1995	538	1.065	0.027 3
1996	585	1.087	0.036 3
合 计	—	—	0.185 9

$$\overline{X}_G = \sqrt[n]{X_1 \cdot X_2 \cdot X_3 \cdot X_4 \cdot X_5}$$

$$\lg \overline{X}_G = \frac{\lg X_1 + \lg X_2 + \lg X_3 + \lg X_4 + \lg X_5}{5}$$

$$= \frac{0.185\ 9}{5} = 0.037\ 2$$

$$\overline{X}_G = 1.090 \text{ 或 } 109.0\%$$

上述资料也可以按下式计算:

$$\overline{X}_G = \sqrt[n]{\frac{a_n}{a_0}} = \sqrt[5]{\frac{585}{381}} = \sqrt[5]{1.535}$$

$$\lg \overline{X}_G = lg \sqrt[5]{1.535} = \frac{1}{5} \lg 1.535 = \frac{1}{5} \times 0.186\ 1 = 0.037\ 2$$

$$\overline{X}_G = 1.090 \text{ 或 } 109.0\%$$

平均增长速度=1.090-1=0.090 或 9.0%,即平均每年递增 9%。

从上述(5-28)式来看,平均发展速度是以整个时期中各期环比发展速度的大小为转移的,但从(5-30)式来看,平均发展速度取决于总速度$\left(R = \frac{a_n}{a_0}\right)$,显然,总速度又取决于最末水平与最初水平之比。因此,只有当整个时期中现象的各期水平比较均匀地向同一方向发展时,平均发展速度才能反映现象发展变化程度的一般水平。如果现象在所研

[①] 为了简化计算手续,也可以应用《平均发展速度计算表》,在已知总速度(R)和间隔期年数(n)的情况下,可直接查得平均发展速度。如果速度小数位数超过表中所列出的标准时,可查出相邻两个速度指标,用内插法按比例推算,求其近似值。

究的时期中出现了特殊的变化,时升时降,升降起伏的幅度悬殊,则计算的平均发展速度就会降低其代表性,甚至失去其实际意义。

(二) 方程法

方程法就是通过研究某一社会经济现象在一定阶段中各期实际水平之和对基期水平之比,列出相应的方程式,求解该方程式来计算平均发展速度。

这种方法的基本出发点就是根据求解方程式得出的平均发展速度,分别推算出各期的计算水平,应使计算水平的总和等于实际水平之和。为便于说明这一方法的数理论据及其公式,设:

a_0 代表基期水平,a_1, a_2, a_3, $\cdots$, a_n 代表各期实际发展水平,不包括基期水平的各期实际发展水平的总和为:

$$a_1 + a_2 + a_3 + \cdots + a_n = \sum a \text{①}$$

设以 $\overline{X}$ 代表平均发展速度,则按 $\overline{X}$ 计算的各期的计算水平为:

第一个时期:$a_0 \overline{X}$

第二个时期:$(a_0 \overline{X}) \overline{X} = a_0 \overline{X}^2$

第三个时期:$(a_0 \overline{X}^2) \overline{X} = a_0 \overline{X}^3$

$\vdots \qquad \vdots \qquad \vdots$

第 n 个时期:$(a_0 \overline{X}^{n-1}) \overline{X} = a_0 \overline{X}^n$

则方程式为:

$$\underbrace{a_0 \overline{X} + a_0 \overline{X}^2 + a_0 \overline{X}^3 + \cdots + a_0 \overline{X}^n}_{\text{计算水平之和}} = \underbrace{a_1 + a_2 + a_3 + \cdots + a_n}_{\text{实际发展水平之和}}$$

即

$$a_0 (\overline{X} + \overline{X}^2 + \overline{X}^3 + \cdots + \overline{X}^n) = \sum a$$

上式等式两边同除以 a_0,得

$$(\overline{X} + \overline{X}^2 + \overline{X}^3 + \cdots + \overline{X}^n) = \frac{\sum a}{a_0}$$

移项后得出:

$$(\overline{X} + \overline{X}^2 + \overline{X}^3 + \cdots + \overline{X}^n) - \frac{\sum a}{a_0} = 0 \qquad (5-31)$$

这是一个一元高次方程,解这一方程式所得的正根就是所求的平均发展速度。但要求解这个方程式是比较复杂的,因而采用下述两种方法,借以简化其计算过程。

(1) 在实际统计工作中,都是根据事先编好的《平均增长速度查对表》中的"累计法查

---

① 为方便起见,至 $\sum_{i=1}^{n} a_i$ 简记为 $\sum a$。

对表"来查对的。在查表之前,先根据各期发展水平总和与最初水平之比,来判断资料是递增型还是递减型。从下式中可以看出,各期发展水平之和与最初水平之比,实际上就是各期定基发展速度之和:

$$\frac{\sum a}{a_0} = \frac{a_1 + a_2 + \cdots + a_n}{a_0} = \frac{a_1}{a_0} + \frac{a_2}{a_0} + \cdots + \frac{a_n}{a_0}$$

因此,如果已算出数列中的全部定基发展速度,只要将这些数字加总即得 $\sum a/a_0$;然后再除以时期数,所得的平均数如果大于1或100%,表示各期的定基发展速度平均在1或100%以上,从而可以肯定所研究的数列属于递增型。反之,所得的平均数小于1或100%,该数列就属于递减型。显然,当所得的平均数等于或非常接近1或100%,表示并无明显的增减速度,就没有必要计算其平均增减速度。

判定所研究的数列是递增型或递减型以后,根据已有的数据,从上述"查对表"中可以直接查出平均递增速度或平均递减速度。现用表5-12中的假设资料为例,说明如下:

表5-12　某地区第八个五年计划期间基本建设投资总额　　　　　　　　单位:万元

年　份	基本建设投资额
1990	409.32
第八个五年计划合计	2 342.17
1991	376.44
1992	382.37
1993	500.99
1994	523.48
1995	558.89

根据表5-12中的资料,已知:$\sum n = 2\,342.17$ 万元,$a_0 = 409.32$ 万元,$n = 5$,则

$$\frac{\sum a}{a_0} = \frac{2\,342.17}{409.32} \times 100\% = 572.21\%$$

$$572.21\% \div 5 = 114.442\% > 100\% (属于递增型)$$

据此,就可以查《累计法查对表》。现将该表中的有关部分摘录如下,以便于说明:

表5-13　《累计法查对表》部分摘录

平均每年增长%	各年发展总和为基期的%				
	1年	2年	3年	4年	5年
⋮	⋮	⋮	⋮	⋮	⋮
4.4	104.40	213.39	327.18	445.98	570.01
4.5	104.50	213.70	327.82	447.07	571.69
4.6	104.60	214.01	328.46	448.17	573.38
⋮	⋮	⋮	⋮	⋮	⋮

从查对表中递增部分 $n=5$ 这一栏内,查到最接近 $\sum a/a_0 = 572.21\%$ 的数为 571.69%,由此可知累计法平均递增速度为 4.5%,亦即表示该地区第八个五年计划期间基本建设投资额的平均发展速度为 104.5%。

(2) 在没有《平均增长速度查对表》的情况下,可以利用电子计算器按逐次逼近的方法直接求解高次方程式。这种方法的基本思路就是在高次方程式正根范围内进行试项,找出正根的区间范围,然后利用导函数数学公式(切线法)进行逼近,得出满足该方程式的实根近似值。切线法数学公式如下:

$$a_{n+1} = a_n - \frac{f(a_n)}{f'(a_n)} \quad n=0,1,2,3,\cdots \tag{5-32}$$

式中:a_n 代表逐项逼近值,$f(a_n)$ 代表逼近值函数值,$f'(a_n)$ 代表逼近值函数一阶导数值。

在方程逼近求解过程中,若 $a_{n+1} \neq a_n$,就以 a_{n+1} 代替 a_n,这样,可以步步逼近,在满足误差条件下,直到 $a_{n+1} = a_n$ 为止。现在仍以上述基本建设投资额资料为例,说明采用逐次逼近法计算其平均发展速度如下:

根据(5-31)式,其一元高次方程式为:

$$\overline{X} + \overline{X}^2 + \overline{X}^3 + \overline{X}^4 + \overline{X}^5 - 5.7221 = 0$$

首先令 $\overline{X}=1$,则 $f(1)=-0.7221<0$,所以 1 不是所求的正根。于是再令 $\overline{X}=1.1$,则 $f(1.1)=0.9935>0$,可见,1.1 也不是所求的正根。但由此得知 $\overline{X}$ 落在 $(1,1.1)$ 区间内,于是用切线法公式进行逼近求解:

$$令 a_0=1, \quad a_1 = a_0 - \frac{f(a_0)}{f'(a_0)} = 1 - \frac{f(1)}{f'(1)} = 1.0481$$

由于 $a_1 \neq a_0$,再用 a_2 代替 a_1,则

$$a_2 = a_1 - \frac{f(a_1)}{f'(a_1)} = 1.4081 - \frac{f(1.4081)}{f'(1.4081)} = 1.0453$$

又因 $a_2 \neq a_1$,于是用 a_3 代替 a_2,则

$$a_3 = a_2 - \frac{f(a_2)}{f'(a_2)} = 1.0453$$

结果,$a_3 = a_2$,逐次逼近就此结束,得出该方程的实根近似解为 1.0453,即该地区"八五"期间基本建设投资额平均发展速度约为 104.53%,平均增长速度约为 4.53%。所得的结果与前述的查表法非常接近。

综上所述,可见两种计算平均发展速度的方法各有不同的特点和侧重面。几何平均法侧重于考察最末一期的水平或定基发展速度,这种计算方法的实质就是根据求得的平均发展速度指标 $\overline{X}_G$,要求最初水平每期按照这种速度继续发展,最终达到最末水平,或者说,要求各期的发展速度均按平均速度发展,n 期后等于总速度。所以这种计算方法也称为"水平法"。即

$$a_0 \cdot \underbrace{\overline{X}_G \cdot \overline{X}_G \cdots \overline{X}_G}_{n} = a_0 \overline{X}_G^n = a_n$$

$$\underbrace{\overline{X}_G \cdot \overline{X}_G \cdots \overline{X}_G}_{n} = \overline{X}_G^n = R$$

方程法侧重于考察整个时期中各期发展水平的总和，这种计算方法的实质就是按平均发展速度所推算的各期发展水平的总和，要求等于实际资料的各期发展水平的总和，或者说，按平均发展速度推算的各期定基发展速度的总和，应等于各期实际的定基发展速度的总和。所以这种方法也称为"累计法"。即

$$a_0\overline{X} + a_0\overline{X}^2 + \cdots + a_0\overline{X}^n = a_1 + a_2 + \cdots + a_n = \sum a$$

$$\overline{X} + \overline{X}^2 + \cdots + \overline{X}^n = \frac{a_1}{a_0} + \frac{a_2}{a_0} + \cdots + \frac{a_n}{a_0} = \frac{\sum a}{a_0}$$

如果各期的实际发展水平按照几何级数(等比级数)如 a，ar，ar^2，ar^3，…，ar^n 的形式变化，则上述两种方法计算的结果将是一致的，但这种形式的变化并不常见。在实际工作中，应该根据研究对象的不同特点分别采用不同的方法。通常，当关心的是现象在最末一期所达到的水平，如工农业产量、产值、人口的增长等，适宜采用几何平均法计算其平均发展速度；当关心的是现象全期各年发展水平的总和，如固定资产投资、造林面积、毕业生人数等，则适宜采用方程法计算其平均发展速度。总的说来，几何平均法比方程法通俗易懂，在统计实践中应用更为广泛。

三、计算和应用平均速度指标应注意的问题

平均速度指标是各个环比速度的平均数，它一方面概括了各个环比速度的数量差异，同时又掩盖了环比速度之间的数量差异。因此，在计算和应用平均速度指标时，首先要结合具体的研究目的，选择适当的基期，并注意据以计算平均速度的发展水平在整个研究时期中的同质性。如果其中各期水平存在特殊高低变化的情况，就会降低平均发展速度指标说明问题的作用。资料的同质性应从整体上来考察，而不一定严格要求研究对象在整个研究时期内发展方向始终不变，即使个别数量的变化略有偏向，仍可计算平均速度指标。其次，应计算分段平均速度补充总平均速度。特别是当计算平均速度的计算期很长，而中间某些时期的发展水平具有特殊阶段性时，只计算一个总的平均速度指标就不能具体反映现象的发展过程和变化情况，因此，有必要分段计算各个阶段的平均速度指标来加以补充。例如，研究分析我国建国四十多年来某类产品产量的发展变化情况时，除了计算总的平均速度外，有必要按照恢复时期、各个五年计划或某些特定时期分段计算相应的分段平均速度，还可以联系特殊年份的环比发展速度或绝对水平进行分析。第三，平均速度应该和发展水平、环比速度、定基速度等动态分析指标结合应用，相互补充，借以全面而深入地了解现象的发展变化过程，做出完整确切的结论。最后，在经济分析中，应将各种有关的经济现象的平均速度指标结合起来分析。例如，轻、重工业生产的平均速度，工、农业生产的平均速度，总产值与增加值的平均速度，总产值与利润额的平均速度等结合起来分

析,借以反映有关现象在各个时期中每年平均发展或增长程度的差别幅度,研究各个方面能否协调地持续发展。

第四节 时间数列的变动分析

一、时间数列变动因素的分解

时间数列的变动,是多种不同因素共同影响综合作用的结果,各种因素的性质不同,其作用程度也不同。一般说来,时间数列的总变动可以分解为下述四种变动形式:

1. 长期趋势变动(T)。长期趋势变动是时间数列中最基本的规律性变动。长期趋势是指现象在一个相当长的时期内持续发展变化的总趋势。如持续上升、持续下降、基本持平。长期趋势变动是由于现象受到各个时期普遍的、持续的、决定性的基本因素影响的结果。

2. 季节变动(S)。季节变动是指现象随着季节的更换而引起的按一定的时间间隔且周期重复的一种有规则的变动。季节变动是由于某些社会经济现象因季节变化、社会风俗习惯以及某些制度规定等原因所引起的。例如,一些农副业产品产量因季节更替而有旺季淡季之分;逢年过节,许多商品的销售额会成倍增加;每年寒暑假,交通运输就特别繁忙等等。季节变动的周期为一年或一年以内(如一季、一月、一周等)。

3. 循环变动(C)。循环变动是指一种周期较长的、近乎规律性的由高至低,再由低至高周而复始的变动。循环变动不同于长期趋势变动,它不是朝同一方向的持续发展。它也不同于季节变动,季节变动的周期较短,周期长度相等而且波动规则,而循环变动的周期较长,周期长度不等且波动程度也不相同。循环变动是由于多种不同的原因所引起的。例如,农业生产中,有丰年、平年、歉年,它们相继出现,几年一个周期,使农业生产呈现出明显的循环变动。

4. 不规则变动(I)。不规则变动是指除了上述各种变动以外,现象因临时的、偶然的因素而引起的随机变动,这种变动无规则可循,是无法预知的。例如地震、水灾、旱灾等所引起的变动。从长期来看,某些偶然因素的个别影响是可以相互抵消一部分的。

对于以上四种变动形式的结合,可以用两种假设来描述,即加法模式和乘法模式。

1. 加法模式。当四种变动因素是相互独立的关系,时间数列(Y)是各因素相加的总和,这种结构形式称为加法模式。即

$$Y = T + S + C + I$$

式中:Y、T是总量指标,S、C、I均是对T所产生的偏差,用原始单位表示。

2. 乘法模式。当四种变动因素是相互影响、交叉作用的关系,时间数列(Y)是各因素相乘的乘积,这种结构形式称为乘法模式。即

$$Y = T \cdot S \cdot C \cdot I$$

式中：$Y、T$ 是总量指标，用原始单位表示，而 $S、C、I$ 则为比率，用百分数表示。$T·S$ 一般称为常态变动，$C·I$ 称为剩余变动。

时间数列变动分析的主要任务，就是采用科学的分析方法，将受各个因素影响的变动分别测定出来，研究它们的变动规律，为预测未来以及进行决策提供依据。

实际应用中，一般采用乘法模式。下面主要介绍长期趋势变动与季节变动的测定。

二、长期趋势变动的测定

测定长期趋势的变动，必须对已掌握的较长时期内完整的时间数列资料的变化情况和特点进行理论分析，选择相应的统计分析方法，对时间数列进行加工修匀，消除一些非本质因素的偶然影响，来揭示现象发展变化的基本趋势，掌握其发展规律，为编制计划，指导生产，加强管理和预测决策提供依据。

测定长期趋势的方法主要有间隔扩大法、移动平均法、分段平均法和最小二乘法。

(一) 间隔扩大法

间隔扩大法又称时距扩大法，就是将原来间隔(时距)较小的时间数列，加工整理为间隔较大的时间数列，以便消除因间隔较小而受偶然因素影响所引起的波动，显现出现象变动的总趋势的方法。现以某企业 1996 年各月总产值资料为例，说明如下。

表 5-14 某企业 1996 年各月总产值

月份	一	二	三	四	五	六	七	八	九	十	十一	十二
总产值 (万元)	40.1	35.0	42.1	40.6	46.0	48.4	46.3	48.8	49.2	51.7	50.2	54.4

从表 5-14 中可以看出，各月的产值由于受多种因素的影响，发展并不均匀，增长趋势不够明显。为此，将间隔扩大为季度，改编为如表 5-15 所示的数列，就能明显地反映其生产增长的总趋势。

表 5-15   单位：万元

季度	第一季	第二季	第三季	第四季
总产值	117.6	135.0	144.3	156.3
平均月产值	39.2	45.0	48.1	52.1

表 5-14 中的总产值是间隔扩大后按季度计算的总数，可以观察现象的发展趋势，这种方法只适用于时期数列。根据现象的特点，如果将数列的间隔扩大，再计算各间隔内的序时平均数，如表 5-14 中的平均月产值，也可以用来观察现象的发展总趋势。这种方法既适用于时期数列，也适用于时点数列。

应用间隔扩大法，其时间间隔的扩大程度要适当。间隔时期太短，不能排除偶然因素的影响；间隔时期过长，又会掩盖现象在不同时期发展变化的差异。总的说来，间隔扩大到何等程度，要根据原来数列中的起伏程度以及分析的具体任务而定，要以能显示客观现象的发展总趋势为准。

(二) 移动平均法

移动平均法又称继动平均法。它是将原来的时间数列的时距扩大,采取逐项依次递移的办法,计算扩大时距后的各个指标数值的序时平均数,形成一个派生的时间数列。在这一新的派生数列中,由于短期起作用的偶然因素的影响已经削弱,甚至已被排除,从而可以显示现象发展的基本趋势。测定长期趋势时,它是常用的一种比较简单的方法。现用表5-16中的假设资料为例,说明如下。

表5-16 移动平均法测算　　　　　　　　　单位: t

年份	销售量(1)	五年移动总数(2)	五年移动平均数(3)
1980	3	—	—
1981	6	—	—
1982	4	28	5.6
1983	7	31	6.2
1984	8	34	6.8
1985	6	38	7.6
1986	9	43	8.6
1987	8	45	9.0
1988	12	47	9.4
1989	10	52	10.4
1990	8	57	11.4
1991	14	62	12.4
1992	13	68	13.6
1993	16	—	—
1994	16	—	—

根据表5-15中的时期数列资料,决定把时距扩大为5年,亦即取五项指标数值移动平均,对原来的数列进行修匀。为此,首先计算1980—1984年的时距扩大总数,然后除以5即得第一个移动平均数,代替原来1982年的数字,亦即$(3+6+4+7+8)\div 5=5.6t$。其次,计算1981—1985年的时距扩大总数为$31t$,除以5即得第二个移动平均数为$6.2t$,代替原来1983年的数字。按照上述方式依次递移,分别算出相应的移动平均数,由这一系列的移动平均数即构成新的数列,可以较明显地反映出历年销售量变动的总趋势。

应用移动平均法对数列进行修匀时,要注意以下几点:(1)这里所说的项数(n)是指计算移动平均数时所取指标数值的项数,一般是根据资料的具体特点来选定的。如果现象的变动具有周期性或存在自然周期,应以周期长度及其倍数或周期数作为移动平均的项数。例如现象的变动以5年为一个周期,可取5项移动平均;如为各年的季度或月份资料,则可取4项或12项移动平均。这样处理可消除周期变动的影响,取得较好的修匀效果,确切反映现象发展的长期趋势。(2) 当 n 为奇数时,移动平均数都能与各时期的数值对正,一次即得出相应的趋势值,如上例所示。当 n 为偶数时,计算的移动平均数都对正两个时期的中间,因此还要进行一次两项移动平均,得出能对正某个时期的趋势值。所以在一般情况下,多数采用奇数项移动平均。(3) 由移动平均数形成的趋势值的项数要比原数列中的指标数值的项数为少。移动平均时采用的项数(n)愈多,即所取的时间间隔愈大,修匀效果虽好,但所得的趋势值的项数就愈少,不利于分析长期趋势。如果所取的时距过小,所得的趋势值的项数就多,其中可能仍然出现起伏波动的情况,难以反映现象所固有的发展趋势。(4) 应用移动平均法,是按算术平均即等差平均计算一系列移动平均数的,所以只有当原来数列的基本趋势为直线形式时,这一系列移动平均数才与该数列的基本趋势符合。如果原数列的基本趋势为非直线型的,则计算所得的一系列移动平均数与原数列有较大的差异,不能如实反映现象固有的发展趋势。

(三) 分段平均法

分段平均法是描述时间数列直线趋势特征的一种最简便的方法。这种方法主要是将时间数列各项指标数值等分为两个部分,分别求其平均数,将这两个平均数作为标准点绘入图中,联结这两点即成一条趋势直线。其具体步骤如下:

(1) 将时间数列的各个时期按先后顺序编号,即令 $t = 0, 1, 2, 3, \cdots, n$,$n$ 应为偶数。[①] 如果时间数列的项数(n)为奇数时,则在编号前可舍去第 1 项,也可将中间一项删去。

(2) 把时间数列分为前后两个相等的部分,分别计算其指标数值的平均数,记作 $\overline{Y}_1$ 和 $\overline{Y}_2$。

(3) 令与 $\overline{Y}_1$ 对应的时间序号的平均数为 $\overline{t}_1$,与 $\overline{Y}_2$ 对应的时间序号的平均数为 $\overline{t}_2$。

(4) 根据以上计算的平均数,可以得到两点:$(\overline{t}_1, \overline{Y}_1)$ 和 $(\overline{t}_2, \overline{Y}_2)$。按照两点式求出方程

$$\frac{Y_C - \overline{Y}_1}{\overline{Y}_1 - \overline{Y}_2} = \frac{t - \overline{t}_1}{\overline{t}_1 - \overline{t}_2} \tag{5-33}$$

简化后即得出直线趋势方程式:

$$Y_C = a + bt \tag{5-34}$$

其中,t 代表时间序号,Y_C 代表趋势值。

假设某地区自 1982—1994 年原盐产量如表 5 - 16 所示,因该数列的项数为 13,可将中间一年即 1988 年删去,将年份分为前后两部分,再按照上述分段平均法的步骤拟合直线,并计算其趋势值。

[①] 亦可采用 $t = 1, 2, 3, \cdots, n$ 序号,但要注意,起始时期的序号仍应视为 0。

统计学原理

$$\begin{cases} \bar{t}_1 = \dfrac{\sum t_1}{\dfrac{n}{2}} = \dfrac{15}{6} = 2.5 \\ \bar{Y}_1 = \dfrac{\sum Y_1}{\dfrac{n}{2}} = \dfrac{362.4}{6} = 60.4 \end{cases}$$

$$\begin{cases} \bar{t}_2 = \dfrac{\sum t_2}{\dfrac{n}{2}} = \dfrac{57}{6} = 9.5 \\ \bar{Y}_2 = \dfrac{\sum Y_2}{\dfrac{n}{2}} = \dfrac{472.0}{6} = 78.7 \end{cases}$$

将上述数字代入(5-33)式,即得

表 5-17　　　　　　　　　　　　　　　　　　　　　　单位:万 t

年份	时期编号 t	原盐产量 Y	趋势值 Y_C	年份	时期编号 t	原盐产量 Y	趋势值 Y_C
1982	0	50.0	53.9	1989	7	74.5	72.1
1983	1	57.4	56.5	1990	8	76.7	74.7
1984	2	60.9	59.1	1991	9	77.3	77.3
1985	3	60.0	61.7	1992	10	79.9	79.9
1986	4	65.0	64.3	1993	11	81.3	82.5
1987	5	69.1	66.9	1994	12	82.3	85.1
合计	15	362.4	362.4	合计	57	472.0	471.6

$$\frac{Y_C - 60.4}{60.4 - 78.7} = \frac{t - 2.5}{2.5 - 9.5}$$

移项整理后得出:

$$Y_C = 53.9 + 2.6t$$

将表 5-17 中的 t 依次代入上式,即得各年的趋势值 Y_C。这些趋势值就是按分段平均法拟合的直线上的 Y 值,如图 5.2 所示。事实上,相对于各个 t 值的 Y_C 与数列中的实际观测值 Y 有一定的离差,但要求其离差之和为零,即 $\sum(Y - Y_C) = 0$,这就是分段平均法的数学依据。

最后指出,根据上表资料计算的前后两部分的平均数,可以列出两个直线

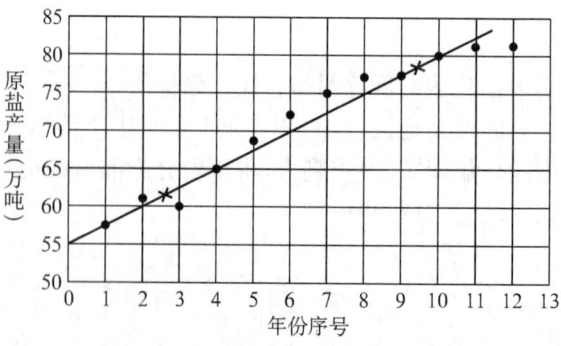

图 5.2　分段平均法拟合直线图

方程：①

$$\begin{cases} 60.4 = a + 2.5b \\ 78.7 = a + 9.5b \end{cases}$$

解上述方程组，求得 $a = 53.9$，$b = 2.6$，同样可以得出如下的直线方程：

$$Y_C = 53.9 + 2.6t$$

（四）最小二乘法

根据原有时间数列所反映的现象发展变化的情况，借助于直观判断或在直角坐标上绘制散点图，来确定对原有数列拟合直线或曲线，这就要利用数学方程，对实际时间数列拟合适当的趋势线，使求出的趋势值 Y_C 与实际观测值能达到最大限度地接近。要拟合一条符合上述要求的趋势线，最合理的方法就是最小二乘法（或称最小平方法），它既适用于直线拟合，也适用于曲线拟合。

1. 直线趋势的拟合。如前所述，分段平均法的数学根据是：$\sum(Y - Y_C) = 0$。但 Y 和 Y_C 的离差有正有负，任何斜率的直线都可以移动到一定的位置，使正负离差相互抵消而得出离差之和等于零。因此，要拟合一条在所有直线中最接近实际数据点的理想直线，它必须满足以下两个条件：

(1) $\sum(Y - Y_C)^2 = $ 最小值；　(2) $\sum(Y - Y_C) = 0$

显然，满足第一个最基本的条件，也就能满足第二个条件。这就是通过数学公式，分析长期趋势的最小二乘法的中心思想。

如果一个时间数列每期按大致相同的数量增加或减少，即逐期（一级）增减量大体相同，则时间数列发展的长期趋势接近直线型（也可绘制散点图来观察），这时可对时间数列配合一条趋势直线来反映现象的趋势动向，其直线趋势方程就是：

$$Y_C = a + bt$$

根据最小二乘法原理，按此公式求出趋势值与相应的实际观测值的离差平方和应是最小值，亦即

$$\sum(Y - Y_C)^2 = \sum[Y - (a + bt)]^2 = 最小值$$

能否拟合一条满足上述要求的直线，关键在于确定直线方程中的参数 a 和 b。令

$$Q = \sum(Y - a - bt)^2$$

可以把 Q 看成是两个变量 a 和 b 的函数，而要使 Q 具有最小值，则 Q 对于 a 和 b 的一阶

---

① 其中 a 为直线在 Y 轴上的截距，代表当 $t = 0$ 时 Y_C 的数值；b 代表趋势直线的斜率，即 t 每变动一个单位时，Y_C 增加（或减少）的数量。

偏导数应等于零，亦即

$$\begin{cases} \dfrac{\partial Q}{\partial a} = -2\sum(Y-a-bt) = 0 \\ \dfrac{\partial Q}{\partial b} = -2\sum(Y-a-bt)t = 0 \end{cases}$$

整理后即得

$$\begin{cases} \sum Y - na - b\sum t = 0 \\ \sum tY - a\sum t - b\sum t^2 = 0 \end{cases}$$

于是可以导出两个正规方程式：

$$\begin{cases} \sum Y = na + b\sum t \\ \sum tY = a\sum t + b\sum t^2 \end{cases} \tag{5-35}$$

式中的 n 为项数，即时间单位数；其他符号的意义同前。解上述两个正规方程，即得出：

$$b = \frac{n\sum tY - \sum t \sum Y}{n\sum t^2 - (\sum t)^2} \tag{5-36}$$

$$a = \frac{1}{n}\left(\sum Y - b\sum t\right) = \overline{Y} - b\overline{t} \tag{5-37}$$

上述正规方程中的 t 是数列中的时间指标，为了计算简便起见，可以采用假定的序号，以中间一年为原点，记作 0；原点以前各年分别依次记作 $\left(-1, -2, -3, \cdots, -\dfrac{n}{2}\right)$，原点以后各年依次记作 $\left(1, 2, 3, \cdots, \dfrac{n}{2}\right)$。当数列项数为奇数时，采用这种方式比较方便。如遇项数为偶数时，则用中间两个时期的中点为原点，前后各个时期依次用（－1，－3，－5，…）和（1，3，5，…）表示。由于原点前后两半部分的正值和负值相互抵消，使 $\sum t = 0$，则上述正规方程式简化为：

$$\begin{cases} \sum Y = na \\ \sum tY = b\sum t^2 \end{cases} \tag{5-38}$$

于是

$$a = \frac{\sum Y}{n}; \quad b = \frac{\sum tY}{\sum t^2}$$

仍以表 5-17 中的原盐产量（原先略去的 1988 年的产量为 72.8 万 t）进行计算，列出计算表 5-18。

表 5-18 最小乘法计算

年份	t	原盐产量(万t)Y	tY	t^2	Y_C
1982	-6	50.0	-300.0	36	54.2
1983	-5	58.4	-287.0	25	56.8
1984	-4	60.9	-243.0	16	59.4
1985	-3	60.0	-180.0	9	62.0
1986	-2	65.0	-130.0	4	64.6
1987	-1	69.1	-69.1	1	67.2
1988	0	72.8	0	0	69.8
1989	1	74.6	74.6	1	72.4
1990	2	76.7	153.4	4	75.0
1991	3	77.3	231.9	9	77.6
1992	4	79.9	319.6	16	80.2
1993	5	81.3	406.5	25	82.8
1994	6	82.3	493.8	36	85.4
合计	0	907.3	470.1	182	907.4

将表中数据代入得：

$$a = \frac{\sum Y}{n} = \frac{907.3}{13} = 69.8$$

$$b = \frac{\sum tY}{\sum t^2} = \frac{470.1}{182} = 2.6$$

将 a 和 b 之值代入直线方程式，即得：

$$Y_C = 69.8 + 2.6t$$

将代表各年份的 t 值代入上述趋势直线方程，可求出各年的趋势值 Y_C，如表 5-17 最后一栏所示。如果绘制趋势直线图，则按最小二乘法求得的拟合直线就具有 $\sum(Y-Y_C)^2$ 为最小的特点，因此是"最佳拟合的盲线"。

2. 曲线趋势的拟合。社会经济现象的发展变化趋势并不总是直线形式，有时呈现曲线变动趋势。曲线有各种不同的形态，测定长期趋势时比较常用的有抛物线型和指数曲线型。

(1) 抛物线型(二次曲线型)。如果时间数列二级增减量大体相同(参见表 5-19)，表明现象变化趋势是一个弯曲的曲线时，则要用抛物线方程拟合一条合适的曲线。

表 5-19 增减量变化情况示例

年份次序 t	指标数值 Y	逐期(一级)增减量 ΔY	二级增减量 $\Delta^2 Y$
1	2.0	—	—
2	3.2	1.2	—
3	4.8	1.6	0.4
4	6.8	2.0	0.4
5	9.2	2.4	0.4
6	12.0	2.8	0.4
⋮	⋮	⋮	⋮

拟合抛物线的方程式为:

$$Y_C = a + bt + ct^2 \tag{5-39}$$

其二级增减量是相等的,所以当时间数列二级增减量大体相同时,说明现象发展的基本趋势为抛物线型。抛物线方程有三个待定参数 a、b、c,按最小二乘法可以导出三个正规方程式如下:

$$\begin{cases} \sum Y = na + b\sum t + c\sum t^2 \\ \sum tY = a\sum t + b\sum t^2 + c\sum t^3 \\ \sum t^2 Y = a\sum t^2 + b\sum t^3 + c\sum t^4 \end{cases} \tag{5-40}$$

参照以前所述的方法,为便于计算,以时间数列的中间一年为原点,记作 $t=0$,原点前后各年依次记作 $(-1,-2,-3,\cdots)$ 和 $(1,2,3,\cdots)$,使 $\sum t = 0$,$\sum t^3 = 0$,则 (5-40) 式可简化为:

$$\begin{cases} \sum Y = na + c\sum t^2 \\ \sum tY = b\sum t^2 \\ \sum t^2 Y = a\sum t^2 + c\sum t^4 \end{cases} \quad \begin{cases} b = \dfrac{\sum tY}{\sum t^2} \\ c = \dfrac{n\sum t^2 Y - \sum t^2 \sum Y}{n\sum t^4 - (\sum t^2)^2} \\ a = \dfrac{\sum Y - c\sum t^2}{n} \end{cases} \tag{5-41}$$

现以某地区 1990—1995 年化肥产量资料为例,说明按抛物线方程式计算的具体过程,其计算数字列在表 5-20 中。

表 5-20 按抛物线方程计算

年份	时间序号 t	产量(万吨)Y	tY	t^2	t^2Y	t^4	Y_C
1990	−5	420	−2 100	25	10 500	625	419.98
1991	−3	460	−1 380	9	4 140	81	459.96
1992	−1	520	−520	1	520	1	520.26
1993	1	601	601	1	601	1	600.88
1994	3	702	2 106	9	6 318	81	701.82
1995	5	823	4 115	25	20 575	625	823.08
合计	0	3 526	2 822	70	42 654	1 414	3 525.98

根据表中数字代入(5-41)式,得:

$$b = \frac{\sum tY}{\sum t^2} = \frac{2\,822}{70} = 40.31$$

$$c = \frac{n\sum t^2 Y - \sum t^2 \sum Y}{n\sum t^4 - (\sum t^2)^2} = \frac{6 \times 42\,654 - 70 \times 3\,526}{6 \times 1\,414 - 70^2} = 2.54$$

$$a = \frac{\sum Y - c\sum t^2}{n} = \frac{3\,526 - 2.54 \times 70}{6} = 558.03$$

将 a、b、c 值代入抛物线方程,即得:

$$Y_C = 558.03 + 40.31t + 2.54t^2$$

将代表各年份的 t 值分别代入上述方程式,就能求出相应的趋势值 Y_c,如表 5-20 最后一栏所示。

抛物线方程的配合也可以采用分段平均法。由于抛物线方程有三个待定参数,所以需要将实际资料分为大致相等的三组,分别求各点的平均值。兹举例说明如下。

表 5-21   单位:吨

年份(t)	产量(Y)	增长量	二级增长量
1	1 000	—	—
2	1 200	200	—
3	1 415	215	15
4	1 645	230	15
5	1 892	247	17
6	2 154	262	15

从表 5-21 中的资料可以看出,二级增长量大致相同,所以产量的发展趋势是抛物线型。现将资料分为三组,用分段平均法分别求 t^2、t 和 Y 的平均值如下:

$$\overline{t_1^2} = \frac{1^2+2^2}{2} = 2.5, \quad \overline{t_1} = \frac{1+2}{2} = 1.5, \quad \overline{Y_1} = \frac{1\,000+1\,200}{2} = 1\,100$$

$$\overline{t_2^2} = \frac{3^2+4^2}{2} = 12.5, \quad \overline{t_2} = \frac{3+4}{2} = 3.5, \quad \overline{Y_2} = \frac{1\,415+1\,645}{2} = 1\,530$$

$$\overline{t_3^2} = \frac{5^2+6^2}{2} = 30.5, \quad \overline{t_3} = \frac{5+6}{2} = 5.5, \quad \overline{Y_3} = \frac{1\,892+2\,154}{2} = 2\,023$$

将上述三组数值代入 $Y = a + bt + ct^2$，得：

$$\begin{cases} 1\,100 = a + 1.5b + 2.5c \\ 1\,530 = a + 3.5b + 12.5c \\ 2\,023 = a + 5.5b + 30.5c \end{cases}$$

解联立方程，得：

$$a = 816.9, \quad b = 175.6, \quad c = 7.9$$

所求抛物线方程为：

$$Y_C = 816.9 + 175.6t + 7.9t^2$$

（2）指数曲线型。如果社会经济现象是按每期以大体相同的速度增减变化，即各期的环比发展速度或环比增减速度大体相同，则该现象的发展基本趋势是指数曲线型。指数曲线的方程式为：

$$Y_C = ab^t \tag{5-42}$$

其中，a 和 b 是待定参数，a 是根据实际数据按上式推算出的基期水平，而不是预先给定的最初水平，b 表示现象的一般发展速度，t 代表时间的编号次序数。因此，(5-42)式表明，t 期的趋势值 Y_C 等于基期水平乘上一般发展速度的 T 次方。这实质就是前面所述的求平均发展速度的几何平均法公式 $\overline{X} = \sqrt[n]{\dfrac{a_n}{a_0}}$ 的变换形式，即 $a_n = a_0 \overline{X}^n$。同时，指数函数 $Y_C = ab^t$ 也相当于定期存款的复利公式 $P = a(1+r)^n$。公式中的 a 是期初存款额，r 是年利率，n 是存款年限，P 是期末本利和。与复利公式相对应，指数曲线方程式也可以写作 $Y_C = a(1+r)^t$。

上述指数曲线的形态取决于(5-42)式中的参数 a 和 b。a 是当 $t = 0$ 时在 Y 轴上的截距。如果 $b < 1$ 时，曲线随着时间推移按一定的比例递减；反之，$b > 1$ 时，则曲线随着时间的推移而递增。指数曲线型如图 5.3 所示。

求解指数曲线方程中的参数 a 和 b，进行指数曲线拟合时，可先将指数曲线化为直线形式，即对(5-42)式两边各取对数：

$$\lg Y_C = \lg a + t \lg b \tag{5-43}$$

应用最小二乘法求得两个正规方程：

$$\begin{cases} \sum \lg Y = n \lg a + \lg b \sum t \\ \sum t \lg Y = \lg a \sum t + \lg b \sum t^2 \end{cases} \tag{5-44}$$

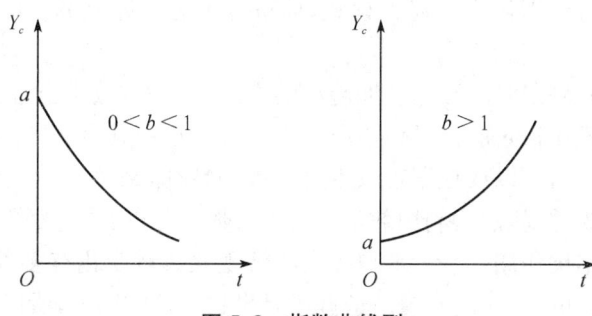

图 5.3　指数曲线型

按照以前所述的方法,使 $\sum t = 0$,则(5-44)式可以简化为:

$$\begin{cases} \sum \lg Y = n \lg a \\ \sum t \lg Y = \lg b \sum t^2 \end{cases} \tag{5-45}$$

所以,
$$\lg a = \frac{\sum \lg Y}{n}; \lg b = \frac{\sum t \lg Y}{\sum t^2}$$

设某市历年年底人口数及其指数曲线趋势值计算过程如表 5-21 所示。有

$$\lg a = \frac{\sum \lg Y}{n} = \frac{10.7968}{5} = 2.15936, a = 144.3$$

$$\lg b = \frac{\sum t \lg Y}{\sum t^2} = \frac{0.8074}{10} = 0.08074, b = 1.204$$

从而,对数趋势直线方程为

$$\lg Y_C = 2.15936 + 0.08074 t$$

表 5-22

年份	t	年末人口数(万人)Y	$\lg Y$	$t \lg Y$	t^2	Y_C
1992	-2	100	2.0000	-4.0000	4	99.5
1993	-1	120	2.0792	-2.0792	1	119.9
1994	0	143	2.1553	0	0	144.3
1995	1	173	2.2380	2.2380	1	173.7
1996	2	211	2.3243	4.6486	4	209.2
合计	0	747	10.7968	0.8074	10	746.6

指数曲线方程为

$$Y_C = 144.3(1.204)^t$$

将代表各年份的 t 值分别代入上述方程式,即得各年的趋势值 Y_c,如表 5-22 最后一栏所示。

以上介绍了几种测定时间数列长期趋势的方法,都是以数学方程式作为对过去数据综合描述的一种合理手段,而在实际应用时,必须注意以下几点:(1) 社会经济现象的发展复杂多变、类型多样,所以要根据现象本身发展的特征,来选择适宜的数学方程式。亦即要求以定性分析为前提,然后利用数学工具进行数量分析,才能发挥数学方法作为一种描述和分析手段的辅助作用。(2) 影响社会经济现象数量变化有多种因素,它们的影响是通过时间表现出来的,但时间本身一般并不是事物变动的原因,所以测定时间数列长期趋势时,应将利用数学方法和深入细致的调查研究相结合,找出影响事物发展的主要因素,以期得出科学的结论。(3) 测定长期趋势,根据趋势线向外延伸(即外推法),为预测未来可能达到的发展水平提供依据。但应该看到,这种预测一般都有其假定性,即假定影响事物发展的主要因素的作用在预测期内基本保持不变为前提。有关统计预测方法将在第九章中阐述。

三、季节变动的测定

测定季节变动,就是采用一定的方法,对按月或按季编制的时间数列,计算季节比率或季节变差指标,来反映季节变动的方向、程度和一般规律。研究季节变动的目的,是为了认识和掌握季节变动的规律,这不仅从微观上有利于企业、单位合理组织生产,及时安排货源,提高服务质量,也有利于从宏观上进行调控,实行科学管理。测定季节变动,还可以用来消除时间数列中的季节变动,为测定和分析其他因素变动提供条件。

测定季节变动的方法很多,其中常用的方法有两类:一类是不考察长期趋势的影响,采用按月(或按季)平均法;另一类则是考虑长期趋势的影响,采用移动平均法,借以剔除长期趋势的影响,所以也称为移动平均趋势剔除法。

(一) 按月(按季)平均法

首先整理被研究现象若干年的月度资料或季度资料,编制成平行的时间数列,在此基础上,先要计算各年同期的平均数(如果是月度资料,计算各年同一月份的平均数;如果是季度资料,则计算各年同一季度的平均数)。其次,计算各年总的月(或季)平均数。最后,将各年同月(或季)的平均数与总的月(或季)平均数对比,即得各月(或季)的季节比率或季节指数,它是反映季节变动的相对指标。不论采用何种测定方法,一般要用三年或者更多年份的统计资料,才能消除偶然因素的影响,反映季节变动的规律性。

为便于说明测定季节变动的方法起见,假设已掌握某企业连续 16 个季度的商品销售量资料(单位:万件),采用按季平均法计算其季节比率,如表 5-23A 所示。

表 5-23A 采用按季平均法计算季节比率

年＼季	一	二	三	四	合计
1990	—	—	15	18	33
1991	6	9	17	20	52
1992	8	11	19	22	60
1993	10	13	21	24	68
1994	12	15	—	—	27
合计	36	48	72	84	240
季平均数	9	12	18	21	15
季节比率(%)	60	80	120	140	400

表 5-23A 中的 16 个季度销售量的总的季平均数为：240÷16＝15万件，亦即各季平均数的简单平均：(9＋12＋18＋21)÷4＝15万件。季节比率就是每季平均数与总的季平均数之比，以百分数表示各季平均水平高于或低于整个时期总平均水平(100％)的程度，即表中最后一行数字。各季平均水平与总平均水平相差越大，说明季节变动程度越大，反之则相反。如两者相等，则季节比率等于100％，说明没有变动。上例中，季节变动的一般规律表现为：一季度销售量最低，二季度、三季度销售量逐步上升，至四季度达到最高。可以确定，一季度为销售淡季，四季度为销售旺季。

上述测定方法的优点是计算方便，容易了解。其缺点是没有考虑时间数列中长期趋势的影响，因而不能确切地反映季节变动的幅度。例如在上例中，有明显的上升趋势，后期各季水平较前期同季水平有较大的增长，这就造成在各季的平均数中，后期各季数字比前期同季数字具有较大的作用，等于起到了不合理的加权作用，所以得出的季节比率不够精确。为了弥补这一缺点，可以采用移动平均趋势剔除法来测定季节变动。

(二) 移动平均趋势剔除法

移动平均趋势剔除法就是按移动平均法来剔除长期趋势的影响，再计算季节变动的方法。仍用上述资料为例，说明如下：

首先，采用四项(因为是季度资料)移动平均法，求出移动平均趋势值 Y_C，如表 5-23B 所示。由于采用四项移动，其平均值都对正两季中间，一般无法直接比较，所以再进行一次两项移动平均，就得出对准各季的移正平均值，即表 5-23B 中最后一栏的趋势值 Y_C。

表 5-23B　采用四项移动平均法求移动平均趋势值　　　　　　　　单位：万件

年　别	季　别	销售量 Y	四项移动平均	两项移正平均趋势值 Y_C
1990	3	15	—	—
	4	18	—	—
1991	1	6	12.0	12.25
	2	9	12.5	12.75
	3	17	13.0	13.25
	4	20	13.5	13.75
1992	1	8	14.0	14.25
	2	11	14.5	14.75
	3	19	15.0	15.25
	4	22	15.5	15.75
1993	1	10	16.0	16.25
	2	13	16.5	16.75
	3	21	17.0	17.25
	4	24	17.5	17.75
1994	1	12	18.0	—
	2	15	—	—

其次，从原数列剔除已测定的长期趋势变动。剔除趋势值的方法有两种，一是从实际观测值 Y 减去趋势值 Y_C；另一种是实际观测值 Y 除以趋势值 Y_C。现列表计算如表 5-23C 所示。

表 5-23C　从原数列剔除已测定的长期趋势变动　　　　　　　　单位：万件

年　别	季　别	销售量 Y	趋势值 Y_C	剔除趋势值 $Y-Y_C$	Y/Y_C(%)
1991	1	6	12.25	−6.25	48.98
	2	9	12.75	−3.75	70.59
	3	17	13.25	3.75	128.30
	4	20	13.75	6.25	145.45
1992	1	8	14.25	−6.25	56.14
	2	11	14.75	−3.75	74.58
	3	19	15.25	3.75	124.59
	4	22	15.75	6.25	139.68
1993	1	10	16.25	−6.25	61.54
	2	13	16.75	−3.75	77.61
	3	21	17.25	3.75	121.74
	4	24	17.75	6.25	135.21

原数列是由 16 个季度资料构成的,因采用 4 项移动平均法,所以由趋势值形成的新数列只有全时期中间的 12 个季度的数字,即表 5-23C 中 1991—1993 年的 12 个季度的数字。

最后,根据剔除趋势值所得的结果,分别计算季节变差和季节比率。

(1) 季节变差的测定。计算季节变差的主要依据就是各年各季的 $Y-Y_C$ 的数字。将表 5-23C 中各年同季的 $Y-Y_C$ 的数字重新排列如表 5-23D,分别求各季的平均数。

表 5-23D　季节变差的测定　　　　　　　　　　单位:万件

年＼季	1	2	3	4	合计
1991	−6.25	−3.75	3.75	6.25	—
1992	−6.25	−3.75	3.75	6.25	—
1993	−6.25	−3.75	3.75	6.25	—
合计	−18.75	−11.25	11.25	18.75	
平均数	−6.25	−3.75	3.75	6.25	0
校正数	0	0	0	0	0
季节变差(SV)	−6.25	−3.75	3.75	6.25	0

四个季度的平均变差之和应等于零,本例中的结果恰好等于零,不需要校正,即可得出季节变差,记作 SV,即表 5-23D 中末行数字。如果平均变差之和不等于零,则应予以校正。校正的方法就是将这个余数平均分摊到各季平均数上。例如,假设四个季度的平均变差之和为−0.5,则校正数为(−0.5÷4)=−0.125,改为"＋"号,将这一余数分别加在各季的平均变差上,即得季节变差。

季节变差是以绝对数形式表示的现象在整个研究时期中各季(月)的波动程度。它以零为比较基准,其值与零的离差绝对值越大,说明季节波动的幅度越大,反之则相反。如等于零,说明没有变动。因此,可以用来进行季节变差的预测。

(2) 季节比率的测定。计算季节比率的主要依据就是各年各季的 Y/Y_C 的百分比数字。将表 5-23C 中各年同季的百分比数字重新排列,分别求出各季的平均数。[①] 仍以上述资料为例,列表计算如表 5-23E 所示。

---

① 由于剔除长期趋势影响后,各年同季(或同月)的百分比相差不大,采用简单平均法计算的结果,与按加权平均法计算结果很接近。如果有十多年的季度资料,也可以从每季的十几个百分比数字中取其中位数作为代表数。

表 5-23E 季节比率的测定　　　　　　　　　　　　　单位：%

年＼季	1	2	3	4	合　计
1991	48.98	70.59	128.30	145.45	393.32
1992	56.14	74.58	124.59	139.68	394.99
1993	61.54	77.61	121.74	135.21	396.10
合计	166.66	222.78	374.63	420.34	1 184.41
平均数	55.55	74.26	124.88	140.11	394.80
季节比率(SI)	56.28	75.24	126.52	141.96	400.00

1～4 季度的平均数之和应该是 400%，否则就应设法校正。如果是按月度资料计算，则 12 个月的平均数之和应等于 1 200%，否则就要加以校正。

在本例中各季百分比数值的平均数之和为 394.80%，因此需要校正。校正系数为 400÷394.80＝1.013 17，以这一系数分别乘各季的平均数，即得上表中的季节比率。季节比率说明现象在剔除了长期趋势影响后，在一年中各季的波动程度，由于是以百分比表示的典型波动，所以也可以用于季节比率的预测。

第六章 统计指数

第一节 统计指数概述

一、统计指数的概念和作用

统计指数简称指数,是动态分析的进一步深入和发展,已成为统计研究中常用的数量分析方法之一。

指数这一概念产生于18世纪60年代,当时主要是指某种商品价格变动的相对数而言。随着社会生产的发展,指数的应用不仅涉及多种商品价格综合变动的计算,而且已作为反映各种经济现象在某一时期中相对变动的统计方法。因此,对于指数也有不同的解释。迄今为止,指数的概念可以概括为广义和狭义两类。

广义的指数泛指所有反映社会经济现象数量变动的相对数。由于指数的使用范围不仅限于动态对比,而且已推广到静态对比,例如在某一时期中,实际指标数值与计划指标数值对比,同类事物在不同地区、企业、部门或国家之间的数量对比,等等,这些相对数从广义上来说,都可以称之为指数。

在编制各种指数的实践和学术研究的基础上发展起来的指数方法论,主要探讨编制总指数的基本理论和方法问题。总指数是一种特殊的相对数,亦即以相对数的形式,综合反映不能直接相加的复杂社会经济现象总体数量变动的程度。所谓狭义的指数概念,专指总指数而言。本章主要研究总指数的编制方法及其在统计分析中的应用。

利用指数分析社会经济现象的发展动态及其构成因素的影响程度,通常称为指数分析法,它是统计中广泛应用的重要分析方法。由于利用指数从数量上进行社会经济现象各个因素变动的分析,因此也称为因素分析法。

指数的作用,也就是应用指数分析法解决统计研究的任务,主要有以下四个方面。

(一) 综合反映社会经济现象总体的变动方向和程度

从数量方面反映社会经济现象的变动,除了应用发展速度指标说明个别产品产量、个别商品价格或个别产品成本等在不同时期的变动情况外,更有必要综合研究多种产品产量、多种商品价格或多种产品成本等总的变动情况,这是总指数的主要作用。指数分析法的首要任务就在于对这些不同使用价值的多种产品或商品的数量关系,由不能直接相加过渡到可以综合对比,计算产品物量总指数、零售商品物价总指数或产品成本总指数等,借以反映复杂经济现象的总变动。

(二) 分析和测定现象的各个构成因素对现象发展变动的影响方向和程度

许多社会经济现象的数量变动是由它们的构成诸因素变动综合影响的结果。例如商品销售额的变动就是商品销售量和商品价格两个因素变动综合的结果。指数分析法的任务之一,就是要根据影响事物的主要因素的内在联系,分别编制相应的指数进行综合分析。例如,编制商品销售量指数和商品价格指数,以便分析它们对商品销售额总变动的影响。这种方法不仅可以对总量指标如工业总产值、生产支出总额及其构成因素进行分析,还可以研究总平均指标的变动中各组标志水平和总体构成变动的影响。例如,职工平均工资的总变动,既受各类职工平均工资水平的影响,又受各类职工人数结构(比重)的影响。因此,需要利用指数,以测定总平均工资变动中这两个因素的变化情况及其产生的影响程度。

(三) 反映现象的变动趋势,对比分析有关数列之间的变动关系

对于同一个复杂经济总体,有时需要根据连续若干个时期的统计资料编制一系列指数,形成一个指数数列,可以用来说明该现象的综合变动趋势。同时,将几个有联系而性质不同的现象的指数数列结合起来对比分析,可以表明这些现象之间变化的差异和相互联系的情况。

(四) 在社会主义统计实践中,利用指数不仅研究社会经济现象的动态,也可以用来检查分析计划的综合完成程度以及说明现象在不同地区之间的对比关系

二、指数的种类

指数的种类很多,可以按不同的角度作不同的分类。

(一) 指数按其反映的对象范围的不同,可以分为个体指数和总指数。

说明个别事物例如某种商品或产品等数量变动的相对数叫作个体指数。个体指数通常记作 K,例如:

$$个体产品产量指数 \ K_Q = \frac{Q_1}{Q_0} \qquad (6-1)$$

$$个体产品成本指数 \ K_Z = \frac{Z_1}{Z_0} \qquad (6-2)$$

$$个体物价指数 \ K_P = \frac{P_1}{P_0} \qquad (6-3)$$

上式中:Q 代表产量,Z 代表单位产品成本,P 代表商品或产品的单价;下标 1 代表报告期,下标 0 代表基期。

可见,个体指数就是同一种现象的报告期指标数值与基期指标数值对比而得的发展速度指标。

总指数说明度量单位不相同的多种事物数量综合变动的相对数,例如工业总产量指数、零售物价总指数等。[①] 总指数与个体指数有一定的联系,可以用个体指数计算相应的总指数。用个体指数简单平均求得的总指数,称为简单指数;用个体指数加权平均求得的总指数,称为加权指数。

(二) 指数按其所反映的社会经济现象特征的不同,分为数量指标指数和质量指标指数

数量指标指数简称数量指数,主要是指反映现象的规模、水平变化的指数,例如商品销售量指数、工业产品产量指数等。质量指标指数简称质量指数,是指综合反映生产经营工作质量变动情况的指数,例如物价指数、产品成本指数等。

(三) 指数按其采用基期的不同,分为定基指数和环比指数

将不同时期的某种指数按时间先后顺序排列,形成指数数列。在同一个指数数列中,如果各个指数都以某一个固定时期作为基期,就称为定基指数;如果各个指数都是以报告期的前一期作为基期,则称之为环比指数。

(四) 指数按其对比内容的不同,分为动态指数和静态指数

动态指数是由两个不同时期的经济变量值对比形成的指数,说明现象在不同时间上发展变化的情况。静态指数是由同一时间条件下,不同地区、单位之间同一经济变量的不同数值的对比,或者是由同一地区、单位的实际指标数值与计划指标数值对比而形成的指数。指数方法论主要论述动态指数,静态指数则是指数在实际应用中的扩展。

(五) 按照常用的计算总指数的方法或形式,可以分为综合指数和平均数指数

第二节和第三节将分别阐述这方面的内容。

第二节 综合指数

一、综合指数的意义

编制总指数的目的,是要从数量上表明不能直接相加的社会经济现象的总动态。因此,编制总指数时首先要解决不能同度量的问题。例如在分析各种产品的产量总动态时,产品从使用价值来衡量,具有质的差别,不能直接相加即不能同度量;而从其价值形态来衡量,只有量的差别,是可以直接相加的。可见,为了使不能同度量的现象转化为可以直接加总的总体,需要将各种产品由使用价值形态还原为价值形态。例如:

---

① 在总指数中通过分组计算的各个组的指数,称为组指数或类指数。类指数也包含不能直接相加的多种事物,所以实质上也是总指数。

$$\text{产品产量}(Q) \times \text{单位产品价格}(P) = \text{产品价值}(QP)$$

从上述经济方程式中可以看出,单位产品价格起着媒介作用,使不能直接相加的各种产品产量过渡到能够相加的产品价值,在这种情况下,单位产品价格就是同度量因素。在综合各种产品产量的过程中,同度量因素还起到权衡轻重的作用,所以也称之为权数。

其次,要选择同度量因素所属的时期。例如,为了说明各种产品产量的动态,必须假定报告期和基期的产品价值是按同一个时期的单位产品价格计算的,亦即价格这一同度量因素必须采用同一个时期的。现在假定按基期价格 P_0 计算,则产品产量指数公式为

$$\overline{K}_Q = \frac{\sum Q_1 P_0}{\sum Q_0 P_0} \tag{6-4}$$

式中:$\overline{K}_Q$ 代表产品产量总指数,其余符号的意义与第一节中所述的相同。

从上述公式可以看出,编制总指数所采用的形式,即在当前总指数公式两大体系中普遍应用的综合指数。它是由两个时期(报告期和基期)内的总量指标数值对比形成的一种特殊相对数,由于将其中一个(或几个)因素指标固定,因而可以测定另一个因素指标(通常称之为指数化指标)在时间上发展变化的方向和程度。综合指数具有以下一些特点:

(1) 根据经济理论和统计研究的任务,对被研究现象诸因素的内在联系进行分析,确定其同度量因素和指数化指标(即用来计算指数的指标)。

(2) 采用合理假定的抽象方法,固定其中的一个因素(同度量因素),以测定另一个因素(指数化指标)的动态。

(3) 它使两个时期内不能同度量现象的数值转化为可以同度量现象的数值,通过对比,不仅可以从相对数方面明显反映该现象在时间上发展变化的程度,而且还可以联系绝对数的变动进行分析。例如,(6-4)式中分子与分母的差额 ($\sum Q_1 P_0 - \sum Q_0 P_0$),可以说明由于产量的变动而产生的经济效果。因此,它具有现实的经济意义。正因为综合指数具有以上的特点,所以它已成为计算总指数的基本形式或方法。同时,以上特点基本上体现了编制总指数的一般原理。

以下将以数量指标指数和质量指标指数为例,说明采用综合指数公式计算总指数的方法。

二、数量指标指数

数量指标指数是用来反映生产、经营或经济工作数量和总体规模变动情况的指数,如工业产品产量指数、农业产品产量指数、商品销售量指数、货物运输量指数等。兹以商品销售量指数为例,说明数量指标综合指数的计算方法。

假设某商业企业经营的商品数量和相应的商品价格资料如表 6-1 所示。由于三种商品的实物量不能直接相加,所以必须通过同度量因素即价格 P 使之转化为能够相加的销售额指标。为了分析销售量(指数化指标)这一因素的变动,必须假定价格因素没有变动,亦即假定报告期和基期的价格相同。计算数量指标指数时,有三种可能采用的价格,即报告期价格、基期价格和固定价格(不变价格)。采用不同时期的价格作为同度量因素,

所得的结果也就不同,具有不同的经济内容。

表 6－1

商品名称	计量单位	销售量		价格(元)		销售额(千克)		报告期假定
		基期 Q_0	报告期 Q_1	基期 P_0	报告期 P_1	基期 Q_0P_0	报告期 Q_1P_1	Q_1P_0
甲	千克	20 000	21 000	1.0	1.2	20	25.2	21
乙	件	5 000	6 000	15.0	15.0	75	90.0	90
丙	台	400	400.0	380.0	160	266.0	280	
合计	—	—	—	—	—	255	381.2	391

(1) 以基期价格作为同度量因素,即用 P_0 作权数,则商品销售量综合指数公式为:

$$\overline{K}_Q = \frac{\sum Q_1 P_0}{\sum Q_0 P_0} \tag{6-5}①$$

式是两个商品销售额之比,可以说明在价格水平不变的条件下,销售量的综合变动的方向和程度。按表 6－1 中的资料计算,得:

$$\overline{K}_Q = \frac{\sum Q_1 P_0}{\sum Q_0 P_0} = \frac{391}{255} = 153.33\%$$

结果表明,报告期商品销售量比基期增长了 53.33%。分子与分母的差额为:

$$\sum Q_1 P_0 - \sum Q_0 P_0 = 391 - 255 = 136\ 000(元)$$

表示由于销售量增加,使销售额增加了 136 000 元。

(2) 以报告期价格作为同度量因素,即用 P_1 作权数,说明在报告期价格水平的条件下,销售量的综合变动的方向和程度。于是,商品销售量综合指数公式就成如下的形式:

$$\overline{K}_Q = \frac{\sum Q_1 P_1}{\sum Q_0 P_1} \tag{6-6}②$$

现用表 6－1 中的资料代入式(6－6),得

$$\overline{K}_Q = \frac{\sum Q_1 P_1}{\sum Q_0 P_1} = \frac{21\ 000 \times 1.2 + 6\ 000 \times 15 + 700 \times 380}{20\ 000 \times 1.2 + 5\ 000 \times 15 + 400 \times 380} = \frac{381.2}{251} = 151.87\%$$

$$\sum Q_1 P_1 - \sum Q_0 P_1 = 381.2 - 251 = 130\ 200(元)$$

---

① 这个公式早在 1864 年已由德国经济学家拉斯贝尔(E. Laspeyres)提出,称为拉斯贝尔数量指数公式。

② 这个公式在 1874 年由德国经济学家派许(H. Paasche)提出的,称为派许数量指数公式。

计算结果表明,三种商品销售量平均上升了51.87%,销售额增加了130 200元。

上述两个数量指标综合指数公式各有一定的经济意义,但两者是有明显的区别的:① (6-5)式是以基期价格作为同度量因素,亦即价格仍维持原来的水平,所反映的仅仅是销售量的变动情况,不包含价格变动的影响。② (6-6)式是以报告期价格作为同度量因素,从基期来看,价格已经发生变化,所以这一公式比(6-5)式多了一个价格因素的影响,在反映商品销售量变动情况的同时,也含有价格变动的因素。

究竟采用哪一个公式,须视实际情况和研究分析的目的而定。就编制销售量指数的目的而论,应该只反映销售量的变化,不该同时反映价格因素的变动,所以从这一角度来说,(6-5)式较(6-6)式要好。

上述解决销售量综合指数中同度量因素问题的方法,也适用于其他数量指标指数。按照我国的习惯做法,数量指标综合指数是以基期的质量指标作为同度量因素,但这仅是一般的原则。

(3) 为了研究各个时期的产量变动情况,需要采用不变价格作为同度量因素,不变价格是指某一段时期内的固定价格,通常用 P_n 表示。在统计工作中,计算工业产量指数和农业产量指数都采用这种方法。其基本公式为

$$K_Q = \frac{\sum Q_1 P_n}{\sum Q_0 P_n} \quad (6-7)$$

不变价格不能脱离实际太远,因此经过一定时期以后,不变价格也要作相应的变换。我国对于主要工业产品曾经编制和使用过1952、1957、1970、1980和1990年不变价格。

三、质量指标指数

质量指标指数是说明经济工作质量变动的指数,例如商品价格指数、产品成本指数等。尽管价格水平是以货币为计量单位,但由于各种商品(或产品)的价格反映不同使用价值的实物量的价格水平,彼此直接相加和对比是没有实际意义的,因而各种商品的单价是不能同度量的。可见,编制质量指标指数时,同样要解决同度量因素及其所属的时期这两个问题。现以物价指数为例,说明质量指标综合指数的计算方法。

如上所述,各种商品价格不能直接相加,但商品单价乘上商品销售量等于商品销售额,而商品销售额就成为可以直接加总的总量。因此,编制物价总指数时,同度量因素就是商品销售量。为了说明多种商品价格综合变动的方向和程度,同度量因素(Q)必须是同一个时期的,亦即假定报告期和基期的商品销售量相同。于是就有三种可能的情况,得出三种计算公式。

(1) 以报告期销售量 Q_1 作为同度量因素,用来表明在报告期销售量条件下,各种商品的价格综合变动的方向和程度,其公式为:

$$\overline{K}_P = \frac{\sum P_1 Q_1}{\sum P_0 Q_1} \quad (6-8)$$

仍以表 6-1 中的资料代入，则商品价格综合指数为：

$$\overline{K}_P = \frac{\sum P_1 Q_1}{\sum P_0 Q_1} = \frac{1.2 \times 21\,000 + 15 \times 6\,000 + 380 \times 700}{1.0 \times 21\,000 + 15 \times 6\,000 + 400 \times 700} = \frac{381.2}{391} = 97.49\%$$

$$\sum P_1 Q_1 - \sum P_0 Q_1 = 381.2 - 391 = -9\,800(元)$$

计算结果表明，三种商品价格平均下降了 2.51%；分子与分母的差额，说明由于物价的下降，使商品销售额减少了 9 800 元。

(2) 以基期销售量 Q_0 作为同度量因素，用来说明在基期销售量不变的条件下，各种商品价格综合变动的方向和程度，其公式为

$$\overline{K}_P = \frac{\sum P_1 Q_0}{\sum P_0 Q_0} \qquad (6-9)$$

为了便于比较，仍用表 6-1 中的资料代入，则商品价格综合指数为

$$\overline{K}_P = \frac{\sum P_1 Q_0}{\sum P_0 Q_0} = \frac{1.2 \times 20\,000 + 15 \times 5\,000 + 380 \times 400}{1.0 \times 20\,000 + 15 \times 5\,000 + 400 \times 400} = \frac{251}{255} = 98.43\%$$

$$\sum P_1 Q_0 - \sum P_0 Q_0 = 251 - 255 = 4\,000(元)$$

计算结果和按(6-8)式计算结果不同，产生这种差别的原因就在于计算物价总指数采用了不同时期的销售量。(6-8)式是假定销售量变化为报告期的情况下，商品价格综合变动的方向和程度，其中包含同度量因素（即 Q_1）变动的影响；(6-9)式则假定基期销售量未发生变化的情况下，商品价格综合变动的方向和程度，其中不反映销售量的变动，只反映价格的变动。因此，从物价指数的任务出发，(6-9)式要比(6-8)式为好。但也应该考虑，编制物价指数的目的不仅是反映物价总变动的方向和程度，还要考察价格变动的实际经济效果。以报告期销售量作为同度量因素计算的物价指数，可以反映当前现实生活中全部商品价格的总变动，以及这种变动对人民经济生活和国家财政收支等的影响，它具有现实的经济意义。从这一角度出发，(6-8)式是比较合理的。换言之，编制物价指数时，应使用报告期的销售量作为同度量因素。这个一般原则也适用于编制其他质量指标指数，亦即在一般情况下，计算质量指标指数时应采用报告期的数量指标作为同度量因素。

(3) 以固定时期的销售量（或产量）作为同度量因素。在考察成本计划执行情况时，为了防止某些单位采用破坏产品品种计划来完成产品成本计划的不正确做法，就不宜用报告期产品产量而以计划产品产量作同度量因素。用公式表示如下：

$$产品成本综合指数 = \frac{\sum Z_1 Q_n}{\sum Z_0 Q_n} \qquad (6-10)$$

编制上述指数的目的，主要是要说明在按照计划产品产量的条件下，产品成本综合变动的方向和程度。由于采用了计划产量而不用报告期产量作为同度量因素，所以(6-10)

式中不包含产量变化的影响在内。

但在多数情况下,为了观察质量指标变化的程度及其产生的实际经济效果,所以较多地采用报告期数量指标作为同度量因素。

综上所述,可见编制数量指标或质量指标综合指数时,首先涉及公式的选择及其同度量因素所属时期的问题。由于采用报告期、基期或固定的指标数值作同度量因素,都是一种假定的抽象方法,所以由此形成的各种综合指数公式都有一定的假定性。究竟选用哪一种指数公式,要从实际出发,根据研究目的、资料以及因素分析中的问题作全盘考虑。其次,动态指数是两个时期同类现象的两个总量指标数值对比得出的特殊相对数,因此,选择合适的基期至关重要。选择时,应该注意基期条件的正常性。遇有突然因素如严重自然灾害、重大政策改变而产生全面性影响的时期,不应选作基期。如果以这种特殊的时期为基准,计算其他时期的指数,势必出现偏高或偏低的情况,不足以反映事物的正常趋势。同时,基期与报告期不宜相隔太远,因为随着时间的推移,两个时期之间在消费类型、商品品种结构和质量、技术革新等方面的差距也会扩大,因此到一定阶段后,需要更换基期;否则,编制的指数就会降低甚至失去其代表性。至于基期和报告期所取的一致的时间单位,是以一周、一月、一季或一年为期,须视研究对象发展变化的快慢和研究目的而定。最后还应指出,由于缺少所需的统计资料,不能直接按综合指数公式计算指数时,可以采用平均数指数公式计算。

第三节 平均数指数

以个体指数为基础,采取平均形式编制的总指数,称为平均数指数。综合指数与平均数指数都是编制总指数的形式或方法,适用于不同的条件,各有其应用价值;它们之间既有联系,也有区别。其联系表现为,在特定的权数条件下,它们存在变形关系,即综合指数可改变为平均数指数;其区别在于,平均数指数除了作为综合指数的变形使用外,它还是计算总指数的一种独立形式。平均数指数按加权与否可分为简单平均数指数和加权平均数指数;按平均形式的不同可分为算术平均数指数、调和平均数指数和几何平均数指数。以下介绍两种常用的平均数指数,即加权算术平均数指数和加权调和平均数指数。

一、加权算术平均数指数

编制数量指标指数时,如果掌握的资料只是个体指数和综合指数的分母即基期的实际数值资料,就要用加权算术平均数指数公式计算其总指数。兹以产品产量指数为例,说明如下:

表 6-2 加权算术平均数指数

产品名称	计量单位	产量 基期 Q_0	产量 报告期 Q_1	个体产量指数 $K=Q_1/Q_0$	基期产值 Q_0P_0（万元）
甲	件	1 000	1 200	1.20	20
乙	吨	300	330	1.10	12
丙	台	60	63	1.05	8
合 计	—	—	—	—	40

由于已知个体产品产量指数 $K=Q_1/Q_0$，则 $Q_1=KQ_0$，代入产量综合指数公式，得

$$\overline{K}_Q = \frac{\sum Q_1 P_0}{\sum Q_0 P_0} = \frac{\sum K Q_0 P_0}{\sum Q_0 P_0} \tag{6-11}$$

上式中，以个体产品产量指数 K 为变量，以基期产值（Q_0P_0）为权数，则产品产量综合指数就改变为加权算术平均数指数。现以表 6-2 中的资料为例，说明用加权算术平均数指数公式计算产品产量指数如下：

$$\overline{K}_Q = \frac{\sum K Q_0 P_0}{\sum Q_0 P_0} = \frac{1.20 \times 20 + 1.10 \times 12 + 1.05 \times 8}{20 + 12 + 8} = \frac{45.6}{40} = 1.14 \text{ 或 } 114\%$$

计算结果表明，产品产量增长 14%。由于产品产量的增长，增加的总产值为：

$$\sum K Q_0 P_0 - \sum Q_0 P_0 = 45.6 - 40 = 5.6(\text{万元})$$

二、加权调和平均数指数

加权调和平均数指数是以各个个体指数为变量，按调和平均数形式进行加权计算的总指数。这种形式的指数公式通常用来编制质量指标指数。例如，编制物价指数时，一般不易取得销售量资料，只能掌握报告期的销售额以及有关的价格资料，这时就不能直接编制物价综合指数，而要采用加权调和平均数指数公式计算。兹以表 6-3 中的资料为例，说明其计算过程。

表 6-3 加权调和平均数指数

商品名称	计量单位	价格（元） 基期 P_0	价格（元） 报告期 P_1	个体物价指数 $K=P_1/P_0$	报告期销售额 Q_1P_1（元）
甲	千克	14.0	15.4	1.1	10 710
乙	双	25.0	30.0	1.2	52 500
丙	件	8.0	8.0	1.0	23 800
合 计	—	—	—	—	87 010

已知个体物价指数 $K=P_1/P_0$，则 $P_0=\frac{1}{K}P_1$，代入物价综合指数公式，即得：

$$\overline{K}_P = \frac{\sum P_1 Q_1}{\sum P_0 Q_1} = \frac{\sum P_1 Q_1}{\sum \frac{1}{K} P_1 Q_1} \tag{6-12}$$

可见,综合指数公式变形后,就得出以个体物价指数为变量,以报告期的商品销售额($P_1 Q_1$)为权数的加权调和平均数指数公式。

将表 6-3 中的资料代入(6-12)式,即得

$$\overline{K}_P = \frac{\sum P_1 Q_1}{\sum \frac{1}{K} P_1 Q_1} = \frac{10\ 710 + 52\ 500 + 23\ 800}{\frac{10\ 710}{1.1} + \frac{52\ 500}{1.2} + \frac{23\ 800}{1.0}} = \frac{10\ 710 + 52\ 500 + 23\ 800}{9\ 736 + 43\ 750 + 23\ 800}$$

$$= \frac{87\ 010}{77\ 286} = 1.125\ 8\ \text{或}\ 112.58\%$$

$$\sum P_1 Q_1 - \sum \frac{1}{K} P_1 Q_1 = 87\ 010 - 77\ 286 = 9\ 724(\text{元})$$

综上所述,可以看出:(1) 综合指数改变为算术平均数指数时,要以综合指数的分母指标 $P_0 Q_0$ 作为权数;(2) 综合指数改变为调和平均数指数时,要以综合指数的分子指标 $P_1 Q_1$ 作为权数。在这种特定权数条件下改变成的平均数指数公式,其计算形式虽然不同于综合指数,但计算结果和反映的经济内容与相应的综合指数是一致的。在这种特定的权数条件下,平均数指数是综合指数的变形。

从理论上来说,数量指标综合指数和质量指标综合指数公式都可以改变为平均数指数公式。现以物价指数和物量指数为例,说明综合指数与平均数指数的关系,如表 6-4 所示。

表 6-4　综合指数与平均数指数的关系

指数种类	综合指数	个体指数 K	算术平均数指数	调和平均数指数
物价指数 $\overline{K}_P$	$\dfrac{\sum P_1 Q_1}{\sum P_0 Q_1}$	$K = P_1/P_0$ $P_1 = K P_0$ $P_0 = \dfrac{1}{K} \cdot P_1$	$\dfrac{\sum K P_0 Q_1}{\sum P_0 Q_1}$	$\dfrac{\sum P_1 Q_1}{\sum \dfrac{1}{K} \cdot P_1 Q_1}$
物量指数 $\overline{K}_Q$	$\dfrac{\sum Q_1 P_0}{\sum Q_0 P_0}$	$K = Q_1/Q_0$ $Q_1 = K Q_0$ $Q_0 = \dfrac{1}{K} \cdot Q_1$	$\dfrac{\sum K Q_0 P_0}{\sum Q_0 P_0}$	$\dfrac{\sum Q_1 P_0}{\sum \dfrac{1}{K} \cdot Q_1 P_0}$

计算总指数时采用何种公式,须视实际掌握的原始资料的情况和计算是否简便而定。例如上表中的物价综合指数改变为以个体价格指数为变量(K_P),以 $P_0 Q_1$(假定的商品销售额)为权数的算术平均数指数,因为没有现成的 $P_0 Q_1$ 资料,需要专门计算。而 $P_1 Q_1$ 是报告期的实际销售额,容易取得这方面的资料,所以采用调和平均数指数公式计算物价指数比较方便。又如,物量综合指数改变为以个体产量指数为变量(K_Q),以基期实际产值 $Q_0 P_0$ 为权数的算术平均数指数,由于可以使用现成的基期产值资料,所以计算比较方便。

如果采用调和平均数指数公式时,需要专门计算假定产值 Q_1P_0,并不方便。

三、固定权数加权平均数指数

平均数指数除了作为综合指数的变形使用外,本身具有广泛的应用价值,是计算总指数的一种独立形式。例如,固定权数加权平均数指数就是在国内外统计工作中广泛使用的一种独立的平均数指数形式。与作为综合指数变形的平均数指数不同,它是采用固定权数(W)计算的,这种权数是根据有关抽样资料,经分析后加以确定,并采用比重的形式固定下来,在较长一段时期内作为不变权数使用,使总指数的计算简便易行。例如在我国商业统计中,编制零售物价指数时就采用固定权数加权算术平均数法,其权数是经过调整的基期销售额,即用各类商品的销售额所占的比重 W 表示,以 K 代表各类零售消费品价格的个体指数,计算公式为:

$$零售物价固定加权算术平均数指数 \overline{K}_P = \frac{\sum KW}{\sum W} \qquad (6-13)$$

现用表 6-5 中的资料为例,说明按上述公式计算零售物价总指数的过程。

表 6-5 零售物价总指数计算

商品类别	类指数(%) $K=P_1/P_0$	固定权数(%)W	KW(%)
食品类	103.10	50	5 155.00
衣着类	104.85	23	2 411.55
日用品类	100.20	12	1 202.40
家电类	102.00	6	612.00
医药类	98.44	3	295.32
燃料类	101.90	2	203.80
服务类	102.65	4	410.60
合计	—	100	10 290.67

$$\overline{K}_P = \frac{\sum KW}{\sum W} = \frac{10\,290.67\%}{100} = 102.91\%$$

上例中的类指数在计算总指数时,实际上起着个体指数的作用,但应注意与权数材料的范围相适应。通常,从社会商品零售的实际情况出发,选择若干代表性商品计算其个体指数,并确定相适应的固定权数来计算价格总指数,是一种简便易行的方法。

平均数指数与综合指数相比,其特点是:(1)综合指数的编制需要全面材料,而平均数指数既可根据全面材料,也可根据非全面材料编制。(2)平均数指数可直接利用现成的总值资料作为权数,还可以用权数的比重代替其实际数值,使总指数的计算简便易行。(3)当权数资料不易取得时,可以通过对研究对象的实际情况进行具体分析的基础上,定出假设的权数进行计算。总之,平均数指数能根据非全面材料计算,并具有简便、快速和灵活的优点。但它也有其局限性。如按固定加权平均形式编制的指数,只能反映现象变动的方向和程度,不能直接计算出现象变动产生的实际效果。

第四节　指数体系和因素分析

如前所述,总指数按其指标的性质分为数量指标指数和质量指标指数。分析受多因素影响的复杂现象的总变动时,将上述两类指数联系起来进行研究,就形成一定的指数体系。指数体系是因素分析法的基础。

一、指数体系

有些复杂的经济现象总体是由两个或多个因素构成的,这些构成因素可以分解为数量指标因素和质量指标因素。而复杂的经济现象总体如工业总产值、生产支出总额和商品销售额等,就是其各个构成因素的乘积。例如:

$$工业总产值 = 产品产量 \times 出厂价格$$

$$生产支出总额 = 产品产量 \times 单位产品成本$$

$$商品销售额 = 商品销售量 \times 商品销售单价$$

统计从数量方面对复杂经济现象总体的总变动方向和程度进行分析,既要根据该现象的因素联系编制综合指数,也要根据现象的有关因素之间的数量上的必然联系编制若干个指数,例如:

(1) 工业总产值指数 = 产品产量指数 × 出厂价格指数

即, $$\frac{\sum P_1 Q_1}{\sum P_0 Q_0} = \frac{\sum Q_1 P_0}{\sum Q_0 P_0} \times \frac{\sum P_1 Q_1}{\sum P_0 Q_1} \tag{6-14}$$

工业总产值增减额 = 产品产量变动引起的增减额 + 出厂价格变动引起的增减额

$$\left(\sum P_1 Q_1 - \sum P_0 Q_0\right) = \left(\sum Q_1 P_0 - \sum Q_0 P_0\right) + \left(\sum P_1 Q_1 - \sum P_0 Q_1\right)$$

(2) 生产支出总额指数 = 单位产品成本指数 × 产品产量指数

即, $$\frac{\sum Z_1 Q_1}{\sum Z_0 Q_0} = \frac{\sum Z_1 Q_1}{\sum Z_0 Q_1} \times \frac{\sum Q_1 Z_0}{\sum Q_0 Z_0} \tag{6-15}$$

生产支出增减额 = 单位产品成本变动引起的增减额 + 产品产量变动引起的增减额

即, $$\left(\sum Z_1 Q_1 - \sum Z_0 Q_0\right) = \left(\sum Z_1 Q_1 - \sum Z_0 Q_1\right) + \left(\sum Q_1 Z_0 - \sum Q_0 Z_0\right)$$

(3) 商品销售额指数 = 物价指数 × 商品销售量指数

即，
$$\frac{\sum P_1 Q_1}{\sum P_0 Q_0} = \frac{\sum P_1 Q_1}{\sum P_0 Q_1} \times \frac{\sum Q_1 P_0}{\sum Q_0 P_0} \qquad (6-16)$$

商品销售增减额 = 物价变动引起的增减额 + 商品销售量变动引起的增减额

即，$(\sum P_1 Q_1 - \sum P_0 Q_0) = (\sum P_1 Q_1 - \sum P_0 Q_1) + (\sum Q_1 P_0 - \sum Q_0 P_0)$

以上仅以综合指数为例，说明各个有关指数之间的关系。若干个指数由于经济联系和数量上的关系而形成的一个整体，就叫作指数体系。指数体系反映客观事物之间的联系。它的基本含义是：若干个因素（数量指标因素和质量指标因素）指数的乘积等于总变动指数；各个因素的变动所引起的差额之和等于实际产生的总差额。

编制指数体系的基本原则和方法，就是在测定现象总体变动中某一因素的变动影响时，必须将其中另一个因素固定下来，即假定另一因素不变，以消除其影响。因此，为了保持一定的指数体系，需要采用假定的方法，来确定其中每一个因素指数的同度量因素的时期。通常，分析质量指标影响时，将数量指标固定在报告期；分析数量指标影响时，将质量指标固定在基期。以上列举的(6-14)式、(6-15)式和(6-16)式中反映的三种指数体系，就是按照上述假定方法编制的，也是习惯采用的指数体系，但并不是唯一的。因为根据研究目的的不同，采用不同的假定方法来确定综合指数中同度量因素的时期，就可以产生不同的指数体系。

在分析平均指标动态时，各个有关的平均指标指数之间也存在着一定的数量对等关系，形成一个指数体系，将在后面介绍。

利用指数体系，可以进行指数之间的相互推算。例如，已知商品销售额指数和物价指数，就可以推算商品销售量指数。有时，通过指数体系还可以进行预测。例如，假定某工业企业为了增产 26%，而生产支出总额只能比基期增加 12%，则产品成本指数预计为 $1.12 \div 1.26 = 0.89$，亦即要求产品成本水平比基期降低 11%，才能达到上述增产的目标。就指数体系的基本含义而论，编制指数体系主要是为了从相对数和绝对值方面来测定各个因素在现象总动态中的变动程度，因而指数体系成为因素分析法的基本依据。

二、因素分析

利用指数从数量上分析复杂经济现象总变动中各个因素变动影响的方法，称为指数因素分析法。其任务就是要测定受多因素影响的复杂现象总动态中，各因素的变动情况以及对其产生的影响程度和绝对效果。

因素分析法的基本要点是：

(1) 要根据被研究现象各因素之间的客观内在联系，建立指数体系，这是因素分析的前提。

(2) 在分析现象总变动中某一个因素的变动影响时，必须假定其他因素不变。

(3) 要按照被研究现象的内在规律，合理地确定各因素排列的先后顺序。

(4) 因素分析的结果要符合指数体系的基本含义：即相对数分析，要求总变动指数等于各因素指数的乘积;绝对数分析,要求总变动绝对额等于各因素变动影响绝对额之和。

因素分析法的基本步骤是:

(1) 计算总变动指数,测定总变动的程度和绝对额。

(2) 分别计算各因素指数,测定变动影响的程度和绝对额。

(3) 根据指数体系从相对数和绝对数两方面对各影响因素综合分析。

因素分析法的基本类型有:

(1) 按被分析指标的种类不同,可分为总量指标的因素分析、相对指标的因素分析和平均指标的因素分析。

(2) 按被分析指标所包含的因素多少不同,可分为两因素的因素分析和多因素的因素分析。

上述两种基本分类又可以相互交错组合,形成因素分析的多种形式。例如,总量指标的两因素分析,总量指标的多因素分析,平均指标的两因素分析,总量指标与平均指标相结合的因素分析等。由于分析的指标及包含的因素不同,进行因素分析时,有着不同的特点和区别,但无论是对哪一类现象进行因素分析,其基本原理、方法和步骤大体相同。兹分别说明如下。

(一) 总量指标的两因素分析

分析的对象是总量指标,一般可分解为数量指标和质量指标两个因素,并等于这两个因素的乘积。分析的目的是要测定每个因素的变动对总体总量变动的影响。分析时,要采用假定的方法,固定其中一个因素以测定另一个因素的变动影响,并根据这两个因素和总量指标的总动态之间形成的指数体系,从相对数和绝对数两方面分析各因素对总动态的影响程度和绝对额。现用表 6-6 中的假设资料为例,说明总量指标两因素的分析方法。

表 6-6 总量指标两因素分析

产品名称	计量单位	产 量		单位产品成本(元)		基期生产支出总额(万元) Z_0Q_0	报告期生产支出总额(万元)	
		报告期 Q_1	基期 Q_0	报告期 Z_1	基期 Z_0		实际 Z_1Q_1	按基期成本计算 Z_0Q_1
甲	件	2 000	1 600	900	1 200	192	180	240
乙	台	60	60	4 000	4 500	27	24	27
丙	辆	42	40	50 000	55 000	220	210	231
合计	—	—	—	—	—	439	414	498

$$\text{生产支出总额} = \text{单位产品成本} \times \text{产品产量}$$
$$QZ = Z \times Q$$

根据研究对象各因素之间的数量关系编制相应的指数,则有:

$$\text{生产支出总额指数} = \text{单位产品成本指数} \times \text{产品产量指数}$$

以这一指数体系为依据进行因素分析，根据表中资料，分析步骤如下：
1. 计算生产支出总额的总变动程度和绝对额

$$\text{生产支出总额指数} = \frac{\sum Z_1 Q_1}{\sum Z_0 Q_0} = \frac{414}{439} = 94.30\%$$

可见，生产支出总额报告期比基期下降了 5.7%，支出总额减少了 25 万元：

$$\sum Z_1 Q_1 - \sum Z_0 Q_0 = 414 - 439 = -25 (\text{万元})$$

2. 分别计算单位成本和产量两个因素变动影响的程度和绝对额

$$\text{产品单位成本指数} = \frac{\sum Z_1 Q_1}{\sum Z_0 Q_1} = \frac{414}{498} = 83.13\%$$

计算结果表明单位产品成本水平下降了 16.87%，从而节约了生产费用：

$$\sum Z_1 Q_1 - \sum Z_0 Q_1 = 414 - 498 = -84 (\text{万元})$$

$$\text{产品产量指数} = \frac{\sum Q_1 Z_0}{\sum Q_0 Z_0} = \frac{498}{439} = 113.4\%$$

由于产品产量增加了 13.4%，使支出总额增加了：

$$\sum Q_1 Z_0 - \sum Q_0 Z_0 = 498 - 439 = 59 (\text{万元})$$

3. 根据指数体系，从相对数和绝对数两方面进行综合分析

相对数分析体系：

$$\text{生产支出总额指数} = \text{单位产品成本指数} \times \text{产品产量指数}$$

$$\frac{\sum Z_1 Q_1}{\sum Z_0 Q_0} = \frac{\sum Z_1 Q_1}{\sum Z_0 Q_1} \times \frac{\sum Q_1 Z_0}{\sum Q_0 Z_0}$$

$$94.30\% = 83.13\% \times 113.40\%$$

绝对数分析体系：

生产支出总额增减额 = 单位成本变动引起的增减额 + 产品产量变动引起的增减额

$$(\sum Z_1 Q_1 - \sum Z_0 Q_0) = (\sum Z_1 Q_1 - \sum Z_0 Q_1) + (\sum Q_1 Z_0 - \sum Q_0 Z_0)$$

$$-25 \text{万元} = -84 \text{万元} + 59 \text{万元}$$

综合分析表明，生产支出总额下降了 5.7%，是由于单位成本减少 16.87%和产品产量增长 13.4%共同作用的结果；生产支出总额减少 25 万元，是由于单位成本下降减少生产支出总额 84 万元与产量增加使生产支出总额增加 59 万元综合影响的结果。

(二) 总量指标的多因素分析

分析的对象总量指标表现为三个或三个以上因素的乘积,其总体总量的变动受多个因素的变动影响。例如,影响工业企业原材料支出总额的因素,可以分解为产品产量、单位产品原材料消耗量和原材料单位价格三个因素。如用公式表示,即:

$$原材料支出总额 = 产品产量 \times 单位产品原材料消耗量 \times 原材料单价$$

$$QMP = Q \times M \times P$$

由于上述总量指标表现为三个因素的乘积,因此研究这类总量指标变动的原因时,就可以根据这种相互关系进行因素分析。分析的基本依据仍然是有关的指数体系,其方法和两因素分析法基本上是一致的,但在具体处理上应注意以下几点:

首先,分析某一个因素变动情况及其对总量指标总动态的影响时,要将其余所有的因素固定起来。例如,为了分析产品产量的变动对于原材料费用支出额的影响,需要将单位产品原材料消耗量和原材料单价固定起来。

第二,运用两分法,确定数量指标和质量指标。由于多个因素之间存在着互为条件的关系,因此要逐步进行分解,相对地判别数量指标和质量指标。例如,在上例中,产品产量 Q 是数量指标,而 MP 为单位产品原材料费用,相对产品产量而言,则是质量指标,因此,按照前述惯用的指数体系分析 Q 对于 QMP(原材料支出总额)的影响时,要将 M 和 P 固定在基期。单位产品原材料消耗量 M 相对 Q 而言,是质量指标,而相对原材料单价 P 来说,则是数量指标,因此,分析 M 对于 QMP 的影响时,应将 Q 固定在报告期,P 固定在基期。相对 QM 即原材料消耗总量这一数量指标来说,原材料单价 P 是质量指标,按照一般的原则,分析 P 这一因素对于 QMP 的影响时,要把 Q 和 M 固定在报告期。

第三,进行多因素分析,应该根据经济现象各个因素之间的相互联系的客观情况,确定各个因素的排列顺序。一般地说,数量指标在前,质量指标在后;主要因素在前,次要因素在后。例如,对工业产品原材料支出总额的三个因素进行分析时,根据各个因素之间的客观经济联系,按产量 Q、单位产品原材料消耗量 M、原材料单价 P 顺序排列,以保持它们之间相互适应和合理结合的关系。因为 Q 与 M 的乘积等于原材料消耗量,再乘以原材料单价 P,就等于原材料支出总额。按照上述顺序将各个因素逐次连锁地进行替换,借以分析各个因素的变动对总量指标 QMP 的影响程度。

现在用表 6-7 中的资料为例,说明总量指标的多因素指数分析方法和步骤。表中(1)(2) 两栏为给定的资料,(3)(4) 两栏则是分析计算的结果。

表 6-7 总量指标的多因素指数分析

	基期(1)	报告期(2)	变动程度(%)(3)	影响绝对额(万元)(4)
产品产量 Q(万件)	10	13.0	130.0	+60
单位产品原材料消耗量 M(千克/件)	5	4.0	80.0	−52
原材料单位价格 P(元/千克)	4	4.5	112.5	+26
原材料支出总额 QMP	200	234	117	+34

根据上述资料,首先测定现象总体的总动态:

$$原材料支出总额指数 = \frac{报告期原材料支出额}{基期原材料支出额} = \frac{Q_1M_1P_1}{Q_0M_0P_0} = \frac{234}{200} = 1.17 \text{ 或 } 117\%$$

结果表明报告期原材料支出总额比基期增长了17%,因而使支出总额增加了34万元,即:

$$Q_1M_1P_1 - Q_0M_0P_0 = 234 - 200 = 34(万元)$$

其次,分析各个因素变动对于支出总额的影响程度。其中:
(1) 由于产品产量变动的影响:

$$产品产量指数 = \frac{Q_1M_0P_0}{Q_0M_0P_0} = \frac{Q_1}{Q_0} = \frac{13}{10} = 1.3 \text{ 或 } 130\%$$

报告期产品产量比基期增长了30%,因而使原材料支出总额增加了60万元,即

$$Q_1M_0P_0 - Q_0M_0P_0 = (13 \times 5 \times 4) - 200 = 60(万元)$$

(2) 由于单位产品原材料消耗量的影响:

$$单位产品原材料消耗量指数 = \frac{Q_1M_1P_0}{Q_1M_0P_0} = \frac{M_1}{M_0} = \frac{4}{5} = 0.8 \text{ 或 } 80\%$$

报告期单位产品原材料消耗量比基期降低了20%,从而使原材料支出额减少了52万元,即

$$Q_1M_1P_0 - Q_1M_0P_0 = (13 \times 4 \times 4) - (13 \times 5 \times 4) = 208 - 260 = -52(万元)$$

(3) 由于原材料单位价格变动的影响:

$$原材料价格指数 = \frac{Q_1M_1P_1}{Q_1M_1P_0} = \frac{P_1}{P_0} = \frac{4.5}{4} = 1.125 \text{ 或 } 112.5\%$$

报告期原材料单位价格提高了12.5%,结果使原材料支出总额增加了26万元,即

$$Q_1M_1P_1 - Q_1M_1P_0 = 234 - (13 \times 4 \times 4) = 26(万元)$$

最后,对所有影响因素进行综合分析:
(1) 原材料支出总额指数等于各个影响因素指数的乘积,亦即形成如下的指数体系:

$$\frac{Q_1M_1P_1}{Q_0M_0P_0} = \frac{Q_1M_0P_0}{Q_0M_0P_0} \times \frac{Q_1M_1P_0}{Q_1M_0P_0} \times \frac{Q_1M_1P_1}{Q_1M_1P_0} = \frac{Q_1}{Q_0} \times \frac{M_1}{M_0} \times \frac{P_1}{P_0} \quad (6-17)$$

根据前面计算的结果代入(6-17)式,表明三个因素的变动对原材料支出总额的影响程度为:

$$117\% = 130\% \times 80\% \times 112.5\%$$

(2) 上述四个指数的分子与分母的差额之间存在如下的数量关系:

$$Q_1M_1P_1 - Q_0M_0P_0 = (Q_1M_0P_0 - Q_0M_0P_0) + (Q_1M_1P_0 - Q_1M_0P_0) \\ + (Q_1M_1P_1 - Q_1M_1P_0) \qquad (6-18)$$

根据前面分析的结果,代入(6-18)式即得:

$$34 \text{ 万元} = 60 \text{ 万元} - 52 \text{ 万元} + 26 \text{ 万元}$$

以上是以一种产品为例,说明总量指标的多因素指数分析的一般方法和步骤。如果涉及多种产品,其分析方法以及步骤同上,但指数体系应改成如下的形式:

$$\frac{\sum Q_1M_1P_1}{\sum Q_0M_0P_0} = \frac{\sum Q_1M_0P_0}{\sum Q_0M_0P_0} \times \frac{\sum Q_1M_1P_0}{\sum Q_1M_0P_0} \times \frac{\sum Q_1M_1P_1}{\sum Q_1M_1P_0} \qquad (6-19)$$

上述四个指数的分子与分母的差额,存在如下的数量关系:

$$\sum Q_1M_1P_1 - \sum Q_0M_0P_0 = (\sum Q_1M_0P_0 - \sum Q_0M_0P_0) \\ + (\sum Q_1M_1P_0 - \sum Q_1M_0P_0) + (\sum Q_1M_1P_1 - \sum Q_1M_1P_0) \qquad (6-20)$$

如果反映复杂经济现象的总量指标可以分解为四个或更多的因素,为了深入分析,就要按照上述多因素数量分析法的原理,建立四个因素或更多因素的指数体系,以测定有关因素在不同时间上的变动方向和程度。

综上所述,可见总量指标的两因素或多因素指数分析法包含着一定的假定性。因为在受多因素影响的复杂经济现象中,每个因素发生变化都会使总量发生变化,所以必须采用科学抽象法来分析,亦即假定其他因素不变,以测定其中某一因素的变动对于总量指标数值的影响方向和程度。显然,这种假定是必要的,也是合理的。正如马克思在分析"劳动的持续时间、劳动生产力和劳动强度同时变化"时指出:"很明显,在这里可能有许多种组合。可能两个因素变化,一个因素不变,或者三个因素同时发生变化。它们可能在同一程度上或在不同程度上变化,可能向同一方向或相反的方向变化,以致它们的变化可以部分地或全部地互相抵消。其实……只要顺次地把其中一个因素视为可变,把其他因素视为不变,就会得到任何一种可能的组合的结果。"[①]

(三) 平均指标的两因素分析

分析的对象是总平均指标,它受到各组平均指标和各组单位数占总体比重变动这两个因素的影响。分析的目的在于测定这两个因素的变动对平均指标总变动的影响程度和影响绝对额。

在分组条件下,总平均指标的变动取决于各组平均指标水平(X_i)的变动和各组单位数在总体中比重($f_i/\sum f_i$)的变动这两个因素的影响。例如,平均工资的变动取决于各类职工的工资水平的变动,同时又受各类职工人数在职工总人数中所占比重的影响。又如,平均价格的提高,可能是由于各类商品价格上涨,也可能是由于价格较高的商品在销

---

① 马克思:《资本论》第一卷,人民出版社1975年版,第576页。

售量中所占比重的增大。再如,劳动生产率的变动不仅受各组劳动生产率水平变动的影响,也受劳动生产率水平不同的各组工人数在总体中所占的比重变化的影响。事实上,任何加权平均数都包含这两个因素,即 $\overline{X} = \sum X \cdot \dfrac{f}{\sum f}$,因而它必然要受其变动的影响。

为了考察总平均指标的动态及其原因,需要编制相互联系的平均指标指数,形成一个平均指标指数体系,借以分析总平均指标的动态及其各个因素所起的作用。在平均指标指数体系中,有以下三种指数,即:

$$\text{可变构成指数} = \text{固定构成指数} \times \text{结构变动影响指数}$$

1. 可变构成指数。反映总平均指标变动方向和程度的指数,称为可变构成指数。它是两个不同时期同一经济内容的总平均指标之比。可变构成指数不仅反映总平均指标的动态对比中各组平均水平的变化,而且反映总体内部结构的变化,即综合反映了总体平均水平的总动态。其计算公式为:

$$\overline{K}_{可变} = \overline{X}_1 : \overline{X}_0 = \frac{\sum X_1 f_1}{\sum f_1} : \frac{\sum X_0 f_0}{\sum f_0} \tag{6-21}$$

现在以表 6-8 中的假设资料,说明平均工资的动态分析,亦即应用因素分析法进行分析。

根据上表资料计算工人总平均工资的可变构成指数为:

$$\overline{K}_{可变} = \frac{\sum X_1 f_1}{\sum f_1} : \frac{\sum X_0 f_0}{\sum f_0} = \overline{X}_1 : \overline{X}_0 = \frac{1\,590\,000}{3\,000} : \frac{580\,000}{1\,000} = 530 : 580 = 91.4\%$$

表 6-8 平均工资的动态分析

工人类别	工人数		月平均工资(元)		工资总额(元)		
	基期 f_0	报告期 f_1	基期 X_0	报告期 X_1	基期实际 $X_0 f_0$	报告期实际 $X_1 f_1$	假定 $X_0 f_1$
技术工	600	800	700	750	420 000	600 000	560 000
辅助工	400	2 200	400	450	160 000	990 000	880 000
合计	1 000	3 000	580	530	580 000	1 590 000	1 440 000

结果表明,报告期工人总平均工资比基期降低了 8.6%。指数中的绝对差额为:

$$\frac{\sum X_1 f_1}{\sum f_1} - \frac{\sum X_0 f_0}{\sum f_0} = \overline{X}_1 - \overline{X}_0 = 530 - 580 = -50(元)$$

显然,上述平均工资可变构成指数既受各组工人工资水平变动也受各组工人结构变动的影响。为了测定这两个因素变动对于总平均工资动态的影响方向和程度,需要分别计算固定构成指数和结构变动影响指数。

2. 固定构成指数。反映各组平均水平变动对总平均指标变动影响程度的指数,称为固定构成指数。它在测定各组平均水平变动时,将各组单位数比重固定在报告期。计算公式为:

$$\overline{K}_{固定} = \frac{\sum X_1 f_1}{\sum f_1} : \frac{\sum X_0 f_1}{\sum f_1} = \overline{X}_1 : \overline{X}_H \qquad (6-22)$$

式中,$\sum X_0 f_1 / \sum f_1$ 是按基期平均工资计算的报告期工资总额除以报告期人数得出的假定平均工资,为便于叙述起见,用符号 $\overline{X}_H$ 表示。

根据表 6-8 资料计算平均工资固定构成指数时,应将各组工人人数的结构(数量指标)固定在报告期,才能单纯地反映组平均工资(质量指标)变动的影响程度:

$$\overline{K}_{固定} = \frac{\sum X_1 f_1}{\sum f_1} : \frac{\sum X_0 f_1}{\sum f_1} = \frac{1\,590\,000}{3\,000} : \frac{1\,440\,000}{3\,000} = \overline{X}_1 : \overline{X}_H = 530 : 480 = 110.4\%$$

计算结果表明,消除工人结构这一因素变动的影响,报告期工人平均工资水平比基期提高了 10.4%。这一公式的分子与分母的差额:

$$\frac{\sum X_1 f_1}{\sum f_1} - \frac{\sum X_0 f_1}{\sum f_1} = \overline{X}_1 - \overline{X}_H = 530 - 480 = 50(元)$$

亦即表示单纯由于工资水平这一因素的变动而使每人的工资平均提高了 50 元。

3. 结构变动影响指数。反映总体内部结构变动对总平均指标变动影响程度的指数,称为结构变动影响指数。它在测定总体结构变动时,将各组平均水平固定在基期。计算公式为:

$$\overline{K}_{结构} = \frac{\sum X_0 f_1}{\sum f_1} : \frac{\sum X_0 f_0}{\sum f_0} = \overline{X}_H : \overline{X}_0 \qquad (6-23)$$

根据表 6-8 中资料计算平均工资的结构变动影响指数时,应以相应的组平均工资作为同度量因素(即权数),并将其固定在基期:

$$\overline{K}_{结构} = \frac{\sum X_0 f_1}{\sum f_1} : \frac{\sum X_0 f_0}{\sum f_0} = \frac{1\,440\,000}{3\,000} : \frac{580\,000}{1\,000} = \overline{X}_H : \overline{X}_0 = 480 : 580 = 82.8\%$$

计算结果表明,消除了各组工人平均工资水平变动的影响后,单纯由于各组工人结构的变动而使报告期的总平均工资比基期降低了 17.2%,平均每人降低了 100 元,即

$$\frac{\sum X_0 f_1}{\sum f_1} : \frac{\sum X_0 f_0}{\sum f_0} = \overline{X}_H : \overline{X}_0 = 480 - 580 = -100(元)$$

综上所述,可见以上三种平均指标指数之间存在着密切的联系,形成如下的指数体系:

$$\frac{\sum X_1 f_1}{\sum f_1} : \frac{\sum X_0 f_0}{\sum f_0} = \left[\frac{\sum X_1 f_1}{\sum f_1} : \frac{\sum X_0 f_1}{\sum f_1}\right] \times \left[\frac{\sum X_0 f_1}{\sum f_1} : \frac{\sum X_0 f_0}{\sum f_0}\right]$$

(6-24)

将上例中各种指数数值代入式(6-24),则:

$$91.4\% = 110.4\% \times 82.8\%$$

上述三种指数之间的绝对额的联系:

$$\frac{\sum X_1 f_1}{\sum f_1} - \frac{\sum X_0 f_0}{\sum f_0} = \left[\frac{\sum X_1 f_1}{\sum f_1} - \frac{\sum X_0 f_1}{\sum f_1}\right] + \left[\frac{\sum X_0 f_1}{\sum f_1} - \frac{\sum X_0 f_0}{\sum f_0}\right]$$

(6-25)

将上例中有关数值代入(6-25)式,即

$$\overline{X}_1 - \overline{X}_0 = (\overline{X}_1 - \overline{X}_H) + (\overline{X}_H - \overline{X}_0)$$
$$530 - 580 = (530 - 480) + (480 - 580) - 50 元 = 50 元 - 100 元$$

如前所述,可变构成指数不仅受各组平均水平变动的影响,还包含各组单位数结构变动的影响。因此,其数值可能超越所综合的各个组指数的范围,当各组的数量构成发生剧变时,甚至还会得出相反的结论。如上例两组工人的平均工资分别提高了 7.1% 和 12.5%,而总平均工资不仅没有提高,反而下降了 8.6%,原因在于,工资水平不同的各组工人数所占的比重(结构)发生了很大的变动。实际上,平均工资可变构成指数的变动取决于工资总额和工人总数的变动,它不受各组平均工资指数变动范围的约束,这从下面平均工资可变构成指数公式的变换中可清楚地看出:

$$\overline{K}_{可变} = \frac{\sum X_1 f_1}{\sum f_1} : \frac{\sum X_0 f_0}{\sum f_0} = \frac{\sum X_1 f_1}{\sum X_0 f_0} : \frac{\sum f_1}{\sum f_0}$$

因此在某些场合下,由于受结构变动的影响,可变构成指数就不能确切地反映现象的动态,而应采用固定构成指数。

固定构成指数是消除了结构变动影响的平均指标指数。从固定构成指数公式的变换中可以看出,平均工资固定构成指数实际上就是以基期平均工资计算的假定工资总额为权数的各组平均工资指数的加权算术平均数,因此其数值限定在各组平均工资指数的变动范围之内。

$$\overline{K}_{固定} = \frac{\sum X_1 f_1}{\sum f_1} : \frac{\sum X_0 f_1}{\sum f_1} = \frac{\sum X_1 f_1}{\sum X_0 f_1} = \frac{\sum \left(\frac{X_1}{X_0}\right) X_0 f_1}{\sum X_0 f_1}$$

结构变动影响指数是反映结构变动对总平均指标变动影响的指数,其数值大小取决于各组数量指标比重变化的大小与各组基期平均指标差别的大小。

当各组数量指标比重没有变动,即各组的变量值都相同或各组单位数成等比变化时,结构变动影响指数等于1,说明对总平均指标的变动没有影响。只有当各组数量指标比重发生变化时,才会影响总平均指标的变动,并且比重变化的大小与影响作用的强弱成正比。如果各组基期的平均指标相同,尽管各组数量指标比重发生剧烈的变动,同样也不会影响总平均指标的变动。这表明只有在各组基期平均指标存在差别的条件下,结构变动才会产生作用,并且差别的大小与结构变动影响的大小成正比。

综上所述,结构变动影响指数只有在各组质量指标的平均水平存在差别,两期数量指标构成发生变动的状况下,才会对总平均指标的变动产生影响作用。当基期平均水平较高组数量指标比重也增大时,指数数值大于1,说明结构变动对总平均指标的变动起正影响作用。反之,当基期平均水平较低组数量指标比重提高时,指数数值小于1,说明结构变动对总平均指标的变动起负影响作用。它的大小程度取决于差别的大小及比重变化的大小。

(四) 总量指标与平均指标相结合的因素分析

分析的对象是总量指标,但影响因素中包含平均指标,因此又涉及结构变动影响,这就要求在总量指标的因素分析中进一步分析其中平均指标的两个因素的变动影响。实际上,这类现象的因素分析方法,就是总量指标的因素分析和平均指标的因素分析的结合应用。例如:

$$工资总额 = 职工人数 \times 平均工资$$

根据上述关系,可以编制相应的指数,形成如下的指数体系:

$$工资总额指数 = 职工人数指数 \times 平均工资可变构成指数$$

即

$$\frac{\sum X_1 f_1}{\sum X_0 f_0} = \frac{\sum f_1}{\sum f_0} \times \left(\frac{\sum X_1 f_1}{\sum f_1} : \frac{\sum X_0 f_0}{\sum f_0} \right) \tag{6-26}$$

由于平均工资可变构成指数等于固定构成指数和结构变动影响指数的乘积,因此:

$$工资总额指数 = 职工人数指数 \times 平均工资固定构成指数 \times 平均工资结构变动影响指数$$

即

$$\frac{\sum X_1 f_1}{\sum X_0 f_0} = \frac{\sum f_1}{\sum f_0} \times \left(\frac{\sum X_1 f_1}{\sum f_1} : \frac{\sum X_0 f_1}{\sum f_1} \right) \times \left(\frac{\sum X_0 f_1}{\sum f_1} : \frac{\sum X_0 f_0}{\sum f_0} \right) \tag{6-27}$$

(6-27)式就是两种指数体系相结合的表达式,可以用来研究分析工资总额动态中各个因素变动的影响作用。仍以上述资料为例,将有关数值代入(6-27)式,即得:

$$\frac{1\,590\,000}{580\,000} = \frac{3\,000}{1\,000} \times \left(\frac{1\,590\,000}{3\,000} : \frac{1\,440\,000}{3\,000} \right) \times \left(\frac{1\,440\,000}{3\,000} : \frac{580\,000}{1\,000} \right)$$

即

$$274.14\% = 300\% \times 110.4\% \times 82.8\%$$

或

$$274.14\% = 300\% \times 91.4\%$$

计算结果表明,工资总额增长了 174.14%,这是下述三个因素共同作用的结果:① 工人人数增加了 200%;② 各组工人工资水平提高了 10.4%;③ 工人人数结构变化,影响平均工资下降了 17.2%。

从绝对额方面分析,报告期工资总额比基期增加了 1 010 000 元,即:

$$\sum X_1 f_1 - \sum X_0 f_0 = 1\,590\,000 - 580\,000 = 1\,010\,000(\text{元})$$

在上述分析的基础上,进一步分析工人人数和平均工资这两个因素对于工资总额变动的影响。

1. 为了测定工人人数的变动对工资总额的影响,根据指数分析法的一般原则,应将两个时期工人人数的差数乘以基期的平均工资,即

$$\left(\sum f_1 - \sum f_0\right)\overline{X}_0 = (3\,000 - 1\,000) \times 580 = 1\,160\,000(\text{元})$$

2. 为了测定总平均工资的变动对工资总额的影响,应将两个时期总平均工资的差额乘以报告期的工人人数,即

$$(\overline{X}_1 - \overline{X}_0)\sum f_1 = (530 - 580) \times 3\,000 = -150\,000(\text{元})$$

由于上述两个因素共同变动的结果,使工资总额增加了 1 010 000 元。它们之间的关系可以表述如下:

$$\sum X_1 f_1 - \sum X_0 f_0 = \left(\sum f_1 - \sum f_0\right)\overline{X}_0 + (\overline{X}_1 - \overline{X}_0)\sum f_1$$
$$= \left(\overline{X}_0 \sum f_1 - \sum X_0 f_0\right) + \left(\sum X_1 f_1 - \overline{X}_0 \sum f_1\right)$$

(6-28)

即 $\qquad$ 1 010 000 元 = 1 160 000 元 - 150 000 元

3. 接着,应该再分析总平均工资变动中的两个因素对工资总额变动的影响。为此,只要用平均工资的固定构成指数分子分母的差额、平均工资的结构变动影响指数分子分母的差额分别乘上报告期的工人总数($\sum f_1$)即可确定。具体分析计算如下:

(1) 由于各组工人工资水平的变动而影响工资总额的变动为:

$$\left[\frac{\sum X_1 f_1}{\sum f_1} - \frac{\sum X_0 f_1}{\sum f_1}\right] \times \sum f_1 = \sum X_1 f_1 - \sum X_0 f_1 \qquad (6-29)$$

仍用上例中的资料代入,即得:

$$(530 - 480) \times 3\,000 = 150\,000(\text{元})$$

(2) 由于各组工人人数比重的变动而影响工资总额的变动为:

$$\left[\frac{\sum X_0 f_1}{\sum f_1} - \frac{\sum X_0 f_0}{\sum f_0}\right] \times \sum f_1 = \sum X_0 f_1 - \overline{X}_0 \sum f_1 \qquad (6-30)$$

按照上例中的有关数值代入(6-30)式,即得:

$$(480-580)\times 3\,000 = -300\,000(元)$$

平均工资变动而影响工资总额变动的绝对额,就是上述两个因素变动所引起的绝对额之和,亦即使工资总额减少了 150 000 元: $150\,000 - 300\,000 = -150\,000$(元)。

通过上述两种指数体系的结合应用,对工资总额变动中各个因素进行分析的结果,可以列表表明它们之间的关系,如表 6-9 所示。

表 6-9 两种指数体系结合应用下对工资总额的变动分析

	影响程度	
	指数(%)	绝对额(元)
工资总额的变动	274.14	+1 010 000
其中:(一)由于工人人数的变动	300.00	+1 160 000
(二)由于总平均工资的变动	91.4	-150 000
其中:(1)由于各组工人工资水平的变动	110.4	+150 000
(2)由于各组工人人数比重的变动	82.8	-300 000

必须指出,总量指标分解为某一数量指标与平均指标的因素乘积的例子,在经济分析中非常广泛。例如:

$$总产量 = 播种面积 \times 单位面积产量$$

$$利润额 = 企业数 \times 单位企业平均利润额$$

$$国民收入 = 劳动量 \times 劳动生产率$$

运用总量指标和平均指标相结合的因素分析方法,就可以深入揭示经济总量变动受外延和内涵因素变动的影响,说明经济变动的形态,有助于经济统计分析的深入。

第五节 指数数列

为了从数量上反映社会经济现象的发展变动过程,有时需要根据连续若干个时期的统计资料编制指数,用来反映同一个现象总体在不同时期变动程度的指数数值,按时间先后顺序加以排列就形成指数数列。由个体指数形成的指数数列属于相对数数列,其分析方法已在第五章中述及,本节主要说明由总指数形成的指数数列中的有关问题。

(一)在指数数列中,根据计算指数的基期不同,分为定基指数和环比指数

前者是指在指数数列中,各个指数都以某一个固定时期作为基期;后者是指在指数数列中,各期指数都以前一期作为基期。一般说来,当要将各个时期的现象与某一固定时期的同一现象从数量上进行对比,借以表明其动态时,应当采用定基指数数列;如果要表明各个时期的现象同前一期数量对比的动态时,则用环比指数数列。

(二) 不论是由数量指标指数或质量指标指数所形成的指数数列,都有定基指数和环比指数之分

其中涉及可变权数和不变权数的应用。

(1) 可变权数,是指在一个指数数列中,各个时期的指数所使用的权数数值随着指数的基期改变而改变。

(2) 不变权数,是指在一个指数数列中,各个指数的权数数值是固定不变的。

采用可变权数或者不变权数,对于数量指标指数数列和质量指标指数数列是不同的,现在举例说明如下：

1. 数量指标指数数列。由于计算数量指标指数时,是以基期的质量指标作权数,所以在数量指标指数数列中,其定基指数的权数固定在基期,是不变权数。而环比指数的权数随着基期的改变而改变,是可变权数。

$$\text{定基指数：} \frac{\sum Q_1 P_0}{\sum Q_0 P_0}, \frac{\sum Q_2 P_0}{\sum Q_0 P_0}, \frac{\sum Q_3 P_0}{\sum Q_0 P_0}, \cdots, \frac{\sum Q_n P_0}{\sum Q_0 P_0}$$

$$\text{环比指数：} \frac{\sum Q_1 P_0}{\sum Q_0 P_0}, \frac{\sum Q_2 P_1}{\sum Q_1 P_1}, \frac{\sum Q_3 P_2}{\sum Q_2 P_2}, \cdots, \frac{\sum Q_n P_{n-1}}{\sum Q_{n-1} P_{n-1}}$$

在统计工作中,编制产品产量综合指数时,一般采用不变价格(P_n)为权数,因此在其指数数列中,定基指数和环比指数都用不变权数：

$$\text{定基指数：} \frac{\sum Q_1 P_n}{\sum Q_0 P_n}, \frac{\sum Q_2 P_n}{\sum Q_0 P_n}, \frac{\sum Q_3 P_n}{\sum Q_0 P_n}, \cdots, \frac{\sum Q_n P_n}{\sum Q_0 P_n}$$

$$\text{环比指数：} \frac{\sum Q_1 P_n}{\sum Q_0 P_n}, \frac{\sum Q_2 P_n}{\sum Q_1 P_n}, \frac{\sum Q_3 P_n}{\sum Q_2 P_n}, \cdots, \frac{\sum Q_n P_n}{\sum Q_{n-1} P_n}$$

2. 质量指标指数数列。由于质量指标指数是以报告期的数量指标作权数,所以在一个质量指标指数数列中,不论是定基指数或环比指数,其权数随着时期的改变而采用不同的数值,因此都是可变权数：

$$\text{定基指数：} \frac{\sum P_1 Q_1}{\sum P_0 Q_1}, \frac{\sum P_2 Q_2}{\sum P_0 Q_2}, \frac{\sum P_3 Q_3}{\sum P_0 Q_3}, \cdots, \frac{\sum P_n Q_n}{\sum P_0 Q_n}$$

$$\text{环比指数：} \frac{\sum P_1 Q_1}{\sum P_0 Q_1}, \frac{\sum P_2 Q_2}{\sum P_1 Q_2}, \frac{\sum P_3 Q_3}{\sum P_2 Q_3}, \cdots, \frac{\sum P_n Q_n}{\sum P_{n-1} Q_n}$$

(三) 定基指数和环比指数之间的联系

在指数数列中,由于指数的种类和采用的权数不同,因而两者之间的联系也不相同。

无疑地,在个体指数的条件下,定基指数等于相应时期的环比指数的连乘积。而在总指数数列中,只有在不变权数的条件下,环比指数的连乘积等于相应时期的定基指数。利用这种联系,可以彼此推算,即利用环比指数求相应的定基指数,或利用定基指数求环比指数。现以不变价格为权数的产品产量综合指数为例,说明定基指数和环比指数两者间的联系如下:

(1) $$\frac{\sum Q_1 P_n}{\sum Q_0 P_n} \times \frac{\sum Q_2 P_n}{\sum Q_1 P_n} \times \frac{\sum Q_3 P_n}{\sum Q_2 P_n} = \frac{\sum Q_3 P_n}{\sum Q_0 P_n}$$

(2) $$\frac{\sum Q_2 P_n}{\sum Q_0 P_n} \div \frac{\sum Q_1 P_n}{\sum Q_0 P_n} = \frac{\sum Q_2 P_n}{\sum Q_1 P_n}$$

必须指出,不变价格就是某一时期的固定价格,使用时期不宜过长,过了一段时期后就应更换新的不变价格。因此,遇到不变价格更新时,要用交替年按新旧两种不变价格计算的换算系数来消除价格变动的影响[①];否则,编制的产品产量指数缺乏可比性。

(四) 指数数列中的基期更换

有时由于比较或研究的需要,要改变指数的基期。在以不变权数加权的指数数列中,更换基期方法比较简单。例如某地区农业总产值指数原来是以1988年为100,如表6-10中定基指数(1)所示。如果要把基期更换为1990年,只要以1990年指数数值112.8分别除原数列中各个指数数值,即得以1990年为基期的指数数列,如表6-10中定基指数(2)所示。

表6-10 指数基期更换示例 单位:%

	1988	1989	1990	1991	1992	1993	1994
定基指数(1)	100.0	108.6	112.8	120.2	133.6	146.4	171.4
定基指数(2)	88.7	96.3	100.0	106.6	118.4	129.8	151.9
环比指数	—	108.6	103.8	106.6	111.1	109.6	117.0

在上例中,农业总产值指数是按不变价格计算的,因此,不仅便于改换基期,而且根据环比指数的连乘积等于定基指数的关系,可以将上述的定基指数数列改变为环比指数数列,只要将各年的定基指数数值分别除以前一年的定基指数数值,即得出相应的环比指数数值,如表6-10中最后一行数字所列。

从上例可看出,定基指数数列适用于观察现象长期的发展变化程度及变动趋势,环比指数数列则宜用来分析现象在各个不同时期的逐期变动状况。

---

① 交替年是指开始采用新的不变价格的年份。例如,在不变价格变动的1991年,用两种不变价格计算该年的总产值,然后对比计算换算系数:

$$换算系数 = \frac{按1990年不变价格计算的1991年总产值}{按1980年不变价格计算的1991年总产值}$$

这种不变价格换算系数实质上是价格指数,用它去乘过去年份按1980年不变价格计算的产值,即可换算成按1990年不变价格计算的各年的产值。

第七章 抽样调查

第一节 抽样调查概述

一、抽样调查的概念

抽样调查是一种非全面调查,就是从调查对象的总体中随机抽取一部分单位进行调查,用这一部分单位的指标数值推断总体指标数值,也称为抽样法。它既是搜集统计资料的方法,又是对现象总体做出具有一定可靠性的估计推断的方法,在统计调查和统计分析中都有广泛的应用。

抽样调查不同于其他非全面调查。它具有以下三个基本特点:

(1) 通过抽样调查,从对象总体中取得一部分调查单位的实际资料,计算抽样的综合指标,借以对全部总体的数量特征如总体平均数、总体成数做出估计。

(2) 从全部总体中抽取一部分单位时,遵守随机原则,完全排除主观意识的作用,以保证全部总体中的每个单位都有同等的中选或不中选的可能性,所以也称为同等可能性原则。由于遵守随机原则,使抽取的一部分单位的分布状态近似于总体的分布状态,因而根据这部分单位计算的指标数值对总体特征具有较大的代表性。同时,只有遵守随机原则,才有可能计算抽样误差。可见,遵守随机原则是抽样推断的前提条件。

(3) 抽样调查只涉及全部总体中的一部分单位,因而得到的指标数值与全部总体的指标数值之间存在一定的抽样误差。这种抽样误差数值的大小可以事先通过一定的资料和公式加以测定,并且能够采取措施对误差范围进行控制,保证抽样推断的结果达到一定的可靠程度。

二、抽样调查的作用

由于抽样调查具有上述特点,不仅广泛应用于天文、气象、地质、水文和医疗防治等自然科学领域,而且在认识社会经济现象总体的数量特征方面,已日益发挥其重要的作用。

(一) 对有些事物的总体不可能进行全面调查,因而只能采用抽样调查以达到对总体数量特征的认识

例如,灯泡的寿命检验、罐头食品的质量检验、炮弹射程和杀伤力的检验和电子元件性能的检验等,都具有破坏性,不可能进行全面调查,只能通过抽样调查来推断总体的状

况。又如,有些现象的总体过大,而且其中的单位过于分散,从理论上来说,虽然可以进行全面调查,但实际上难以进行。如像对水库中的鱼苗数、森林区的木材蓄积量等进行全面调查是不可能的,只能采用抽样调查方法来推断其总体的情况。

(二) 采用抽样调查方法,可以取得事半功倍的效果

对于某些社会经济现象虽然可以进行全面调查,但要占用很多的人力、物力和时间。例如,要了解城乡人民家庭生活情况,对全国所有家庭户进行全面调查,由于调查范围太广,单位众多,往往事倍功半。因此,可以按抽样调查的原则,抽取一定户数进行调查。1984年我国城市职工家庭抽样调查,调查户数为12 500户,农民家庭抽样调查,调查户数为31 375户,由于调查单位少,调查人员经过专门训练,可以增加调查项目,为研究城乡人民的收入水平、负担情况、生活消费构成及其变动趋势、货币购买力和生活的提高情况提供比较详细的资料,并且提高了资料的准确性和时效性。其他如对农产量、物价、就业等方面进行抽样调查,均取得了良好的效果,积累了丰富的经验。

(三) 应用抽样推断方法对全面调查资料进行评价和修正

由于全面调查面广量大以及受多种主观和客观因素的影响,在调查登记和汇总整理过程中容易发生差错。特别是在进行各种普查以后,更有必要通过抽样复查对普查资料的可靠性、精确性做出正确的估计,对普查总数进行修正,以便得出更为精确、更接近实际的数字。例如我国在1982年7月1日进行的第三次人口普查结束后,通过质量抽样检查,发现重复登记人口数占0.71‰,漏报人口数占0.59‰,两者相抵,净差率仅为0.12‰,证实这次人口普查的质量超过了国际水平。①

此外,抽样调查不仅广泛应用于生产成果的检验和估计,而且对于成批或大量连续生产工业产品的工艺过程可以进行严格的质量控制,检查生产过程是否处于正常状态。实践证明,对于新工艺新技术的改革、新医疗方法的应用是否有效等,采用抽样推断对某些未知总体的假设判断其真伪,借以决定行动的取舍,均有很大的实用价值。

三、抽样推断中常用的基本概念

抽样推断就是根据抽样调查的资料,运用数理统计的原理,来推断全面情况的一种统计分析方法。学习和掌握这种方法,首先要明确抽样调查过程中常用的几个基本概念。

(一) 全及总体和抽样总体

调查对象的全部单位构成的整体,亦即具有同一性质的若干单位的集合体,称为全及总体或母体,简称总体。例如,研究全国农村居民的家庭收入情况,全部农村居民户就是所要研究的全及总体。全及总体的单位反映总体的容量,用符号 N 表示。根据总体容量 N 及其相应的变量值的个数的多少,可以分为无限总体和有限总体。对于无限总体以及

---

① 国际上公认,人口普查数字误差低于10‰就是质量较好的普查。

不可能或不必要进行全面调查的有限总体的认识,就要借助于抽样推断方法。

从全及总体中按照随机原则抽取一部分单位构成的集合体,称为抽样总体,简称子样或样本。抽样总体的单位数反映样本容量,用符号 n 表示。根据样本容量的多少,可以划分为大样本和小样本。当 $n \geqslant 30$ 时,称为大样本,在社会经济现象的抽样调查中,绝大多数采取大样本[①];当 $n < 30$ 时,称为小样本。抽样总体的单位数远比全及总体的单位数为小, n/N 称为抽样比例,通常是一个很小的数,这要根据被研究对象的性质和具体的任务来确定抽样比例。

根据调查的目的和要求,在确定调查总体时,要从内容、单位、时间和空间范围这几个方面做出具体的界定。例如,1987 年,国家为了掌握更为翔实的人口资料,进行了 1% 全国人口状况的抽样调查,共调查了 26 个项目。这次抽样调查的总体是:1987 年中(7 月 1 日零时)全国大陆人口总量,构成总体的个别单位是每个个人,抽样总体是 1% 的人口总量,抽样比是 1%。

(二) 全及指标和抽样指标

1. 全及指标

根据全及总体各个单位标志值计算的综合指标,称为全及指标。由于全及总体是唯一确定的,因此全及指标的数值也是唯一确定的,它反映总体的某种属性或特征,也称为总体参数,或称为调查目标值。

常用的全及指标有平均数、成数、标准差和方差。

(1) 全及总体某一变量有 N 个取值的算术平均数,用符号 $\overline{X}$ 表示,称为全及平均数或总体平均数。

(2) 总体中具有某种标志值的单位数在全及总体单位总数中所占的比重,称为全及成数或总体成数,用符号 P 表示。

(3) 测定全及总体标志值变异程度的指标就是总体方差 σ^2 和总体标准差 σ。

2. 抽样指标

与全及指标相对应的抽样指标,就是根据抽样总体各个单位标志值计算的综合指标,常用的抽样指标有:

(1) 抽样总体某一变量有 n 个取值(即观测值)的算术平均数,记作 $\overline{x}$,叫作抽样平均数。

(2) 样本中具有某种标志值的单位数在抽样总体单位总数中所占的比重,称为抽样频率或抽样成数,记作 p。

(3) 说明抽样总体标志值变异程度的指标,就是样本标准差,记作 S,用 S^2 表示样本方差。

对某一全及总体进行抽样调查时,可以从中抽取一个样本进行综合观察,也可以抽取几个样本进行综合观察,每个样本可以计算出相应的抽样指标。由于样本不同,抽样指标的数值也各不相同,就不是唯一确定的值。因此,抽样指标是样本变量的函数,是随机可

---

① 在社会经济统计中,样本容量 n 一般都是大于 30,所以以下的论述都以大样本为准。

变的变量。也就是说,由样本观测值所决定的统计量是随机变量。

第二节 抽样推断的基本原理

抽样推断的主要任务就是从抽样平均数($\bar{x}$)正确推断全及平均数($\bar{X}$),从抽样成数(p)正确推断全及成数(P)。从参数估计角度来说,就是要根据样本指标(样本统计量)来估计相应的总体数量特征(总体参数)。这就涉及抽样推断的方法论基础和合理的估计问题。

一、抽样推断的方法论基础

从数量方法来说,抽样推断方法是以概率论的基本理论之一的极限定理为基础的。如前所述,样本指标是随机变量,为了从总体上和理论上认识随机变量的一般规律性,需要用极限的方法。极限定理就是采用极限的方法得出随机变量概率分布的一系列定理的总称,内容广泛,其中的大数定律和中心极限定理为抽样推断提供了主要的数学依据。

(一) 大数定律

又叫大数法则,说明由大量相互独立的随机变量构成的总体,其中每个变量虽有各种不同的表现,但对这些大量的变量加以综合平均,就可以消除由偶然因素引起的个别差异,从而使总体的某一标志的规律性及其共同特征能在一定的数量和质量上表现出来。

大数定律的理论研究成果众多,为了便于说明大数定律与抽样推断的关系,以下仅介绍切比雪夫大数定理的一个特殊情况,即:设 $x_1, x_2, x_3, \cdots, x_n$ 为独立的随机变量序列,服从同一分布,且具有相同的期望值 $\mu = E(x_i)$ 以及方差 σ^2,则对于任意的正数 ε,有

$$\lim_{n \to \infty} P\left(\left| \frac{1}{n} \sum_{i=1}^{n} x_i - \mu \right| < \varepsilon \right) = 1 \tag{7-1}$$

(7-1)式表明,当样本容量 n 足够大时,样本平均数与总体平均数的偏差小于任意正数 ε 的可能性趋近于 1 的概率,亦即几乎是一定发生的,或者几乎是完全有把握的。可见,大数定理从数量关系角度阐明了样本和总体之间的内在联系,论证了随着抽样单位数 n 的增加,能够以接近于 1 的很大概率,期望抽样平均数与总体平均数的偏差为任意小。又如在第一章中提到的贝努里定理,论证了频率的稳定性,当试验次数 n 足够大,事件 A 出现的频率(μ/n)就会接近概率 P。所以在抽样调查时,可以用抽样频率(即抽样成数)作为全及成数的估计值。这就再一次说明大数定律为抽样推断和估计提供了理论依据。

(二) 中心极限定理

在社会经济现象中,有些随机变量表现为大量独立随机变量之和。例如,任一指定时

刻城市用电量是大量用户用电量的总和,一个零件的实际尺寸与标准尺寸的偏差是原材料、设备、操作技术、经营管理水平多种因素综合影响的结果,等等。中心极限定理就是研究随机变量之和在什么条件下渐近地服从正态分布。

李亚普诺夫定理是中心极限定理的重要内容之一,它研究在一定条件下,随机变量之和的极限分布渐近地服从正态分布:

设随机变量 $x_1, x_2, x_3, \cdots, x_n$ 相互独立,其期望值分别为 $E(x_1), E(x_2), E(x_3), \cdots$;其标准差分别为 $\sigma_1, \sigma_2, \sigma_3, \cdots$; $\mu = \sum_{i=1}^{n} E(x_i)$; $\sigma^2 = \sum_{i=1}^{n} \sigma_i^2$ 满足下述条件:

$$\lim_{n \to \infty} \sum_{i=1}^{n} \frac{E\{|x_i - E(x_i)|^3\}}{\sigma^3} = 0 \qquad (7-2)^{①}$$

则对任一实数 t,有

$$\lim_{n \to \infty} P\left[\frac{\sum_{i=1}^{n} x_i - \mu}{\sigma} < t\right] = \frac{1}{\sqrt{2\pi}} \int_{-\infty}^{t} e^{-\frac{t^2}{2}} dt \qquad (7-3)$$

即当 n 充分大时,$(\sum_{i=1}^{n} x_i - \mu)/\sigma$ 趋于标准正态分布,记作 $N(0,1)$。

样本平均数也是一种随机变量之和的分布,根据中心极限定理,只要在样本容量 n 充分大的条件下,不论全及总体的变量分布是否属于正态分布,其抽样平均数也趋近于正态分布,这就为抽样推断和估计提供了重要的理论依据。同时,许多属于二项分布的离散型现象,当样本容量 n 很大时,利用正态分布作为二项分布的极限式,可以解决计算某一点或某区间的概率(衡量随机事件出现可能性大小的一种尺度)时所遇到的困难问题。正因为如此,所以在抽样推断或估计中,正态分布得到了广泛的应用。

二、抽样估计的基本要求

抽样推断或估计的任务就是根据抽样指标如抽样平均数 $\bar{x}$ 或成数 p,来估计全及指标如总体平均数 $\bar{X}$ 或成数 P。被估计的全及指标是反映总体的数量特征,称为总体参数。而作为估计依据的样本指标称为统计量或估计量,它是一个随机变量,因为随着抽取的样本不同,就有许多可能的数值,亦即有许多个不同的估计值。显然,抽取一个具体样本只能得出估计量的一个估计值,不能期望它一定等于所估计的总体参数。因此,不可能根据某一次的试验结果来衡量一个估计量是否良好,而应该从多次反复试验中来判别这一估计量,是否在某种意义上能够接近于被估计的总体参数的真值。估计量如果具有无偏性、一致性和有效性这三个要求或标准,就可以认为用这种抽样指标估计全及指标是合理的估计或最佳估计。

---

① 在统计书中称为三阶中心矩,用来表示分布的偏斜程度的度量,即偏斜度。偏斜度等于零时。表明分布是对称的。

(一) 无偏性

虽然每个可能样本的抽样指标不一定等于未知的全及指标,但在多次反复估计中,要求各个抽样指标的平均数应该等于全及指标,亦即从平均意义上,抽样指标的估计是没有偏误的,这一要求称为无偏性。例如,样本平均数

$$\overline{x} = \frac{\sum x}{n}$$

是总体平均数 $[\overline{X} = E(\overline{x})]$ 的无偏估计量,亦即样本平均数的平均数(期望值)等于总体平均数。因为

$$E(\overline{x}) = E\left[\frac{\sum x}{n}\right] = \frac{\sum E(\overline{x})}{n} = E(\overline{x}) = \overline{X} \qquad (7-4)$$

一般来说,如果一个样本估计量在所估计的总体参数的上下出现的频率和取值范围相同的话,就可以认为这个估计量是一个无偏估计量。

(二) 一致性

虽然随机抽取可能样本的抽样指标和未知的全及指标存在一定的误差,但当样本单位数逐渐增大,抽样指标就越来越接近于全及指标。因此,可以说该抽样指标对全及指标是一个一致估计量。例如,抽样平均数能满足一致性的要求,因为由平均数无偏估计可知,抽样平均数的期望值等于总体平均数,当样本单位数无限增加时,根据大数定律则有:

$$\lim_{n \to \infty} P(|\overline{x} - \overline{X}| < \varepsilon) = 1$$

这就是说当 n 无限大时,抽样平均数和总体平均数的绝对离差小于任意小的正数 ε 的概率趋近于1。从这一意义上来说,抽样平均数作为总体平均数的估计量具有一致性的性质。

(三) 有效性

一个无偏估计量如果比其他无偏估计量具有较小的方差 σ^2,则该估计量就满足有效性的要求。例如,用抽样平均数或总体某一变量来估计总体平均数时,在每一次估计中,这两种估计量与总体平均数都可能有一定的离差。但每个样本经过平均后所得的估计值,不会出现原来的极端大或极端小的数值,因此,各个可能抽样平均数与总体平均数的方差,平均说来要比总体中各个变量与总体平均数的方差要小。估计量的方差是表示估计量对总体参数的离散程度的指标。抽样平均数具有较小的方差,说明抽样平均数更接近于总体平均数,所以用抽样平均数估计总体平均数,要比用总体的变量 X_i 估计总体平均数更为有效。

一个估计量如果满足无偏性、一致性和有效性这三条准则,就称其为最优估计量。数

理统计知识证明,抽样平均数$\bar{x}$和抽样成数p分别为总体平均数$\bar{X}$和总体成数P的最优估计量。

第三节 抽样误差

一、抽样误差的概念

在统计调查过程中所得出的统计数字,与客观实际数量之间存在一定的差别,统称为统计误差。由于造成统计误差的原因不同,它可以分为调查误差和代表性误差。调查误差是指在调查过程中,由于各种主观或客观因素而引起的技术性、登记性误差以及责任性误差等。代表性误差是指从抽样总体得出的指标数值与全及总体的指标数值之间可能存在的误差,它可以反映抽样总体在多大程度上代表全及总体,所以称为代表性误差。全面调查只产生调查误差,而进行抽样调查时,调查误差和代表性误差都可能发生。

代表性误差也有两种不同的情况:(1)由于破坏抽样的随机原则而产生的系统性误差,例如抽取调查单位时,调查者有意识地一贯挑选较好的或较差的单位进行调查,据此计算的抽样指标数值必然要比全及指标数值偏高或者偏低,所以这种误差也称为"偏差"。(2)随机误差是指在抽样调查过程中,按照随机原则从全及总体中抽取部分单位作为抽样总体,具有随机性或偶然性,因此抽样总体与全及总体在结构上不可能是一致的,据此计算的抽样指标数值与全及总体指标数值之间存在一定的误差。这种误差只要遵从随机原则进行抽样调查,就不可避免,只不过误差数值大小不同而已。

抽样误差是指不包括调查误差和系统性误差在内的随机误差,亦即在遵守随机原则的条件下,用抽样指标代表全及指标不可避免的误差,其中主要指抽样平均数与总体平均数的差数$(\bar{x}-\bar{X})$,抽样成数与总体成数的差数$(p-P)$。如前所述,总体平均数和成数是唯一确定的,抽样平均数和成数则是随机变量,因而抽样误差也不是唯一确定的,而是随机变量。抽样误差愈小,说明样本的代表性愈高;反之,样本的代表性愈低。

抽样误差是抽样调查所固有的、不可避免的误差,但可以按照大数定律和数理统计方法进行计算,确定其数量界限并加以控制。因此,运用抽样估计和推断,为了控制抽样误差,就应分析制约抽样误差的因素。制约抽样误差的因素主要有以下两种。

(一)抽样单位数(n)的多少

在其他条件不变的情况下,抽样误差的大小与抽样单位数的多少成反比,即抽样单位数愈多,抽样误差就愈小;反之,抽样单位数减少,抽样误差就增大。显然,如果抽样单位数扩大到与总体单位数相等时,则抽样调查就成为全面调查,抽样指标数值等同于全及指标数值,也就无所谓抽样误差了。

(二)总体被研究标志的变异程度

抽样误差的大小与全及总体标志的变异程度成正比,即总体标志的变异程度越大,抽样误差就越大;反之,总体标志的变异程度越小,抽样误差就越小。可以设想,如果总体各个标志值之间没有差异,则标志变动度(通常用标准差σ表示)等于零,从而抽样指标数值与总体指标数值就会相等,无疑地,就不会产生抽样误差问题。

此外,不同的抽样组织方式和方法也影响抽样误差。例如在第四节中将会看到,由于采用不同的抽样组织方式,所抽出的样本对于全及总体的代表性也不一样,因而就有不同的抽样误差。同时,从总体中抽样时有两种不同的方法,即重复抽样和不重复抽样,也对抽样误差有一定的影响。重复抽样就是把已经抽出的单位再放回到全及总体中,使之与其他单位仍有同等被抽出的机会,在这种抽样过程中,全及总体单位数始终是相同的。不重复抽样是指任一单位一经抽出,不再放回全及总体去参加下一次抽样,因而每抽一次,总体单位数就不断减少,其标志变异程度也会随着变小。一般说来,不重复抽样误差小于重复抽样误差。

二、抽样平均误差

事实上,抽样误差具有双重的含义。第一,是指某一次抽样结果所得的样本指标数值与总体指标数值之间的差别,可以称之为实际误差,一般是无法获知的。因为,如果知道了总体参数值,也就不需要抽样了;同时,从样本估计量是随机变量角度分析,样本估计值随每次抽出的样本不同而不同,具体某一次抽样结果的误差仅是一系列抽样结果可能出现的误差数值之一,不能用来概括一系列抽样可能结果所产生的所有实际误差。第二,是指抽样平均误差,简称平均误差,亦即一系列抽样指标(抽样平均数或抽样成数)的标准差。由于抽样平均误差概括地反映了整个抽样过程中一切可能结果的误差,表明抽样平均数(或成数)与总体平均数(或成数)的平均误差程度,因此,它既可以作为衡量抽样指标对于全及指标代表程度的一种尺度,又是计算抽样指标与全及指标之间变异范围的主要依据。在抽样理论和实践中,所谓的抽样误差一般是指抽样平均误差,它在抽样推断或估计中具有重要意义。

样本指标主要有抽样平均数和抽样成数,因此,测定样本指标的平均误差也有两种。以下分别讨论在简单随机抽样方式下,如何计算这两种样本指标的平均误差问题。

(一)抽样平均数的平均误差

如前所述,抽样平均数的平均误差就是抽样平均数的标准差,它反映抽样平均数的所有可能值对全及平均数的平均离散程度,亦即反映误差平均值的大小,所以称为抽样平均误差,记作$\mu_{\bar{x}}$。如用公式表示,可以写成如下形式:

$$\mu_{\bar{x}} = \sqrt{\frac{\sum (\bar{x}_i - \bar{X})^2}{n}} \tag{7-5}$$

式中:$\bar{x}_i$表示各个可能样本平均数($i=1,2,3,\cdots,n$);$\bar{X}$表示全及平均数;n表示在重复抽样条件下抽样的可能样本数。

(7-5)式表明抽样平均数的平均误差的实质,但不能作为实际计算的依据。因为在实际工作中,不仅没有全及平均数资料,而且也不可能连续抽取一系列所有可能的样本,往往只抽取一个样本,计算出一个抽样平均数。

因此,需要将上述公式加以转化,才能成为实际计算时可以采用的公式。根据数理统计原理可以证明,在重复简单随机抽样条件下,抽样平均误差的平方($\mu_{\bar{x}}^2$)与全及平均数的方差(σ^2)成正比,而与抽样单位数(n)成反比,如下式所示:

$$\mu_{\bar{x}}^2 = \frac{\sigma^2}{n} \tag{7-6}$$

设 $\bar{x}_i$ 为各个抽样总体的平均数,都是随机变量($i=1, 2, \cdots, n$);$\overline{X}$ 为全及平均数;E 为数学期望(平均值)。可以证明

$$\mu_{\bar{x}}^2 = E\left[\frac{\sum_{i=1}^n x_i}{n} - \overline{X}\right]^2 = E\left[\frac{\sum_{i=1}^n \bar{x}_i - n\overline{X}}{n}\right]^2 = E\left[\frac{\sum_{i=1}^n (\bar{x}_i - \overline{X})}{n}\right]^2$$

$$= E\left[\frac{(\bar{x}_1 - \overline{X}) + (\bar{x}_2 - \overline{X}) + (\bar{x}_3 - \overline{X}) + \cdots + (\bar{x}_n - \overline{X})}{n}\right]^2$$

$$= E\left[\frac{\sum_{i=1}^n (\bar{x}_i - \overline{X})^2 + 2\sum_{i \neq j}^n (\bar{x}_i - \overline{X})(\bar{x}_j - \overline{X})}{n^2}\right]$$

因为 $\sum(\bar{x}_i - \overline{X}) = 0$,于是 $2\sum_{i \neq j}^n (\bar{x}_i - \overline{X})(\bar{x}_j - \overline{X}) = 0$,则

$$\mu_{\bar{x}}^2 = \frac{1}{n^2}\left[\sum_{i=1}^n E(\bar{x}_i - \overline{X})^2 + 0\right]$$

又因 $\bar{x}_i$ 为独立并有相同的分布,因此有共同的方差,即 $E(\bar{x}_i - \overline{X})^2 = \sigma^2$,所以

$$\mu_{\bar{x}}^2 = \frac{1}{n^2}(\sigma_1^2 + \sigma_2^2 + \sigma_3^2 + \cdots + \sigma_n^2) = \frac{1}{n^2}\sum_{i=1}^n \sigma_i^2 = \frac{n\sigma^2}{n^2} = \frac{\sigma^2}{n}$$

由此可得:

$$\mu_{\bar{x}} = \sqrt{\frac{\sigma^2}{n}} = \frac{\sigma}{\sqrt{n}} \tag{7-7}$$

上式表明,抽样平均数的平均误差就是抽样平均数的标准差,所以也可以记作 $\sigma_{\bar{x}}$。它和总体标准差成正比,与样本单位数的平方根成反比,因此,如果抽样平均误差要减少 $1/2$,则样本单位数要增大到 4 倍;如果要减少为原来的平均误差的 $1/3$,则样本单位数必须扩大到 9 倍。概括地说,(7-7)式表明了抽样平均数的平均误差仅为总体标准差的 $1/\sqrt{n}$,所以抽样平均数作为估计量是更有效的,亦即证实:根据抽样平均数对未知的全及平均数可以做出具有一定程度的准确性和可靠性的估计。

采用不重复抽样时,抽中的单位不再放回,总体单位数随之而逐渐减少,余下的每个单位被抽中的机会就会增多。理论上可以证明,从一个由 N 个单位组成的全及总体中,采用不重复随机抽样取得的样本,与采用重复随机抽样取得相同抽样单位数 n 的样本相

比较,则前者能够提供准确性较高的估计。这就是说,不重复抽样的误差小于重复抽样的误差,其抽样平均误差的计算,需要在(7-7)式中乘上一个校正因子 $\left(\dfrac{N-n}{N-1}\right)$ 加以修正,如用公式表示,就成为如下的形式:

$$\mu_{\bar{x}} = \sqrt{\dfrac{\sigma^2}{n}\left(\dfrac{N-n}{N-1}\right)} = \dfrac{\sigma}{\sqrt{n}}\sqrt{\dfrac{N-n}{N-1}} \qquad (7-8)$$

在总体单位数 N 很大的情况下,校正因子的分母 $(N-1)$ 接近于 N,这个因子就可以写作 $\left(1-\dfrac{n}{N}\right)$,也称为有限总体校正系数。于是,上式也可以近似地表示为:

$$\mu_{\bar{x}} = \sqrt{\dfrac{\sigma^2}{n}\left(1-\dfrac{n}{N}\right)} = \dfrac{\sigma}{\sqrt{n}}\sqrt{1-\dfrac{n}{N}} \qquad (7-9)$$

式中的校正因子总是小于1,因此在相同的条件下,不重复抽样的平均误差总是小于重复抽样的平均误差。通常,抽样比例 (n/N) 一般是很小的,$\left(1-\dfrac{n}{N}\right)$ 仍接近于1,这对于平均误差数值的影响不大。因而在实际工作中,尤其是在没有掌握总体单位数 N 的情况下,即使采用不重复抽样方法,也可采用重复抽样条件下的(7-7)式来计算其抽样平均误差。

(二) 抽样成数的平均误差

计算抽样成数的平均误差的方法和计算抽样平均数的平均误差的方法在原则上是一样的,只要将全及成数的方差代替(7-7)式和(7-9)式中的全及平均数的方差 σ^2,即可得出计算抽样成数的平均误差(记作 μ_p)公式。

前面已经证明,全及成数的标准差为 $\sqrt{P(1-P)}$,其方差为 $P(1-P)$,用 $P(1-P)$ 代替 σ^2,即得如下的公式:

(1) 在重复抽样条件下:

$$\mu_p = \sqrt{\dfrac{P(1-P)}{n}} \qquad (7-10)$$

(2) 在不重复抽样条件下:

$$\mu_p = \sqrt{\dfrac{P(1-P)}{n}\left(1-\dfrac{n}{N}\right)} \qquad (7-11)$$

在上述计算抽样平均误差的公式中,都涉及全及平均数的标准差 σ 和全及成数的标准差 $P(1-P)$。但在抽样推断过程中,这两个指标是未知的,因此在实际工作中,一般采用样本标准差 S 和样本成数的标准差 $P(1-P)$ 来替代。

例如对某企业某时期生产的2号电池的电流强度进行1‰的抽样检查,结果见表7-1。

表 7-1 对某企业某时期生产的 2 号电池电流强度抽样检查示例

电流强度（安培）	组中值（x）	抽查电池数（个）f	$\dfrac{x-A}{i}$（$A=5.25$）	$\left(\dfrac{x-A}{i}\right)f$	$\left(\dfrac{x-A}{i}\right)^2 f$
4.5 以下	4.25	2	-2	-4	8
4.5～5.0	4.75	4	-1	-4	4
5.0～5.5	5.25	51	0	0	0
5.5～6.0	5.75	39	1	39	39
6.0～6.5	6.25	3	2	6	12
6.5 以上	6.75	1	3	3	9
合 计	—	100	—	40	72

由表 7-1 所列数据可得：

平均电流强度 $\bar{x} = 5.25 + \dfrac{40}{100} \times 0.5 = 5.45$（安培）

平均电流强度的标准差 $S = \sqrt{\dfrac{72}{100} - \left(\dfrac{40}{100}\right)^2} \times 0.5 = \sqrt{0.56} \times 0.5 = 0.374$（安培）

按国家规定，2 号电池的电流强度必须高于 5 安培才算合格，所以合格率（即抽样成数）为 $\dfrac{94}{100} = 0.94$ 或 94%，合格率的标准差为：

$$\sqrt{p(1-p)} = \sqrt{0.94(1-0.94)} = \sqrt{0.0564} = 0.237$$

由于抽样比例仅为 1‰，可以将校正因子 $\left(1-\dfrac{n}{N}\right)$ 略去不计。根据以上求出的有关指标数值，按重复抽样的平均误差公式计算：

1. 平均电流强度的平均误差：

$$\mu_{\bar{x}} = \dfrac{S}{\sqrt{n}} = \dfrac{0.374}{\sqrt{100}} = 0.0374 \text{（安培）}$$

2. 合格率（即样本成数）的平均误差：

$$\mu_p = \sqrt{\dfrac{p(1-p)}{n}} = \sqrt{\dfrac{0.0564}{100}} = \dfrac{0.237}{10} = 0.0237 \text{ 或 } 2.37\%$$

因为采用抽样平均数和抽样成数的标准差代替相应的全及指标，所以上述计算结果是近似值。数理统计理论和抽样实践证明，只要抽样组织工作合适，当总体容量（N）和样本容量（n）都足够大时，用抽样总体的标准差代替全及总体的标准差来计算抽样平均误差，可以取得有效的结果。

三、抽样极限误差

上述抽样平均误差只是衡量抽样误差的一种尺度，反映抽样指标与全及指标偏差的平均状况,而不是抽样指标数值与全及指标数值之间的实际绝对误差。这种实际绝对误差是无法求得的,只能设法将其控制在一定的可能范围内。

如前所述,全及指标数值是一个未知的确定数值,而抽样指标数值则是在全及指标数值上下两侧出现的随机变量,它与全及指标数值可能产生正或负的离差。因此,样本估计值与总体参数之间存在一个误差范围。抽样误差范围就是变动的抽样指标数值与确定的全及指标数值之间离差的可能范围。它是用一定的概率来保证抽样误差不超过某一给定的最大可能范围,这个范围的绝对值就称为抽样极限误差,又叫作置信区间,记作 Δ（希腊字母 Δ,读 Delta）。于是

(1) 抽样平均数的抽样极限误差,就是以绝对值形式表示的抽样误差的可能范围,用符号表示,即:

$$\Delta_{\bar{x}} = |\bar{x} - \bar{X}|$$

上式表明,变动的抽样平均数 $\bar{x}$ 是以确定的全及平均数 $\bar{X}$ 为中心,在 $\bar{X} \pm \Delta_{\bar{x}}$ 之间变动,因此可以将上式变换为如下的不等式:

$$\bar{X} - \Delta_{\bar{x}} \leqslant \bar{x} \leqslant \bar{X} + \Delta_{\bar{x}} \tag{7-12}$$

(2) 抽样成数的抽样极限误差,就是以绝对值形式表示的抽样误差的可能范围,用符号表示,即:

$$\Delta_p = |p - P|$$

上式表明,抽样成数 p 是以确定的全及成数 P 为中心,在 $P \pm \Delta_p$ 之间变动,所以也可以将上式变换为如下的不等式:

$$P - \Delta_p \leqslant p \leqslant P + \Delta_p \tag{7-13}$$

上述两个不等式(7-12)和(7-13)式虽然表明了抽样指标的误差可能范围,但并不符合抽样推断和估计的要求,因为它们表明的是:抽样指标数值溶在全及指标数值上限和下限的一定范围内,这等同于用全及指标来推断抽样指标。事实上,全及平均数和全及成数都是未知的,要求用实测的抽样平均数和抽样成数进行估计:亦即希望被推断的全及平均数 $\bar{X}$ 包含在 $\bar{x} \pm \Delta_{\bar{x}}$ 的范围内,全及成数 P 包含在 $p \pm \Delta_p$ 的范围内,这才符合抽样极限误差的实际意义。因此,需要将上述两个不等式加以变换。例如,由(7-12)式左边移项,结果为:

$$-\bar{x} - \Delta_{\bar{x}} \leqslant -\bar{X}, 即 \bar{X} \leqslant \bar{x} + \Delta_{\bar{x}}$$

再从右边移项,得

$$-\bar{X} \leqslant -\bar{x} + \Delta_{\bar{x}}, 即 \quad \bar{X} \geqslant \bar{x} - \Delta_{\bar{x}}$$

所以

$$\bar{x} - \Delta_{\bar{x}} \leqslant \bar{X} \leqslant \bar{x} + \Delta_{\bar{x}} \tag{7-14}$$

同理

$$p - \Delta_p \leqslant P \leqslant p + \Delta_p \tag{7-15}$$

(7-14)式和(7-15)式两个不等式适应抽样估计的要求,即表述为被估计的全及指标数值包含在抽样指标数值上限和下限的范围内。其中的区间$(\bar{x}-\Delta_{\bar{x}},\bar{x}+\Delta_{\bar{x}})$称为平均数的估计区间,另一区间$(p-\Delta_p,p+\Delta_p)$则称为成数的估计区间。估计全及平均数或全及成数包含在上述相应的范围之内,叫作区间估计。

四、抽样估计的可信程度

抽样平均误差是衡量误差范围的尺度,它表明抽样估计的准确程度;抽样极限误差则是表明抽样估计准确程度的可能范围。进行抽样估计,既要考虑其准确程度,又应考虑全及指标包含在给定范围内的概率有多大,这就要研究其估计的可信程度或可靠程度。准确程度和可信程度是抽样估计中的两个密切相连的问题。

基于理论上的要求,抽样极限误差通常是以抽样平均误差作为标准单位来衡量的,亦即用$\mu_{\bar{x}}$或μ_p分别除$\Delta_{\bar{x}}$或Δ_p,得出相对数t,称为概率度,表示相对误差范围。用公式表示,即:

$$t=\frac{\Delta_{\bar{x}}}{\mu_{\bar{x}}};\ t=\frac{\Delta_p}{\mu_p}$$

上述表明了抽样极限误差Δ与抽样平均误差μ的相对关系,因此,抽样极限误差(即抽样误差范围)也可以表示为抽样平均误差的若干倍,其倍数即概率度t:

$$\Delta_{\bar{x}}=|\bar{x}-\overline{X}|=t\mu_{\bar{x}}=t\sqrt{\frac{\sigma^2}{n}}=t\frac{\sigma}{\sqrt{n}} \qquad (7-16)$$

$$\Delta_p=|p-P|=t\mu_p=t\sqrt{\frac{P(1-P)}{n}} \qquad (7-17)$$

(7-16)式和(7-17)式的实际意义可以概括如下:抽样极限误差即抽样误差范围Δ可以用t倍的抽样平均误差来表示,在抽样平均误差μ为一定的条件下,当概率度t的值数越大,则抽样误差范围Δ越大,估计抽样平均数或成数落在误差范围内的概率越大。事实上,抽样平均数或成数是已测定的值,不需要估计,需要估计的则是全及平均数或成数包含在误差范围内的概率。前面已经证明,(7-12)式和(7-13)式这两个不等式与(7-14)式和(7-15)式是等价的,它们所反映的两个相应的区间的概率也应该是相等的。因此可以说,在μ为一定的条件下,t的数值越大,Δ值也越大,估计全及平均数或成数包含在相应的区间范围内的概率就越大,从而抽样估计的可信程度也就越高。反之,t的数值越小,则Δ越小,抽样估计的可信程度也就越低。

抽样估计的可信程度一般用概率P_r表示,概率度t值的大小决定P_r的大小,P_r就是t的函数,即$P_r=F(t)$,表明概率分布是概率度的函数。因此,要确定抽样估计的可信程度,就是要确定抽样平均数(或成数)落在一定区间的概率P_r,因而必须研究抽样平均数或成数的概率分布。

不难理解,从一个全及总体中连续进行多次抽样,可以取得一系列的样本,求出各个样本的平均数(或成数),形成一个抽样平均数(或成数)的概率分布。抽样平均数(或成数)的概率分布与全及总体变量的概率分布有关,但在实际工作中,通常并不知道全及总体的变量分布是否是正态分布。根据中心极限定理证明,不论全及总体的分布是正态的或是非正态的,只要样本容量足够大(一般以 $n \geqslant 30$ 为标准),则抽样平均数(或成数)的分布,逼近于全及平均数(或成数)为对称中心的正态分布。它的主要特点是:

(1) 若干个抽样平均数(或成数)大于或小于全及平均数(或成数)的概率分布是完全对称的,亦即正误差和负误差的可能性(即概率)是完全一致的。

(2) 抽样平均数(或成数)愈接近于全及平均数(或成数),其出现的可能性(即概率 P_r)愈大;反之,越远离全及平均数(或成数),其概率就越小。距离越大,其概率趋近于零。随着概率度 t 的增大,概率 P_r 的数值即 $F(t)$ 也随之而增大,逐渐接近于 1。这说明预定的概率保证程度愈大,则抽样推断估计的可信程度愈大。

对社会经济现象总体的抽样估计,一般都采用大样本资料,而且样本容量远远超过 30 以上,其抽样平均数(或成数)无疑地接近于正态分布,并具有上述的特性。因此,可以按正态分布和正态概率积分表来估计抽样平均数(或成数)落在一定范围内的概率,亦即推定全及平均数(或成数)包含在置信区间内的概率。

概率论和数理统计证明,给定不同的 t 值,可以计算出相应的 $F(t)$。因此,把概率度 t 和抽样误差范围 $\Delta = t\mu$ 联系起来,应用正态分布概率表(见本书附录二),就可以得出抽样推断全及指标包含在一定范围内的概率保证程度。例如:

当 $t = 1$ 时,$P_r(|\bar{x} - \overline{X}| \leqslant 1\mu_{\bar{x}}) = F(1) = 68.27\%$

当 $t = 2$ 时,$P_r(|\bar{x} - \overline{X}| \leqslant 2\mu_{\bar{x}}) = F(2) = 95.45\%$

当 $t = 3$ 时,$P_r(|\bar{x} - \overline{X}| \leqslant 3\mu_{\bar{x}}) = F(3) = 99.73\%$

以上列举了 t、Δ 和 $F(t)$ 之间的函数数量关系,可以用正态分布示意图 7.1 来表示。

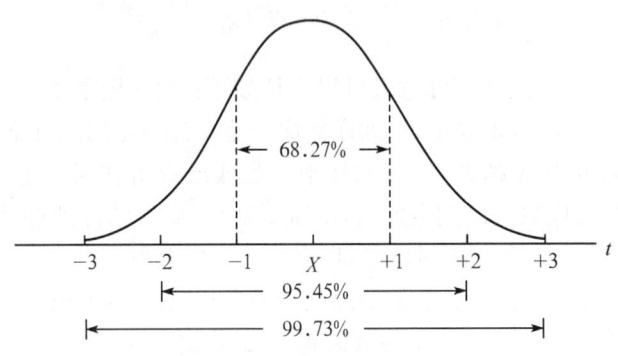

图 7.1 正态分布图

如图 7.1 中所示,正态分布曲线与横轴所围成的概率面积 $F(t)$ 等于 1。在以 $\overline{X}$ 为中心加减 1 个 $\mu_{\bar{x}}$ 的范围内包括的曲线面积为 68.27%,表明当 $t = 1$ 时,推断 $\overline{X}$ 包含在 $[\bar{x} - 1\mu_{\bar{x}}, \bar{x} + 1\mu_{\bar{x}}]$ 区间内的概率为 68.27%,也可以说这种推断的把握程度为 68.27%。在 $\bar{x} \pm 2\mu_{\bar{x}}$ 的范围内,包括的曲线面积为 95.45%,表明当 $t = 2$ 时,推断 $\overline{X}$ 包含在 $[\bar{x} - 2\mu_{\bar{x}}, \bar{x} + 2\mu_{\bar{x}}]$ 区间内的概率为 95.45%。在 $\bar{x} \pm 3\mu_{\bar{x}}$ 范围内包括的曲线面积为 99.73%,表明当 $t = 3$ 时,推断 $\overline{X}$ 包含在 $[\bar{x} - 3\mu_{\bar{x}}, \bar{x} + 3\mu_{\bar{x}}]$ 区间内的概率为 99.73%。综上所述,可见合乎正态分布的随机变量如抽样平均数或成数,它出现的概率就是 $\bar{x} \pm t\mu$ 范围内包括的

面积在整个正态曲线面积中所占的比例,可以用来表明在一定误差范围内进行抽样估计的可信程度或把握程度。这里所说的概率为 68.27%、95.45% 或 99.73% 等,是就抽样的全部可能结果而言的。比如,$\overline{X}$ 包含在 $[\overline{x}-3\mu_{\overline{x}}, \overline{x}+3\mu_{\overline{x}}]$ 区间内的概率为 99.73%,是就所有可能的抽样结果来说的,即在 10 000 次试验中,$\overline{X}$ 包含在该区间内的次数为 9 973 次,超出该区间的可能性为 0.27%,即 27 次。

以上说明了抽样极限误差(也叫允许误差)、概率度和概率之间存在一定的数量关系,即 $\Delta = t\mu$,这种数量关系为实际应用抽样推断提供了科学依据。因此,根据样本资料确定抽样的估计值以后,须视具体情况和目的要求,研究允许的误差范围和相应的概率保证程度,以便推断估计有关的全及指标。一般可以考虑采用下述两种方式进行估计:

(1) 按预定的概率保证程度 $F(t)$ 来估计抽样误差可能范围 Δ。例如,在 95% 的可靠程度(即概率保证程度)下,试对表 7-1 中的该批电池的平均电流强度做出估计。

解:已知电池平均电流强度 $\overline{x} = 5.45$ 安培,在重复抽样条件下的平均误差 $\mu_{\overline{x}} = 0.037\ 4$ 安培,预定的概率保证程度 $F(t)$ 为 95%,查正态分布概率表,得出对应的 t 值为 1.96,所以

$$\Delta_{\overline{x}} = t\mu_{\overline{x}} = 1.96 \times 0.037\ 4 = 0.073\ 3 (\text{安培})$$

则

$$\overline{x} - t\mu_{\overline{x}} \leqslant \overline{X} \leqslant \overline{x} + t\mu_{\overline{x}}$$
$$5.45 - 0.073\ 7 \leqslant \overline{X} \leqslant 5.45 + 0.073\ 3$$
$$5.376\ 7 \leqslant \overline{X} \leqslant 5.523\ 3$$

计算结果表明,该批 2 号电池的平均电流强度在 5.376 7~5.523 3 安培之间,其可靠程度为 95%。

(2) 事先提出允许的误差范围 Δ,计算相应的估计可信程度(即概率保证程度)。例如,某农场种植小麦 5 000 亩,收获前夕随机抽取 25 亩进行实割实测,测得平均亩产 500 千克,标准差为 50 千克,试求全部 5 000 亩小麦的平均亩产在 480~520 千克之间的概率。

解:

已知 $\overline{x} = 500$ 千克,$S = 50$ 千克,则 $\mu_{\overline{x}} = \dfrac{S}{\sqrt{n}} = \dfrac{50}{\sqrt{25}} = 10 (\text{千克})$,于是

$$t = \frac{\Delta_{\overline{x}}}{\mu_{\overline{x}}} = \frac{|480 - 500|}{10} = 2$$

所以 $P_r(500 - 20 \leqslant \overline{X} \leqslant 500 + 20) = F(2) = 0.954\ 5$

以上求出的概率表明,如果推断估计该农场全部小麦的平均亩产为 500 千克,这种推断估计误差不超过 20 千克的可信程度或把握程度为 95.45%。

综上所述,可见在平均误差 μ 为一定时,概率度 t 决定抽样极限误差 Δ,t 值增大,估计的精度随之降低。如果 t 值增大,则概率保证程度 $F(t)$ 也随之增大,从而估计的可信程

度也就随之而提高。但是 t 值太大，虽然可以使抽样估计的可信程度接近于 100%，而允许的抽样极限误差就会过分地扩大，因而降低了抽样估计的实际意义。这说明对于抽样估计的可信程度和精确程度的要求是相互矛盾的，因此在实际估计工作中，应该采取全面考虑、适当兼顾的决策。在抽样调查经费和调查力量许可的条件下，可以扩大样本容量，则抽样平均误差 $\mu_{\bar{x}} = \dfrac{S}{\sqrt{n}}$ 就会缩小，从而导致抽样极限误差 $\Delta_{\bar{x}} = t\mu_{\bar{x}}$ 的缩小。这样，就有助于在满足估计的可信程度的同时，又保证了一定的精度。

第四节 抽样调查的组织方式及其误差的计算

抽样调查的目的或主要任务就在于推断或估计全及总体的数量特征，而抽样推断或估计的基础则是样本。因此，科学地组织抽样调查，就是按照随机原则从全及总体中抽取样本单位，合理有效地取得所需的样本。

根据随机抽样原则，结合具体研究对象的性质以及调查工作的目的和条件，在统计工作实践中主要采用四种抽样调查的组织方式，即纯随机抽样、机械抽样、类型抽样和整群抽样。不同的抽样组织方式所抽取的样本对于全及总体的代表性也就不相同，从而有不同的抽样误差。

一、纯随机抽样

纯随机抽样也叫简单随机抽样，是对所研究的全及总体中的所有单位，不进行分组或排队，随机地从其中抽取一定数目的单位进行调查。随机抽取样本单位的具体做法，一般是先将全及总体各个单位编号，按编号填写在一定格式的卡片或纸签上，充分混合后，从中逐个抽取，抽到哪一个号码就作为调查单位，直至抽到预定的抽样单位数目为止，这就是用于手工方式的抽签法。有时，也可以用摇号机摇出编号中的任意号码，确定随机抽中的样本单位。此外，也可以用随机数字表（见附录一）来抽取样本单位，以组成所需要的样本。随机数字表虽有各种不同的样式，但其中组成的数字完全是随机的，即每个数字都不会比其他数字有更多的出现机会，完全符合随机原则，所以可以作为随机抽样的工具。为了便于理解使用随机数字表进行抽取样本的基本方法，以假设的简单例子说明如下：

假如要从全及总体的 35 个单位中随机抽取 5 个单位，先应将总体单位按 1 到 35 编号。由于编号最多是两位数，而附录一中的随机数字表是以两位数字为一组，所以在该表中可以任意取某一行或某一列中的数字，凡是属于 1 到 35 以内的数码，就是代表可能抽中的单位。假定不先观察随机数字表，随机确定从该表的第五行第一列数字作为起点数字，并随机确定由此开始向右方顺次抽取应该抽取的调查单位的号码；接着按照确定的第五行第一列数字开始，即在表中的"02"开始，因为这一数字在编号范围内，记录下来，即为抽中单位；再顺次向右数为"63"，超出了编号范围，不适用；其右边就是"21"和"17"，都在编号范围内，都应记录下来，作为样本单位；再往右边数，"69，71，50，…，38"超出了范围，都不能用；依次向右可以取出"15"和"11"作为样本单位。至此，可以确定第 2，21，

17，15，11号5个单位组成一个样本。

顺便指出，如果总体单位较多，应用随机数字时，只要把所抽的号码数字位数放宽即可。例如要从5 000个总体单位中抽取50个样本单位，先将总体单位按0～4 999编号，然后从随机数字表中随机取四位数字，即由一列中的四行数字组成，或由一行中的四列数字组成，按一定的方向（向左、右、上、下任意确定的方向）逐次按表中数字决定应抽取的单位号码，直到取足50个样本单位为止。如遇有重复的数字，不宜采用。

从理论上来说，纯随机抽样最符合抽样调查的随机原则，有关抽样调查的基本原理和方法，都是在纯随机抽样的基础上建立的，它已成为抽样调查的基本形式。但在实际应用方面却有一定的局限性，例如当全及总体的编号量 N 很大，要事先对每个单位一一加以编号，面广量大，有时几乎是不可能的。特别是对于正在连续大量生产的工业产品进行质量抽查，无法对全部产品进行编号抽样。基于上述原因，一般很少采用纯随机抽样。当然，在全及总体单位数并不太大，而且总体单位之间差异较小的情况下，纯随机抽样方式简便易行。

在第三节中论述抽样误差以及抽样估计方面的基本原理，都是从纯随机抽样组织方式出发的，其中涉及的抽样平均误差公式和抽样极限误差公式就是纯随机抽样方式的抽样误差公式，所以不再重复罗列。

二、机械抽样

机械抽样就是先将全及总体所有单位按某一标志顺序编号排列，列出有关的人名、地点、企业单位或地理位置的目录，然后按照固定顺序和相等的空间距离或间隔，从中抽取样本单位的一种抽样组织方式。因此，机械抽样也称为等距抽样或系统抽样。

根据需要抽取的样本单位数（n）和全及总体单位数（N），可以计算出抽取各个样本单位之间的距离或间隔，即 $K = N/n$，这就等同于将排列的全部总体单位划分为 K 个相等的间隔。① 然后按此间隔依次抽取必要的样本单位。例如，要从某企业全部5 000名工人中，随机抽取100人进行家庭收入水平调查时，可按与研究目的无直接关系的所谓"无关标志"编号排列，即通常采用按姓名笔画多少顺序编号排列，然后每隔50名（$K = 5\,000 \div 100 = 50$）抽取一名工人。如果在第一个间隔内的第1至第50人中随机确定抽取第6号工人作为起点，即作为第一个样本单位，以后每隔50人抽取一名，依次抽第56，106，156，…，直到第956为止，总共抽取50名工人组成一个抽样总体。

组织机械抽样，一般可以保证被抽取的单位在全及总体中均匀地分布。按照有关标志排列时，即所用的按顺序排列的标志与实际调查的标志之间有密切联系，例如农产量调查按平均亩产量的高低依次排列，职工家计调查按平均工资的多少顺序排列，等等。这样的机械抽样所组成的样本可以缩小各单位之间的差异程度，要比按无关标志排列的机械抽样更为优越。如果按照有关标志排列顺序，而且又从第一个间隔内居中的一个单位作为起点，随后按一定的间隔抽取一个单位，直至最后一个样本单位为止，其效果更好。因

---

① 在 K 个相等的间隔中，每个间隔都包括 n 个单位。

为每个间隔内居中的单位不仅在位置上是中项,而且也就是该间隔内标志值的中位数,因此由这些抽到的单位所构成的样本,能够更充分地代表全及总体,取得更可靠的结果。实质上,按有关标志排列进行等距抽样,已具有以下所述的类型抽样的性质,有利于提高资料的准确性。

应用机械抽样方式抽取样本单位时,必须避免抽样间隔和现象本身的节奏性或循环周期相重合。例如,农作物产量实割实测的抽样调查,农作物的抽样间隔就不宜和垄的长度或间距相重合;工业产品质量抽查时,产品抽样的时间间隔不宜和上下班时间相一致。否则,就会产生系统性偏差,从而影响样本的代表性。

因为机械抽样是不重复的抽样,而且它的抽样误差不仅取决于全及总体单位的标志变动度,而且又取决于各个抽样间隔的标志变动度,所以从理论上来说,其抽样平均误差公式应该是:

$$\mu_{\bar{x}} = \sqrt{\frac{\overline{\sigma^2}}{n}\left(1 - \frac{n}{N}\right)} \qquad (7-18)$$

$$\mu_p = \sqrt{\frac{\overline{P(1-P)}}{n}\left(1 - \frac{n}{N}\right)} \qquad (7-19)$$

在上述公式中,$\overline{\sigma^2}$、$\overline{P(1-P)}$ 是各个间隔内的方差的平均数,因此,先要分别计算出每个间隔内的方差 σ_i^2 和 $P_i(1-P_i)$,然后才能计算其平均数,即:

$$\overline{\sigma^2} = \frac{\sum \sigma_i^2}{n}; \quad \overline{P(1-P)} = \frac{\sum P_i(1-P_i)}{n}$$

计算方差平均数时所用的 n,应该理解为间隔的个数。事实上,每个间隔中包含有 K 个总体单位,从中随机抽取一个单位,其余的单位一般是未知的,因此每一间隔内的方差不能计算,同时也就无法用抽样资料替代。基于上述原因,直接计算机械抽样的平均误差是一个相当复杂的问题,只能用间接的方法计算其近似值。一般认为,如果用来排定顺序的标志与所要研究的目的没有关系,则机械抽样的过程接近于纯随机抽样,它们的抽样误差也就相差不大。为了简便起见,机械抽样的平均误差可以采用纯随机抽样的误差公式近似地反映,即:

$$\mu_{\bar{x}} = \sqrt{\frac{S}{n}\left(1 - \frac{n}{N}\right)} \qquad (7-20)$$

$$\mu_p = \sqrt{\frac{p(1-p)}{n}\left(1 - \frac{n}{N}\right)} \qquad (7-21)$$

上述公式中,S^2 为样本平均数的方差,$p(1-p)$ 为样本成数的方差。

三、类型抽样

类型抽样就是先将全及总体中的所有单位按某一主要标志分组(或分类,或划分层次),然后在各组中采用纯随机抽样或机械抽样方式,抽取一定数目的调查单位构成所需的样本。因此,类型抽样又称为分类抽样或分层抽样。在实际工作中广泛应用类型抽样,例如农作物产量抽样调查按地区分组,家计调查按国民经济部门分类等,然后再从各类型区或组中抽取调查单位进行调查,都取得了良好的效果。

类型抽样实质上就是分组法与抽样原理的结合运用。通过分组,可以把全及总体分成性质比较接近的类型组,使组内标志值之间的差异缩小,亦即缩小了组内方差。同时,按随机原则在各类型组中抽取一定数目的样本单位,使样本单位的分布更接近于全及总体的分布,从而可以提高样本的代表性,缩小抽样误差。实践证明,在全及总体单位数较多,内部构成情况比较复杂,标志变动程度较大的情况下,采用类型抽样要比纯随机抽样或机械抽样取得更为满意的结果。

将全及总体划类分组后,在既定的样本容量条件下,如何确定各组(层)的抽样单位数目,常用的样本容量 n 在各层间分配的方法有:

1. 比例分配法

比例分配法是指样本额在各层分配时,使各层样本容量 n_i 与各层总体容量 N_i 成比例,因此层样本容量在整个样本容量 n 中所占份额与层总体容量在整个总体容量中所占份额相等。即:

$$\frac{n_i}{n} = \frac{N_i}{N}$$

这样各层样本容量为:

$$n_i = \frac{N_i}{N} \times n \quad (i = 1, 2, \cdots, k) \tag{7-22}$$

在比例分配下,各层的抽样比(f_i)都相同,都等于总样本的抽样比(f)。由于这一性质,使得按比例分层抽样的有关公式得以简化。

2. 适度分配法

由于抽样误差的大小,主要取决于各单位的标志变异程度,所以各层样本容量也应根据各层单位的变异程度的大小来分配,才比较合理。即变异程度大的层,抽取的单位数目应多一些;反之抽取的单位数可少一些。特别如某层各单位的调查标志值都一样,则只抽一个单位即可完全代表这个层。设 $\sigma_1, \sigma_2, \cdots, \sigma_k$ 代表各层标准差,则各层样本单位数同各层总体单位数和各层标准差乘积的比例相同,即:

$$\frac{n_i}{n} = \frac{N_i \sigma_i}{\sum_{i=1}^{k} N_i \sigma_i}$$

则各层的样本单位数为:

$$n_i = \frac{N_i \sigma_i}{\sum_{i=1}^{k} N_i \sigma_i} \times n \tag{7-23}$$

由于适度分配法将比例分配和按变异程度分配均考虑了,是比较合理的。但这种方法还缺少抽样费用因素的考虑。

3. 最优分配法

各层除了考虑单位数目和变异程度不同以外,调查费用还可能有所差别。最优分配法考虑了费用约束,对于费用较低的层,相对可多抽些,而费用较高的层,则可以少抽些。设 C_1,C_2,…,C_k 代表各层每单位的平均调查费用,由于样本单位与调查费用的平方根成反比,故应该保持下列比例相等,达到在一定的调查费用的情况下,抽样误差最小,或在一定的抽样误差下调查费用最少。根据求极值的原理可确定下式:

$$\frac{n_i}{n} = \frac{N_i \sigma_i / \sqrt{C_i}}{\sum_{i=1}^{k} N_i \sigma_i / \sqrt{C_i}}$$

则各层的样本单位数为:

$$n_i = \frac{N_i \sigma_i / \sqrt{C_i}}{\sum_{i=1}^{k} N_i \sigma_i / \sqrt{C_i}} \times n \qquad (7-24)$$

上述方法综合考虑了三个因素,故称为最优分配法。实际运用中采用最优分配法需事先对各层的标准差有所了解,这就客观上制约了这种方法的使用。统计实践中,一般经常采用比例分配法,该方法简单易行,便于推广。尽管如此,最优分配法仍为我们对分层抽样分配样本提供了行动准则:即这一层单位数目多,层内标志变异程度大,层平均调查费用低,则这一层应多分配些样本数目。实践中,若在比例分配法的基础上,根据上述准则做适当调整,也许会得到较为满意的分层样本。

下面举一例说明各种样本分配方法,见表7-2。

表7-2 类型抽样样本数目分配方法示例表

分层	亩数 N_i	亩产均方差 σ_i	平均每亩调查费用 C_i	各层抽样单位数目 n_i		
				比例分配法	适度分配法	最优分配法
山区	2 000	300	400	185	247	202
平原	6 000	200	225	555	493	538
合计	8 000	—	—	740	740	740

根据各个类型组抽出的样本单位,可以分别求出每一组的抽样平均数($\bar{x}_i$)和抽样成数(p_i),然后以各组的总体单位数(N_i)或样本单位数(n_i)为权数,计算抽样总体的抽样平均数($\bar{x}$)和成数(p):

$$\bar{x} = \frac{\sum_{i=1}^{k} N_i \bar{x}_i}{N} \text{ 或 } \bar{x} = \frac{\sum_{i=1}^{k} n_i \bar{x}_i}{n} \qquad (7-25)$$

$$p = \frac{\sum_{i=1}^{k} N_i p_i}{N} \text{ 或 } p = \frac{\sum_{i=1}^{k} n_i p_i}{n} \qquad (7-26)$$

由于类型比例抽样的平均误差不仅取决于样本容量（n），而且取决于各类型组组内方差（σ_i^2）的平均数（$\overline{\sigma^2}$），因此，当测定总体平均数指标时，在重复抽样条件下，其抽样平均误差公式为：

$$\mu_{\bar{x}} = \sqrt{\frac{\overline{\sigma^2}}{n}} \tag{7-27}$$

式中：

$$\overline{\sigma^2} = \frac{\sum_{i=1}^{k} N_i \sigma_i^2}{N} \text{ 或 } \frac{\sum_{i=1}^{k} n_i \sigma_i^2}{n} \tag{7-28}$$

从（7-27）式中可以知道，类型抽样的抽样平均误差取决于各层层内方差的大小，总体单位在层间的标志值的差异并不进入到脚的公式计算中，所以，当层的划分使层间标志差异较大而层内单位差异较小时，分层抽样的估计量较之简单随机抽样的估计量精度要高。这除了分层样本组织较好地体现样本结构与总体结构相一致的原则外，根据方差的加法定理可以知道，总体方差可以分解为组内方差平均数和组间方差，即 $\sigma^2 = \overline{\sigma^2} + \delta^2$，可见，组内方差的平均数一般小于总方差，这表明，类型抽样的平均误差一般小于同样容量大小的纯随机抽样的平均误差。

同理，当测定总体成数指标时，在重复抽样条件下的平均误差公式为

$$\mu_p = \sqrt{\frac{\overline{P(1-P)}}{n}} \tag{7-29}$$

其中：

$$\overline{P(1-P)} = \frac{\sum P_i(1-P_i)N_i}{N} \text{ 或 } \frac{\sum p_i(1-p_i)n_i}{n} \tag{7-30}$$

在不重复抽样条件下，抽样平均数和抽样成数的平均误差公式分别为：

$$\mu_{\bar{x}} = \sqrt{\frac{\overline{\sigma^2}}{n}\left(1 - \frac{n}{N}\right)} \tag{7-31}$$

$$\mu_p = \sqrt{\frac{\overline{P(1-P)}}{n}\left(1 - \frac{n}{N}\right)} \tag{7-32}$$

在通常情况下，全及总体各类型组的组内方差和成数是未知的，可以用各类型组的样本标准差的平方以及样本成数代替。现举例说明类型比例抽样的平均误差的计算，如表7-3所示。假设某农场种植小麦1 200亩，根据其地理条件划分为甲、乙、丙三类，按5%的比例总共抽取60亩进行调查，其结果如下。

表 7-3

麦田类别	全部面积 N_i(亩)	抽查面积 n_i(亩)	抽样平均亩产 $\overline{x}$(千克)	亩产标准差 σ_i(千克)	样本中的高产田 亩数	样本中的高产田 比重(P_i)
甲	600	30	600	20	24	0.8
乙	360	18	460	25	12	0.6
丙	240	12	400	36	6	0.5
合计	1 200	60	518	25.4	42	0.7

(1) 类型比例抽样的抽样平均数的平均误差计算如下:

$$\overline{x} = \frac{\sum n_i \overline{x}_i}{n} = \frac{30 \times 600 + 18 \times 460 + 12 \times 400}{30 + 18 + 12} = \frac{31\,080}{60} = 518(千克)$$

$$\overline{\sigma^2} = \frac{\sum n_i \sigma_i^2}{n} = \frac{30 \times 20^2 + 18 \times 25^2 + 12 \times 36^2}{30 + 18 + 12}$$

$$= \frac{12\,000 + 11\,250 + 15\,552}{60} = \frac{38\,802}{60} = 646.7(千克)$$

$$\mu_{\overline{x}} = \sqrt{\frac{\overline{\sigma^2}}{n}} = \sqrt{\frac{646.7}{60}} = 3.3(千克)$$

(2) 类型比例抽样的抽样成数的平均误差计算如下:

$$\overline{p(1-p)} = \frac{\sum p_i(1-p_i)n_i}{\sum n_i} = \frac{0.16 \times 30 + 0.24 \times 18 + 0.25 \times 12}{30 + 18 + 12}$$

$$= \frac{4.8 + 4.32 + 3.0}{30 + 18 + 12} = \frac{12.12}{60} = 0.202 \text{ 或 } 20.2\%$$

$$\mu_p = \sqrt{\frac{\overline{P(1-P)}}{n}} = \sqrt{\frac{0.202}{60}} = 0.058 \text{ 或 } 5.8\%$$

在上例中,因抽样比例仅为5%,故按重复抽样条件下的平均误差公式计算。

四、整群抽样

以上所述的三种抽样组织方式,都是从全及总体中的各个基本单位逐个地抽取,组成所需要的样本。但在某些情况下,由于研究对象的特点和条件限制,并不适宜采用逐个地抽取样本单位,而要以整群、整批为单位进行抽样研究。

所谓整群抽样就是将全及总体单位划分为若干群或组,然后按纯随机抽样或等距抽样方式,从中成群或成组地抽取样本单位,对抽中的群或组的所有单位进行全面调查的一种抽样组织方式。例如,对成批连续生产的工业产品,取10%的产品进行质量检查,一般是在其生产过程中每隔10小时就抽取1小时的全部产品为单位,进行检查。又如抽查农户经济收入状况,可按村为单位抽选,然后对抽中的村的全部农户进行调查。

设全及总体单位划分为 R 个群,每个群包含的单位数为 M;从全及总体的 R 个群中随机抽取 r 个群组成一个样本,对抽中的 r 群中的所有 rM 个总体单位进行调查。根据样本数据,计算抽样平均误差的步骤可以归纳如下:

(1) 计算各群的样本平均数。样本中第 i 群第 j 单位的标志值为 x_{ij},并有 M 个单位,则第 i 群的样本平均数为:

$$\bar{x}_i = \frac{1}{M}\sum_{j=1}^{M} x_{ij} \qquad i=1,2,3,\cdots,r; j=1,2,3,\cdots,M \tag{7-33}$$

同样,第 i 群的样本成数的平均数为:

$$p_i = \frac{1}{M}\sum_{j=1}^{M} p_{ij} \tag{7-34}$$

(2) 计算样本平均数或样本成数的平均数:

$$\bar{x} = \frac{\sum_{i=1}^{r}\sum_{j=1}^{M} x_{ij}}{rM} = \frac{\sum_{i=1}^{r} \bar{x}_i}{r} \tag{7-35}$$

$$p = \frac{\sum p_i}{r} \tag{7-36}$$

(3) 整群抽样的精确程度是用抽样平均误差来衡量的,其抽样平均误差不仅取决于抽样群数 r,而且取决于各群间(或各组间)的标志变异程度,即各群间标志变异程度愈大,则抽样平均误差就愈大;反之,抽样平均误差就愈小。测定各群间标志变异程度的指标,称为群(组)间方差,即各群平均数或成数对全及平均数或成数的标准差的平方:

$$\text{平均数的群间方差 } \delta_{\bar{x}}^2 = \frac{\sum(\overline{X}_i - \overline{X})^2}{R} \tag{7-37}$$

在实际工作中,因不知道全及平均数,可用样本群(组)间方差替代,即:

$$\delta_{\bar{x}}^2 = \frac{\sum(\bar{x}_i - \bar{x})^2}{r} \tag{7-38}$$

在上述两个公式中:$\overline{X}_i$ 是全及总体中各群(组)的平均数,$\overline{X}$ 是全及平均数;$\bar{x}_i$ 是样本中各群(组)的平均数,$\bar{x}$ 则是整个样本的平均数。

$$\text{成数的群间方差 } \delta_p^2 = \frac{\sum(P_i - P)^2}{R} \tag{7-39}$$

在未知全及成数的情况下,可用样本成数替代,即:

$$\delta_p^2 = \frac{\sum(p_i - p)^2}{r} \tag{7-40}$$

在上述两个公式中:P_i 为全及总体各群的成数,P 为全及成数;p_i 为样本中各群的成数,

p 为整个样本的成数。

(4)整群抽样一般都采用不重复抽样方法进行,其抽样平均误差公式分别为:

$$\mu_{\bar{x}} = \sqrt{\frac{\delta_{\bar{x}}^2}{r}\left(\frac{R-r}{R-1}\right)} \tag{7-41}$$

$$\mu_p = \sqrt{\frac{\delta_p^2}{r}\left(\frac{R-r}{R-1}\right)} \tag{7-42}$$

当全及总体群(组)数 R 足够多,而抽样群(组)数 r 又较少时,则上式中的校正因子可以按 $\left(1-\frac{r}{R}\right)$ 计算。

与纯随机抽样相比,整群抽样平均误差计算公式的不同之处在于以群间方差替代总方差计算。因为对抽取的一个群进行的是全面调查,所以,总体的群内方差不影响抽样误差,这与类型抽样误差的计算正好相反。

假设某水泥厂大量连续生产 100 千克袋装水泥,一昼夜产量为 14 400 袋,平均每分钟为 10 袋。为了检验水泥包装工序的质量,确定每隔 144 分钟抽取一分钟的水泥产量(即 10 袋水泥为一群),在某日一昼夜共抽 10 分钟的产量为 10×10 袋=100 袋水泥进行综合观察。在这种情况下,全及总体分为 1 440 个群,即 $R = 24 \times 60 = 1 440$,抽样群数 $r = 1 440 \div 144 = 10$。

根据样本数据,计算各个群的水泥每袋重 x_i 与包装质量一级品率 p_i 见表 7-4。

根据该表中的计算结果,可以进一步求出整群抽样平均误差。

(1)计算每袋水泥重量的平均误差时,求出群间方差为:

$$\delta_{\bar{x}}^2 = \frac{\sum(\bar{x}_i - \bar{x})^2}{r} = \frac{106}{10} = 10.6(千克)$$

表 7-4 整群抽样示例

样本群编号	各群平均每袋重量 $\bar{x}_i$(千克)	与样本平均数的离差 $\bar{x}_i - \bar{x}$	离差平方 $(\bar{x}_i - \bar{x})^2$	各群一级品包装质量比重 p_i	与样本成数的离差平方 $(p_i - p)^2$
1	98	−3	9	0.80	0
2	102	1	1	0.75	0.002 5
3	104	3	9	0.83	0.000 9
4	106	5	25	0.82	0.000 4
5	100	−1	1	0.80	0
6	98	−3	9	0.79	0.000 1
7	100	−1	1	0.78	0.000 4
8	96	−5	25	0.80	0
9	100	−1	1	0.81	0.000 1
10	106	5	25	0.82	0.000 4
合 计	1 010	—	106	(p)0.80	0.004 8

则：

$$\mu_{\bar{x}} = \sqrt{\frac{\delta_{\bar{x}}^2}{r}\left(1-\frac{r}{R}\right)} = \sqrt{\frac{10.6}{10}\left(1-\frac{10}{1\,440}\right)} = 1.026(千克)$$

(2) 计算抽样成数的平均误差时，求出其群间方差为：

$$\delta_p^2 = \frac{\sum(p_i-p)^2}{r} = \frac{0.004\,8}{10} = 0.000\,48$$

$$\mu_p = \sqrt{\frac{\delta_p^2}{r}\left(1-\frac{r}{R}\right)} = \sqrt{\frac{0.000\,48}{10}\left(1-\frac{10}{1\,440}\right)} = 0.69\%$$

上述整群抽样的优点就在于组织工作比较简便。但是，以群（组）为单位进行抽样，抽取的单位比较集中，影响抽样单位在全及总体中的均匀分布，可能导致较大的抽样误差，这就是整群抽样的不足之处。因此采用整群抽样时，一般要比其他抽样组织方式抽取更多的样本单位，借以降低抽样误差，提高抽样结果的准确程度。

第五节　抽样单位数目的确定

根据作为抽样调查理论依据的大数定律可以肯定，抽样单位数愈多，抽样误差愈小，推断估计愈可靠。但抽样单位数过多，占用的人力、物力和时间就要增多，造成浪费；抽样单位数过少，抽样误差就会增大，降低抽样推断估计的可靠性。因此，在组织抽样调查之前，合理地确定必要的抽样单位数目，以期取得理想的抽样效果，这是抽样调查需要解决的重要问题。

从第三节所述的两个抽样极限误差公式即

$$\Delta_{\bar{x}} = t\mu_{\bar{x}} = t\frac{\sigma}{\sqrt{n}}; \qquad \Delta_p = t\mu_p = t\sqrt{\frac{P(1-P)}{n}}$$

可以看出，影响抽样单位数(n)的主要因素为：

第一，被研究总体的标志变动度。如果标志变动度大，抽样单位数就要多；标志变动度小，则抽样单位就可以减少。

第二，允许的误差范围。如果抽样调查允许的误差范围越小，必要的抽样单位数目应当越多；反之，必要的抽样单位数目就越少。

第三，抽样推断估计的可信程度。推断估计的可信程度与概率度 t 有关，要求估计的可信程度越大，t 值也越大，抽样单位数目就要增多；反之，抽样单位数目可以少一些。

此外，不同的抽样方式和方法，对确定样本容量的大小也有所不同。

上述影响抽样单位数的因素相互联系，相互制约。将这些因素联系起来考虑，根据抽样极限误差公式并加以变换，可以推导出必要的抽样单位数目计算公式如下：

(一) 在重复的纯随机抽样条件下,计算必要的抽样单位数的公式

(1) 测定标志平均数的必要抽样单位数时,根据公式 $\Delta_{\bar{x}} = t\sqrt{\dfrac{\sigma^2}{n}}$,将公式两边平方,得:

$$\Delta_{\bar{x}}^2 = t^2 \dfrac{\sigma^2}{n} = \dfrac{t^2 \sigma^2}{n}$$

$$n = \dfrac{t^2 \sigma^2}{\Delta_{\bar{x}}^2} \tag{7-43}$$

(2) 测定成数的必要抽样单位数时,根据公式 $\Delta_p = t\sqrt{\dfrac{P(1-P)}{n}}$,将公式两边平方,整理后即得:

$$n = \dfrac{t^2 P(1-P)}{\Delta_p^2} \tag{7-44}$$

(二) 在不重复的纯随机抽样条件下,计算必要的抽样单位数的公式

(1) 测定标志平均数的必要抽样单位数目时,根据公式 $\Delta_{\bar{x}} = t\sqrt{\dfrac{\sigma^2}{n}\left(1 - \dfrac{n}{N}\right)}$,将等式两边平方,得:

$$\Delta_{\bar{x}}^2 = \dfrac{t^2 \sigma^2}{n}\left(1 - \dfrac{n}{N}\right) = \dfrac{t^2 \sigma^2}{n} - \dfrac{t^2 \sigma^2}{N} = \dfrac{Nt^2\sigma^2 - nt^2\sigma^2}{Nn}$$

移项:

$$\Delta_{\bar{x}}^2 Nn = Nt^2\sigma^2 - nt^2\sigma^2$$

$$\Delta_{\bar{x}}^2 Nn + nt^2\sigma^2 = Nt^2\sigma^2$$

$$n(\Delta_{\bar{x}}^2 N + t^2\sigma^2) = Nt^2\sigma^2$$

所以,

$$n = \dfrac{Nt^2\sigma^2}{\Delta_{\bar{x}}^2 N + t^2\sigma^2} \tag{7-45}$$

(2) 根据同样道理,可以推导出计算纯随机不重复抽样成数的必要抽样单位数的公式:

$$n = \dfrac{Nt^2 P(1-P)}{\Delta_p^2 N + t^2 P(1-P)} \tag{7-46}$$

在不同的抽样组织方式中,可以根据上述四个基本公式来确定必要的抽样单位数目:① 在等距抽样中,可以按上述基本公式推导抽样单位数;② 在类型抽样中,只要将上述公式中的 σ^2 改换为 $\overline{\sigma^2}$,$P(1-P)$ 改换为 $\overline{P(1-P)}$;③ 在整群抽样中,因按不重复抽样计

算抽样单位数目,所以只要将(7-45)式中的 σ^2 改换为 $\delta_{\bar{x}}^2$,将(7-46)式中 $P(1-P)$ 改换为 δ_p^2 即可。[①]

应用以上公式确定抽样单位数时,需要解决两个问题,首先,事前必须取得全及总体的有关指标,包括平均指标、成数、标准差 σ 或 $\sqrt{P(1-P)}$;除了用抽样推断来核实修正全面调查资料时,可以取得这方面的数据外,一般在开展抽样调查之前,这些指标数值都是未知量。在实际工作中,只好利用类似的同类资料或历史资料作为近似值。如果缺乏这种可以利用的资料,就要组织试验性的抽样调查,以取得有关的指标数值来替代。其次,在选择可供替代的指标数值时,以选用较大的标准差或成数的数值为好。因为根据较大的标准差或成数数值计算,可以防止所确定的抽样单位数偏少而扩大抽样误差。对于成数 P 来说,应选用其中接近于 0.5 的数值,即使在缺乏成数 p 的情况下,也可以假定 $p=0.5$。其理由如下:

$$f(p)=p(1-p), f'(p)=1-2p$$

因为 $f'(p)=0$ 时,$p=0.5$;而 $f''(p)=-2<0$,所以 $p=0.5$ 时为最大值,即 $p(1-p)=0.25$ 为最大值。这时,用方差的最大值所定的抽样单位数就多一些,可以保证抽样调查结果应有的精度。

抽样调查取得样本数据后,应用抽样指标数值既要测定全及平均数,又要测定全及成数,但根据上述两个有关公式推导出的抽样单位数 $n_{\bar{x}}$、n_p 往往是不等的,有时甚至相差很大。为了提高抽样调查结果的准确程度,无疑地应选用其中较大的 n 值。

兹举例说明必要抽样单位数的计算如下:

例一 假设对某型号电池进行电流强度检验,根据以往正常生产的经验数据,已知电流强度的标准差 $\sigma=0.4$ 安培,合格率 $P=90\%$。现在准备采用纯随机重复抽样方式,要在 99.73% 的概率保证下,抽样平均电流强度的误差范围 $(\Delta_{\bar{x}})$ 不超过 0.08 安培,抽样合格率误差范围 (Δ_p) 不超过 5%,试求必要的抽样单位数。

根据以上有关数据,按照(7-43)式和(7-44)式计算,得:

$$\text{抽样平均数的单位数 } n_{\bar{x}}=\frac{t^2\sigma^2}{\Delta_{\bar{x}}^2}=\frac{3^2\times(0.4)^2}{(0.08)^2}=225(\text{个})$$

$$\text{抽样成数的单位数 } n_p=\frac{t^2P(1-P)}{\Delta_p^2}=\frac{3^2\times 0.9\times 0.1}{(0.05)^2}=324(\text{个})$$

计算结果表明,$n_{\bar{x}}\neq n_p$,应抽取 324 个电池作为样本,以保证抽样调查的准确性。

例二 设某工业企业大量连续生产某种零件,为了掌握四月份该零件的一级品比率,确定采用整群抽样方式抽取样本单位。要求抽样推断的可靠程度为 95.45%,全月一级品比率的抽样极限误差 Δ_p 不超过 7.96%。根据试验性的抽样调查结果,各群间的方差 δ_p^2 为 6%。试计算必要的抽样单位数。

已知:$R=30\times24=720$ 小时,$\delta_p^2=6\%$,$\Delta_p=7.96\%$,推断的可靠程度(概率)为

[①] 基本公式中的 n 和 N,也要改换为相应的 r 和 R。

95.45%。查附录中的概率表,其相应概率度 $t = 2$。

根据以上数据,参照不重复随机抽样公式计算必要抽样单位数:

$$r = \frac{t^2 \delta_p^2 R}{\Delta_p^2 R + t^2 \delta_p^2} = \frac{2^2 \times 0.06 \times 720}{0.079\ 6^2 \times 720 + 2^2 \times 0.06} = 36(小时)$$

计算结果表明,在满足事先提出的要求下,需要在该月连续生产的 720 小时中,按每隔 20(720/36)小时抽取一小时的全部产品进行检查。

第六节 全及总体指标的推断

抽样调查的最终目的就是根据抽样调查资料推断全及总体指标。由于抽样调查存在抽样误差,这种推断不可能绝对精确,实质上仅是一种科学的估计,所以抽样推断也称为抽样估计。要使推断或估计的数值具有高度的代表性,一般要进行抽样代表性的预先检查。在此基础上,根据调查目的和任务,选用相应的抽样推断方法。

一、抽样代表性的预先检查

抽样代表性的预先检查,就是将抽样指标数值与过去已掌握的全及总体相应的指标数值进行对比,求出以百分数形式表示的比率,用来说明抽样代表性的程度。通常要求这种比率(即抽样代表性检查指标)以±5%为限。如果实际对比结果是在95～105%之间,可以认为抽样代表性是令人满意的,否则,就表示其代表性不足。当出现后一种情况时,应进行多方面的检查,严格区分抽样资料中的登记性误差和代表性误差。如果证实抽样代表性程度超出了上述限度,就应改换样本单位。在重新抽取样本单位后仍未达到所要求的代表性程度,需要加大样本容量。

二、点估计和区间估计

进行抽样推断或估计,就是根据样本的指标来估计全及总体的指标,如全及平均数和成数等的总体参数。因此,抽样推断就是根据样本资料来估计总体参数,所以叫作参数估计。按照调查的目的要求和推算方法的不同,可以分为点估计和区间估计。

(一) 点估计

就是根据样本数据计算出一个单一的估计值,用来估计全及总体的参数值,亦即用实际抽样指标数值作为全及总体相应指标的估计值,又称为定值估计。

点估计是一种简易推断法,一般不考虑误差范围的大小以及估计的可信程度,直接用抽样指标来替代全及指标。例如,设某地区有 20 万亩水稻,秋收前夕进行抽样调查,测得水稻平均亩产为 480 千克,就把这个样本平均数(估计量)的数值作为该地区全部水稻平均亩产的估计值。点估计的质量如何,主要取决于估计量是否具有无偏性、一致性和有效性。

（二）区间估计

在第三节中已经涉及区间估计,它与点估计的不同之处就在于计算抽样误差,确定全及指标的所在范围或区间,指出估计的可信程度。区间估计法的主要内容可以归纳如下：

（1）根据估计可信程度的要求,选定概率度 t 以及抽样极限误差 $\Delta = t\mu$；

（2）利用抽样调查取得的抽样平均数或成数,定出估计上限和下限,即

$$\overline{X} = \overline{x} \pm \Delta_{\overline{x}}; \qquad P = p \pm \Delta_p$$

（3）根据估计上限和下限,可以构成如下的区间：

$$P_r(\overline{x} - \Delta_{\overline{x}} \leqslant \overline{X} \leqslant \overline{x} + \Delta_{\overline{x}}) = 1 - \alpha \tag{7-47}$$

$$P_r(p - \Delta_p \leqslant P \leqslant p + \Delta_p) = 1 - \alpha \tag{7-48}$$

上述估计区间叫作置信区间,表达了区间估计的精确性。$1-\alpha$ 叫作置信系数或置信概率,表明区间估计的可靠性。其中 α 叫作显著性水平,表示区间估计的不可靠性。关于置信概率,在实际工作中总是按照一定要求,事先确定常用的以下三个标准：

当 $\alpha = 0.10$ 时,$1 - \alpha = 0.90$, 即 $t = 1.645$；

当 $\alpha = 0.05$ 时,$1 - \alpha = 0.95$, 即 $t = 1.96$；

当 $\alpha = 0.01$ 时,$1 - \alpha = 0.99$, 即 $t = 2.58$。

应该指出,$(1-\alpha)$ 的概率含义是对估计区间而言的,这种区间是随机的,可以用概率加以解释。例如置信概率为 95%,建立了 $\overline{x} \pm 1.96\mu_{\overline{x}}$ 的区间,可以认定这一区间包含全及平均数的判断,约有 95% 是正确的。由于全及平均数是一个确定值,不是随机变量,所以不能用概率做出如下的解释:"全及平均数落在该区间的概率为 95%"。

上述区间估计法的应用,已在第三节中举例说明,不再赘述。以下仅就几个具体问题补充说明如下：

（1）采用点估计或区间估计,须视调查目的而定。当全及指标只要求做出大致的估计判断,可以采用点估计法。例如前面列举的某地区水稻平均亩产为 480 千克,如果是为了编制下年度的粮食生产计划,这时采用这一定值估计基本上可以满足要求。倘若考虑该地区粮食部门的仓库容量、粮食供应以及能否完成调运任务等问题时,就应充分注意平均亩产的最低限和最高限,亦即需要做出区间估计。从计算程序上来说,为了进行区间估计,首先要做出点估计,而区间估计则是抽样的基本方法。

（2）进行区间估计,亦即对估计有一定的置信区间,这就要应用概率的正态分布。因此,用抽样指标对全及指标做出区间估计,需要确定抽样指标的概率分布是否符合或趋近于正态分布。在社会经济统计中,一般都采用大样本,当 $n \geqslant 30$ 时,可以认为样本平均数的概率分布是正态分布；对于抽样成数来说,当 $n \geqslant 30$,np 或 $n(1-p) \geqslant 5$ 这三个条件同时满足时,则抽样成数的概率分布也是以正态分布为极限的。由于抽样指标的概率分布趋向正态分布,所以能够根据正态分布概率积分常用数值建立上述置信区间,这就为区间内包含全及指标做出概率估计,提供了方便而有效的条件。

如前所述,进行区间估计时,置信概率总是预先规定的,否则,置信区间就无从建立。从示意图7.2中可以看出,置信概率与置信区间存在着密切的关系。如果置信概率$(1-\alpha)$愈大(估计的可信程度愈大),则置信区间相应地就愈大(估计的准确程度愈小)。因此,进行区间估计,要科学地表述客观事物的可能范围及其保证程度,必须同时考虑置信概率和置信区间这两个方面,亦即要结合具体问题和要求,全面考虑估计的可信程度和精度,两者不可偏废。

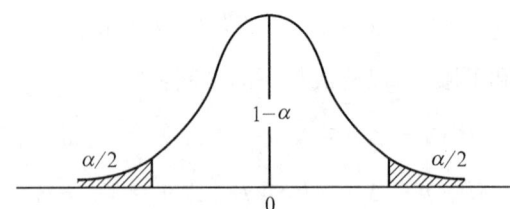

图7.2 置信概率与区间宽度示意图

(3) 进行区间估计,计算抽样极限误差$(\Delta = t\mu)$所需的全及总体方差σ^2的数据,一般是不知道的,要用样本方差S^2来替代,亦即以样本方差估计总体方差。但是,样本方差$\frac{1}{n}\sum_{i=1}^{n}(x_i - \overline{x})^2$不是总体方差的无偏估计量,而样本修正方差(记作$S_c^2$)才是它的一个无偏估计量:

$$S_c^2 = \frac{n}{n-1}S^2 = \frac{n}{n-1} \cdot \frac{1}{n}\sum_{i=1}^{n}(x_i - \overline{x})^2 = \frac{\sum_{i=1}^{n}(x_i - \overline{x})^2}{n-1} \quad (7-49)$$

上式已在数理统计学中做出推导,限于本书的范围,不再转录。现在用直观方法即借助示意图7.3来说明(7-49)式中采用$(n-1)$作为除数的大意。

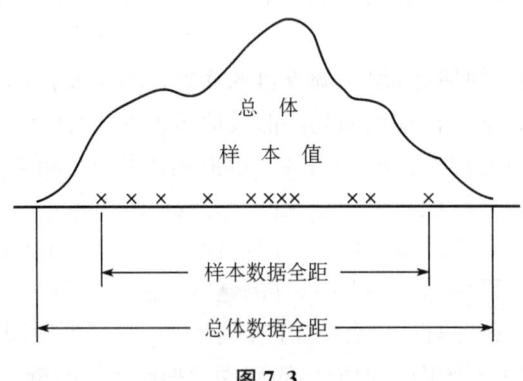

图7.3

图7.3表明,假设抽取到的样本包括总体中最大和最小的标志值,可以明显看出,样本数据的离散程度小于总体数据的离散程度。如果用样本方差来估计总体方差,就会偏小,即产生所谓的"向下偏误"。为了修正这种偏误,以便使修正的样本方差更好地估计总体方差,所以公式中用$(n-1)$而不用n去除离差平方总和。

从(7-49)式可以看出,当样本容量 n 较大时,样本修正方差与样本方差的差别很小,所以在大样本情况下,可以用 S^2 估计 σ^2。但当 n 较小时,样本修正方差与样本方差就有一定的差异,因此在小样本情况下,则用 S_c^2 估计 σ^2。

最后指出,(7-49)式中的 $(n-1)$ 称为自由度数(记作 df),一般是指样本中变量值或观测值彼此独立不受约束,都可以自由变动的单位个数。例如,样本中有 n 个彼此独立的变量值,受到

$$\overline{x}_1 + \overline{x}_2 + \overline{x}_3 + \cdots + \overline{x}_n = n\overline{x}$$

这一条件的约束,其中给定了 $\overline{x}$,就只有 $(n-1)$ 个变量值可以自由变动,从而失去了一个自由度数,仅有 $(n-1)$ 个自由度数。顺便指出,采用"自由度数"这一术语要比通常译作"自由度"更为确切。

三、对全及总体总量指标的推算

根据抽样调查的具体任务,推算全及总体总量指标的方法主要有直接换算法和修正系数法。

(一) 直接换算法

就是利用抽样平均指标或成数,乘以全及总体单位数 N,直接推算出总体的总量指标数值或总体具有某一种标志的单位总数。由于对推算结果的要求不同,所以分别采用上述的点估计和区间估计两种方法进行总量指标的推算。

点估计推算法就是直接用抽样平均指标或成数,乘以总体单位数,求出全及总体的总量指标数值。例如在前例中,该地区种植水稻 20 万亩,抽样调查测得水稻平均亩产为 480 千克,据此可以推算该地区水稻的总收获量为:

$$480 \times 200\,000 = 96\,000\,000(千克)$$

这种推算方法虽然简便易行,但只有在样本单位数较多,推断的目的只是对全及总体总量指标进行估算时才予以采用。由于这种推算方法不考虑抽样误差和推断的可靠程度,对全及总体总量指标仅仅做出单一的估计值,往往不能满足实际工作的需要。

区间估计推算法就是用抽样平均指标或成数,结合其抽样极限误差,来推算全及总体总量指标数值的置信上限和下限。参照(7-47)式和(7-48)式,可以将这种直接换算法表述如下:

$$N(\overline{x} - \Delta_{\overline{x}}) \leqslant N\overline{X} \leqslant N(\overline{x} + \Delta_{\overline{x}}) \tag{7-50}$$

$$N(p - \Delta_p) \leqslant NP \leqslant N(p + \Delta_p) \tag{7-51}$$

例如在上例中,假设抽样平均误差为 12.5 千克,现在要以可靠程度 95.45% 的概率为保证 $(t=2)$,推断该地区水稻总收获量。根据已知资料,代入(7-50)式,得

$$200\,000 \times (480 - 2 \times 12.5) \leqslant N\overline{X} \leqslant 200\,000 \times (480 + 2 \times 12.5)$$

$$91\,000\,000(千克) \leqslant N\overline{X} \leqslant 101\,000\,000(千克)$$

即该地区水稻总收获量在 91 000 000 千克至 101 000 000 千克之间。这种推算方法所得的结果,表明在置信区间的下限和上限范围内,包含所推算的总量指标数值的可信程度为 94.45%(在本例中)。因此,这种方法也称为可信限额推断法。具体应用时,采用置信上限或是置信下限,这就要根据实际问题的性质、重要性以及决策者所愿承担的风险来决定。

(二) 修正系数法

如果抽样调查的任务是要检查全面调查统计数字的准确性,就采用修正系数法。一般是在全面调查后,再从全及总体中按一定比例抽取一部分单位进行复查,用抽样复查资料和相应范围内的全面调查资料对比,确定差错比率,借以修正补充全面调查数字。在人口普查、物资库存普查以及许多日常的统计工作中,已广泛采用这种方法来核实和订正全面统计资料。

应用这种方法时,主要应该先求一个差错比率,其计算公式如下:

$$差错比率 = \frac{抽样复查登记数 - 全面调查登记数}{全面调查登记数} = \frac{遗漏登记数 - 重复登记数}{全面调查登记数}$$

$$= 遗漏比率 - 重复比率$$

以差错比率作为修正系数,对全面调查登记总数进行校正。现在用某市人口普查及抽样复查的资料为例,说明修正系数法的推算过程见表 7-5。

表 7-5

全市普查登记人口总数	抽样复查				
	全面登记人口数	抽样结果		差错人口数	差错比率
		遗漏人数	重复人数		
1 857 450	92 875	325	223	102	0.001 1

修正后人口数 = 普查登记人口数 × (1 + 差错比率) = 1 857 450 × (1 + 0.001 1)
= 1 859 493(人)

第八章 相关与回归分析

在自然现象和社会现象中,很多事物之间的关系是相互联系、相互制约的。要深刻认识事物及其数量特征,必须在事物的相互联系和相互制约中进行观察与研究,行之有效的方法就是相关分析和回归分析。

回归这个词最初是由英国科学家高尔顿(F·Galton)提出的,用来描述父母身高在遗传学上有趋向于一般的现象。以后,这一名词已广泛用来表示变量之间的数量关系。近几十年来,随着统计学的发展,相关与回归分析不仅可以对经济现象进行描述,而且具有推断的作用,已成为研究社会经济现象数量特征的基本方法之一,在计划平衡、经济预测、经济管理或理论分析等方面得到了广泛的应用。

第一节 相关分析的概念和任务

一、相关关系的概念

研究现象之间或现象中各个标志之间的关系,一般是通过相应的变量之间的数量关系来测定的。变量之间就其关系的变化来说,可以分为确定性关系和非确定性关系两种类型,各有其不同的特点,表现为两种数学模型形式。

(一)确定性关系

它反映在一定条件下,现象之间存在着严格的依存关系,亦即对于某一变量的每一个数值,都有另一个的确定值与之相对应,这种关系也称为函数关系。例如,圆面积(S)和它的半径(r)之间的关系可用下述关系式表示:

$$S = \pi r^2 \tag{8-1}$$

这表明圆面积是随其半径的大小而变动,S 是 r 的函数。

在自然界中,各种现象之间广泛存在着确定性关系。而在社会经济现象中,某个变量和另一个变量虽有密切的依存关系,但由于受到为数众多的不易控制的因素的影响,实际观测到的数据并不能反映其中存在着函数关系,大多数表现为非确定性关系。

(二)非确定性关系

变量之间既存在密切的关系,但又不能由一个(或几个)变量的数值精确地求出另一个变量的值。亦即对于某一变量的每一个数值,可以有另一个变量的若干数值与之相对应,在这些数值之间表现出一定的波动性,但又总是围绕它们的平均值并遵循一定的规律而变动。这种依存关系就是非确定性关系,也称为统计相关或相关关系,简称相关。例如,在农业生产中,每亩耕地的施肥量与作物亩产量之间有一定的关系,施肥量适当增加,产量也相应地增加。可以肯定,肥料是农作物增产的主要因素,但影响农作物的因素是多种多样的,如自然条件的变化、种子的品质等等都会影响作物的收获量,即使在施肥量相同的条件下,每亩产量有多有少,并不随之而确定。只有通过统计的大量观察,才能揭示这两个有关因素之间的数量规律性。其他如技术改造与产量增加,工业企业原材料消耗量与生产费用总额的变动、商品流转额与流通费用水平的高低等,都属于这种非确定性的依存关系。

上述函数关系和相关关系之间并不存在严格的界限。由于有测量误差等原因,函数关系在实际中往往通过相关关系表现出来;反之,当人们对现象之间的内在联系和规律性了解得愈深刻,则相关关系就愈可能转化为函数关系。此外,还应指出:(1)在相关关系中,有许多是由于因果关系而产生的,例如施肥量与亩产量,劳动生产率与成本等。有些相关关系也包含互为因果的关系,如身高与体重,生产量与销售量等。一般说来,相关关系的概念要比因果关系的概念更为广泛。(2)作为研究对象之间的关系,必须是具有内在联系的真实的关系,而不能是臆造的或者是在形式上的偶然巧合。因此,统计在研究相关关系时,应当根据有关的科学理论,通过实际观测或试验,取得可靠的数据,才能测定其相关的数量表现,得出有科学意义的结论。这再一次说明只有在定性分析的基础上,才能从数量上来测定现象之间的相关关系。(3)通常,采用一定的标志来研究现象之间的关系,具体反映起影响作用的现象的标志称为自变量,记作 X;受自变量变动的影响而发生变动的某一标志,称为因变量,记作 Y。例如在上述施肥量与亩产量之间,施肥量这一标志就是自变量,亩产量这一标志就是因变量。有时,两个变量存在着相互联系、相互影响的关系,难以区别其因果关系,则自变量和因变量的确定,主要取决于研究的目的。

二、相关关系的种类及其图示

现象之间的关系相当复杂,表现为不同的类型和各种形态。

(一) 按照相关关系涉及的变量(或因素)的多少,可以分为单相关和复相关

单相关也称为一元相关,是指两个变量之间的相关关系,即一个因变量与一个自变量之间的依存关系。复相关是指多个变量之间的相关关系,即一个因变量与其中两个或多个自变量的复杂依存关系,也称为多元相关。当研究因变量与两个以上自变量的相关时,如果把其余的自变量看作不变(即当作常数),分别研究其中某一个自变量与因变量之间的相关关系,就称为偏相关或净相关。

(二) 按照变量之间相互关系的表现形式的不同,可以分为直线相关和非直线相关

当 X 值发生变动时,Y 值随之而发生大致均等的增加或减少,如果将各对观测值画成散点图,则各个观测点的分布近似地表现为直线形式,这种相关关系称为直线相关。当 X 值变动时,Y 值也随之而发生不均等的增加或减少的变动,从图形上看,各个观测点的

分布近似地表现为各种不同的曲线形式,如抛物线、双曲线、指数曲线等,这种相关关系通称为非直线相关或曲线相关。

(三) 按照变量之间相互关系的方向不同,可以分为正相关和负相关

在某些现象之间,当自变量 X 之值增加或减小时,因变量 Y 之值也相应地增加或减小,这种相关关系就是正相关。但当自变量 X 增加或减小时,因变量 Y 之值随之而减小或增加,则这些现象的相互关系表现为负相关。

(四) 按照变量之间的相关程度来分,可以分为完全相关、不完全相关和不相关三类

在统计中采用相关系数(记作 r)这一指标来反映相关关系的密切程度。以直线相关来说,如果因变量完全随着自变量而变动,在散点图上可以看出所有的观测点都位于同一条直线上,这时的相关关系就转化为函数关系,称为完全相关,$|r|=1$。当因变量完全不随自变量的变动而作相应的变动,亦即变量之间完全不存在任何依存关系,就称为不相关或零相关,$|r|=0$。以上是两种极限情况。介乎完全相关和零相关之间的关系,称为不完全相关。在一般情况下,相关系数 r 的绝对值是在 0 与 1 这一闭区间内的实数值,即 $0 \leqslant r \leqslant 1$。

为了形象地描述两个变量之间的关系,常用的方法就是作图。通常将自变量 X_i 之值列在横坐标,将因变量 Y_i 之值列在纵坐标,一一对应,每一对数值在图纸上标定一个点子,所有这些观测点就构成散点图(又称相关图),如图 8.1 所示。通过图中各个观测点的分布走向和散布程度,可以近似地反映两个变量相互关系的类型、变动方向和程度。①

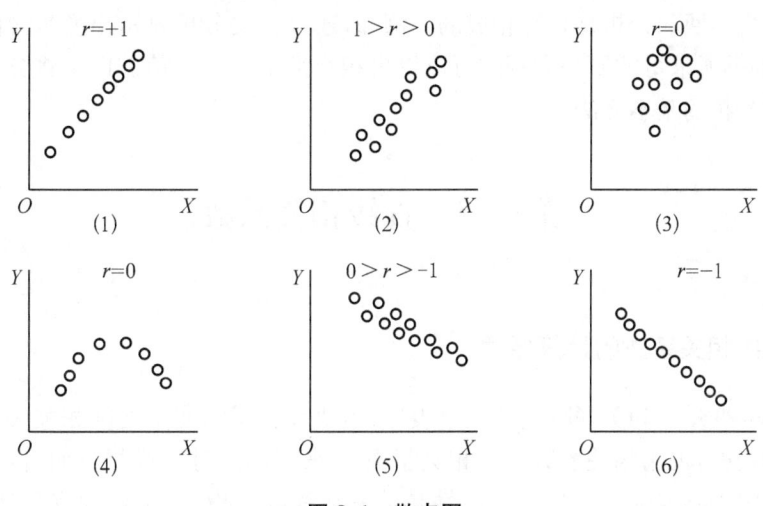

图 8.1 散点图

---

① 必须指出,相关系数 r 只表示变量 X 与 Y 间线性关系的密切程度。当 r 值很小甚至如图 8.1(4) 中所示,$r=0$ 时,并不一定表示 X 与 Y 之间不存在其他非线性关系。

三、相关分析的任务

在各种经济活动和生产过程中,许多经济变量或技术因素之间的数量关系,并不表现为函数关系,在不同程度上带有随机性的相关关系,因而要采用相关分析法来研究它们之间的数量特征。

对相关关系进行统计研究,通常是从两个方面进行的。一方面是在定性分析的基础上,证实变量之间确实存在内在的本质的联系,据此搜集观测数据,分析变量之间关系的密切程度。直线相关用相关系数表示,曲线相关则用相关指数反映,狭义上称之为相关分析。另一方面,就是根据变量 X 与 Y 之间的实际观测值,分析相互关系的表现形式或类型,并采用适当的数学关系式表达变量间的内在关系,为分析现象间的依存关系和进行统计推断提供基础,狭义上称之为回归分析。

相关分析与回归分析既有联系又有区别,两者均作为研究随机现象数量关系的统计分析方法,广义上两者具有包含关系,而且相关分析的结果常用来作为判断回归分析优劣的标准。但在具体应用中,两者又有区别,主要表现在:(1) 相关分析没有方向性,两个变量之间是对等关系,因此相关分析不必定出哪一个变量是自变量或因变量,相关的两个变量是随机的;回归分析具有方向性,两个变量之间是影响与被影响的关系,因此回归分析必须确定自变量与因变量,其中因变量要求是随机的,自变量则不是随机的,是给定的值。(2) 相关分析中变量间没有顺序关系,因此改变变量的位置,相关系数值并不改变;而回归分析则不同,变量 X 倚 Y 之间的回归方程与变量 Y 倚 X 之间的回归方程是不一样的。

相关分析与回归分析是相辅相成的。例如,通过相关分析显示出变量之间的关系非常密切,则根据所求得的回归方程式可以得出相当准确的估计值。以下将分别叙述相关分析和回归分析的基本方法。

第二节 直线相关系数

一、直线相关系数的计算原理

为了研究变量之间关联程度的数量表现,需要计算反映变量之间相关关系密切程度的统计分析指标,可用相关系数 r 或相关指数 R 来表示。对直线相关而言,直线相关系数 r 是专门用于测定两个变量之间线性相关密切程度的指标,也称为皮尔逊相关系数。这里相关密切程度的量度,是指两个变量之间变动方向及趋势的一致性程度而言的。

设有 n 对观察值 (X_i, Y_i),分别计算出两变量的平均值,$\overline{X} = \sum X/n$,$\overline{Y} = \sum Y/n$,通过点 $(\overline{X}, \overline{Y})$ 画两条平行于 X 轴和 Y 轴的直线,将散点图分为四个象限,如图 8.2 所示。

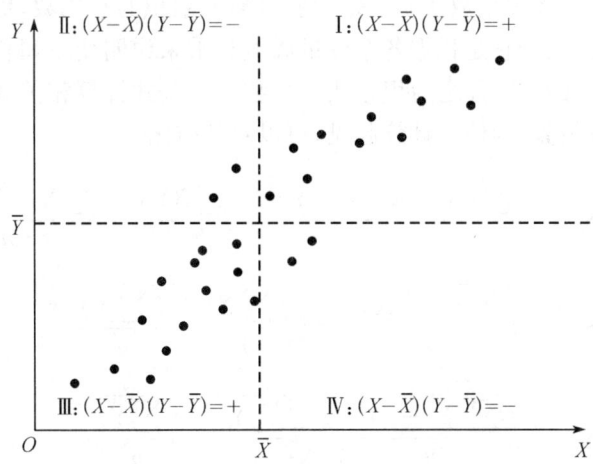

图 8.2 $\overline{X},\overline{Y}$ 分割散点图

图 8.2 中，当 X 增大，Y 值也增大，X 与 Y 呈正相关时，观察点大多数散布在 Ⅰ、Ⅲ 象限，在 Ⅰ、Ⅲ 象限内，$(X-\overline{X})$ 与 $(Y-\overline{Y})$ 之积为正值。相反，当 X 增大，Y 值减小，X 与 Y 之间呈负相关时，观察点大多数散布在 Ⅱ、Ⅳ 象限，在 Ⅱ、Ⅳ 象限内，$(X-\overline{X})$ 与 $(Y-\overline{Y})$ 的乘积为负值。根据各观察值落在上述四个象限内的点值，对其求离差乘积总和 $\sum(X-\overline{X})(Y-\overline{Y})$。若其值为正值，说明变量间呈正相关，其值越大，说明正相关程度越高；若其值为负值，说明变量间呈负相关，其值越大，说明负相关程度越高。因此，$\sum(X-\overline{X})(Y-\overline{Y})$ 可用来衡量变量 X 与 Y 之间的相关方向和程度，其值越大，表示变量间相关关系越密切，其值越小，表示变量间相关关系越不密切。

由于 $\sum(X-\overline{X})(Y-\overline{Y})$ 的值与观察值项数 n、X 与 Y 的计量单位以及 X 与 Y 自身的变异程度均有关，为了消除其量纲大小的不等，使不同样本的相关系数可以直接相互对比，故可将 $\sum(X-\overline{X})(Y-\overline{Y})$ 除以观察值项数 n，以消除项数 n 不等的影响，再除以变量 X 与 Y 各自的标准差 S_X 和 S_Y，以消除变量值大小和量纲不等的影响，这样就得到一个抽象的可以相互比较的系数，即相关系数

$$r = \frac{S_{XY}^2}{S_X S_Y} \tag{8-2}$$

式中，S_{XY}^2 称为变量 X 和 Y 的协方差：

$$S_{XY}^2 = \frac{\sum(X-\overline{X})(Y-\overline{Y})}{n}$$

S_X 代表变量 X 的标准差，S_Y 代表变量 Y 的标准差

$$S_X = \sqrt{\frac{\sum(X-\overline{X})^2}{n}}, \qquad S_Y = \sqrt{\frac{\sum(Y-\overline{Y})^2}{n}}$$

从上面分析可知,相关系数实质上是两变量离差乘积的平均数,更确切地说,是离差系数乘积的平均数。由于它是根据各个变量离差相乘来说明变量间相关程度的,因此将这种计算相关系数 r 的方法称之为积差法。按积差法公式计算相关系数时,需要求平均数和离差,计算手续较繁,为便于计算起见,可以对其简化

$$S_{XY}^2 = \frac{\sum(X-\overline{X})(Y-\overline{Y})}{n} = \frac{\sum XY}{n} - \frac{(\sum X)(\sum Y)}{n \cdot n}$$

$$S_X = \sqrt{\frac{\sum(X-\overline{X})^2}{n}} = \sqrt{\frac{\sum X^2}{n} - \frac{(\sum X)^2}{n^2}}$$

$$S_Y = \sqrt{\frac{\sum(Y-\overline{Y})^2}{n}} = \sqrt{\frac{\sum Y^2}{n} - \frac{(\sum Y)^2}{n^2}}$$

将以上简化结果代入(8-2)式,经整理,可得 r 的简化式:

$$r = \frac{n\sum XY - (\sum X)(\sum Y)}{\sqrt{[n\sum X^2 - (\sum X)^2][n\sum Y^2 - (\sum Y)^2]}} \tag{8-3}$$

利用上述公式计算相关系数,只需要求出变量 X 和 Y 的各个原值总和,即 $\sum X$、$\sum Y$、$\sum X^2$、$\sum Y^2$ 和 $\sum XY$,计算手续大为简化,所以这种方法也称为原值简捷法。

二、直线相关系数的解释与应用

由图 8.2 的关系可知:当变量 X 与 Y 完全不相关时,$\sum(X-\overline{X})(Y-\overline{Y}) = 0$,因此 $r = 0$;当 X 与 Y 完全相关时,即 X 与 Y 是线性函数关系时,$|S_{XY}^2| = S_X \cdot S_Y$,从而 $r = \pm 1$;当 X 与 Y 不完全相关时,$|S_{XY}^2| < S_X \cdot S_Y$,则 $-1 < r < 1$。

r 在不同范围内的取值说明 X 与 Y 之间不同的相关情况,可概括如下:

当 $r = 0$ 时,说明 X 与 Y 之间无线性相关;

当 $r = 1$ 时,说明 X 与 Y 之间完全正相关;

当 $0 < r < 1$ 时,说明 X 与 Y 之间不完全正相关;

当 $r = -1$ 时,说明 X 与 Y 之间完全负相关;

当 $-1 < r < 0$ 时,说明 X 与 Y 之间不完全负相关。

r 值的趋势规律表明,$|r|$ 值越接近于1,则相关程度越高;$|r|$ 值越趋近于0,则相关程度越低。在样本足够大时,评价不完全相关常用以下标准判断:

$|r| < 0.3$,表示相关关系很弱,通常将其看作没有线性相关关系;

$|r|$ 在 0.3~0.5 之间,表示低度相关;

$|r|$ 在 0.5~0.8 之间,表示中度相关;

$|r| > 0.8$,表示高度相关。

当 $|r|$ 值很小时,说明 X 与 Y 之间没有线性相关关系,但并不表示 X 与 Y 之间没有

其他相关关系。当现象间呈较强的曲线相关时,直线相关系数 r 值或许趋近于 0。相反,当 $|r|$ 值很大时,也应注意变量之间定性的经济关系,不能仅凭 r 值下结论,防止变量间"伪相关"。

现根据表 8-1 中 10 个学徒工的技术操作训练的时间和月产量的资料,说明相关系数 r 的计算和应用。

表 8-1 直线相关系数的应用示例

操作训练时间 X(月)	月产量 Y(件)	XY	X^2	Y^2
3	57	171	9	3 249
4	78	312	16	6 084
4	72	288	16	5 184
2	58	116	4	3 364
5	89	445	25	7 921
3	63	189	9	3 969
4	73	292	16	5 329
5	84	420	25	7 056
3	75	225	9	5 625
2	48	96	4	2 304
35	697	2 554	133	50 085

根据表 8-1 的数据及计算结果,可得:$\sum X = 35$,$\sum Y = 697$,$\sum XY = 2\,554$,$\sum X^2 = 133$,$\sum Y^2 = 50\,085$,$n = 10$,代入公式(8-3),得:

$$r = \frac{n\sum XY - (\sum X)(\sum Y)}{\sqrt{[n\sum X^2 - (\sum X)^2][n\sum Y^2 - (\sum Y)^2]}}$$
$$= \frac{10 \times 2\,554 - 35 \times 697}{\sqrt{(10 \times 133 - 35^2)(10 \times 50\,085 - 697^2)}} = 0.91$$

计算结果 $r = 0.91$,且为正值,说明学徒工的技术操作训练时间和月产量之间呈正相关关系。由于相关系数接近于 1,说明变量间高度相关,说明随着技术操作训练时间的增加,月产量也随之增长,且两变量间变动幅度也具有一致性。

直线相关系数 r 一般仅适用于测定变量间的线性相关,衡量曲线相关时,一般应采用相关指数 R。

通常在经济统计分析中,我们都是用样本资料来估计总体资料。在相关分析中,也是以样本相关系数 r 作为总体相关系数 P 的估计值。这样,就存在样本相关系数 r 的代表性好坏的检验问题。例如,有时由于样本数据太少或其他偶然因素,使得样本相关系数 r 值很大,而总体变量 X 与 Y 之间并不存在真正的相关关系或线性关系,因此有必要通过

样本资料来对 X 与 Y 之间是否存在真正的线性相关进行检验。只有通过显著性检验证明该样本相关系数对总体相关系数具有代表性,才能说明该样本相关系数是真实可信的。限于篇幅,有关相关系数 r 统计检验的内容读者可参阅数理统计的有关书籍,这里就不再详述了。

第三节　等级相关系数

上节所述的直线相关系数 r,只适用于变量 X 与 Y 的观察值为具体数值的场合,而现实经济统计分析中,我们会遇到一些表现为序数和等级的变量值。所谓序数或等级,是指经定量或定性分析转化而来的序列数。例如,有 2 个消费者对同一品种 10 个牌号的某类商品进行质量评价,由于个人的偏好不同,每一个人不一定能准确定出各个商品的具体评价数值,但可以根据每个消费者的个人意见,分别就 10 个牌号的商品依质量评价排个序数,亦即哪个商品排第一、第二、…、第十,这是比较容易做到的。又如,经过计量的两列变量数值,也可以转化为序数等级求相关,如某班学生数学课程学习成绩与物理课程学习成绩转化为序数求相关,等等。这些问题就需要采用等级相关系数的方法进行计算和分析。

等级相关序数主要运用于计算观察数据的序数或等级,它将有关联的数量标志或品质标志的具体表现按等级次序排列,形成变量 X 与 Y 的两个序数数列,再测定这两个序数数列之间的相关程度。测定原理与直线相关系数相似,故称其为**等级相关系数**。由于这一方法简便易行,应用范围较为广泛,尤其适用于那些无法严格定量,只能以程度高低、成效大小、名次先后等方式评定其等级次序的资料。其缺点就是精确度不高,计算结果只能粗略地反映趋势性事实。下面介绍两种常用的等级相关系数。

一、斯皮尔曼等级相关系数

统计学家斯皮尔曼(C•Spearman)引申相关系数的概念,推导出计算等级相关系数的方法,称为"等级差数法"。用这种方法计算出的相关指标,就命名为斯皮尔曼等级相关系数,(记作 r_S)。① 其计算步骤可以简述如下:

(1) 定等级。将变量 X 与 Y 的观测值分别从小到大(也可以从大到小)按顺序定出等级,形成两个序数数列。如遇有相等的数值时,则应按原有的等级求其平均数,作为这些观测值的等级。例如,6 位评审者对某种商品评分如下:

$$64,61,55,55,55,52$$

其中有 3 个 55 分,原来应列为第 3,4,5 等级,其平均数为 4,所以上述评分的等级应该是

---

① 主要用来表示变量 X 与 Y 之间等级线性相关的方向和程度,此外,根据等级相关系数,可以判别是否存在异方差性。有兴趣的读者可参考经济计量学著作。

$$1,2,4,4,4,6$$

又如在表 8-2 中,有两个学生的物理成绩都是 85 分,原有等级为 3,4,就以其平均数 3.5 作为这两个分数的等级。

(2) 依次求出每对观测值相应的等级的差量,记作 D,亦即 X 数列的等级与 Y 数列的等级之差。

(3) 将 D 平方,得 D^2。

(4) 求所有差量平方之和,即 $\sum D^2$。

(5) 按下述公式计算 r_S:

$$r_S = 1 - \frac{6\sum D^2}{n(n^2-1)} \tag{8-4}$$

式中,n 为等级的项数。

假设抽取七名大学生组成随机样本,研究他们的数学和物理的考试成绩。按照上述步骤,列表如表 8-2 计算等级相关系数如下:

表 8-2 斯皮尔曼等级相关系数计算示例

数学成绩		物理成绩		等级差 $D=X-Y$	D^2
分数	等级:X	分数	等级:Y		
100	1	90	1	0	0
95	2	85	3.5	−1.5	2.25
90	3	85	3.5	−0.5	0.25
85	4	70	5	−1	1
80	5	88	2	3	9
74	6	60	6	0	0
60	7	54	7	0	0
—	—	—	—	—	12.50

在本例中:

$$r_S = 1 - \frac{6\sum D^2}{n(n^2-1)} = 1 - \frac{6\times 12.5}{7\times 48} = 1 - \frac{75}{336} = 0.78$$

结果表明,该组学生的数学成绩与物理成绩之间为中度相关。

上述计算等级相关系数的公式(8-4)类似于直线相关系数公式,证明从略。以下将通过直观方式,举例说明等级相关系数的取值范围。

例一 如果 X 数列与 Y 数列的等级完全一致,而且方向相同,则 $r_S=+1$,表示变量 X 和 Y 之间存在正的完全直线相关(见表 8-3)。

表 8-3 正的完全直线相关

等 级 X	等 级 Y	等级差 $D=X-Y$	D^2
1	1	0	0
2	2	0	0
3	3	0	0
4	4	0	0
5	5	0	0
—	—	—	0

$$r_S = 1 - \frac{6\sum D^2}{n(n^2-1)} = 1 - 0 = 1$$

例二 如果 X 数列与 Y 数列的等级虽然完全一致,但其变动方向正好相反,则 $r_S = -1$,表示变量 X 和 Y 之间存在负的完全直线相关(见表 8-4)。

$$r_S = 1 - \frac{6\sum D^2}{n(n^2-1)} = 1 - \frac{6 \times 40}{5 \times 24} = 1 - 2 = -1$$

表 8-4 负的完全直线相关

等 级 X	等 级 Y	等级差 $D=X-Y$	D^2
1	5	−4	16
2	4	−2	4
3	3	0	0
4	2	2	4
5	1	4	16
—	—	—	40

在一般情况下,等级相关系数在 1 与 0 之间,亦即:

$$-1 \leqslant r_S \leqslant 1$$

二、肯德尔等级相关系数

统计学家肯德尔(Kendall)曾提出多种等级相关系数,以下只介绍其中的交错系数,通常称之为肯德尔系数,记作 r_K。

计算这种系数时,也是根据变量 X 和 Y 的等级数据进行的,而计算的基本依据就是构成配对的等级在顺序排列的位置是否颠倒或者换位。这可以用示意图 8.3 来加以说明。

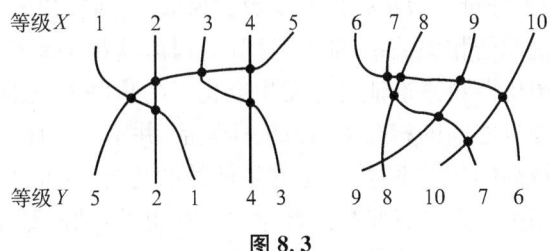

图 8.3

如图 8.3 所示,连接 1 与 1,2 与 2,得出一个相交点,表示在等级 1 与 2 之间的第一次换位;依次连接 3 与 3,4 与 4,…,10 与 10,总共得出 14 个交点,表示等级的位置变换了 14 次。图中的连接线一般都呈曲线形,以便明显地反映出各个相交点。

按照另一种方式计算,可以得出同样的结果。假如第一行 X 的等级次序 1,2,3,…,10 是正确的,则可以按第二行 Y 的等级从左向右计数换位的次数(记作 i)。在本例中,Y 数列的第一个等级为 5,在其右边共有 4 个等级(即 2,1,4,3)小于 5,这表示其等级的位置变换了 4 次,记作 $i=4$。又如左边第二个等级为 2,在其右边只有 1 个等级(即 1)小于 2,表示换位一次或等级颠倒一次,记作 $i=1$。依此类推,可以计数出其余八个等级的换位情况,即 i 分别为 0,1,0,3,2,2,1,由此得出 $\sum i=14$,与前面按相交点数计算的结果相同。

根据 n 对 X 和 Y 的等级数据,求出 $\sum i$ 以后,就可以按下述公式计算 r_K:

$$r_K = 1 - \frac{4\sum i}{n(n-1)} \tag{8-5}$$

在本例中

$$r_K = 1 - \frac{4 \times 14}{10 \times 9} = 1 - 0.62 = 0.38$$

不难理解,当变量 X 和 Y 的等级完全一致,并按同一方向变动时,从图形上观察,相同等级的连接线互不相交;从计数换位的次数来说,i 为零,则 $r_K = 1 - 0 = 1$,表示 X 和 Y 的等级之间存在完全正相关。反之,变量 X 和 Y 的等级为相反方向而又完全一致时,即

等级 X:1,2,3,4,5,6,7,8,9,10
等级 Y:10,9,8,7,6,5,4,3,2,1
i:9,8,7,6,5,4,3,2,1,0

所以 $\sum i = 45$,因而

$$r_K = 1 - \frac{4 \times 45}{10 \times 9} = 1 - 2 = -1$$

表示 X 与 Y 之间存在完全负相关。可见

$$-1 \leqslant r_K \leqslant 1$$

最后应该指出,相关分析一般都是以样本数据为依据,所得出的结果只能反映一定时期内某些现象或事物之间的相关关系,随着时间的推移,这种关系会发生变化,所以不宜采用时间相隔太长的历史资料来论证已经发生变化了的事物发展的相互关系。同时,相关分析只能说明两个变量之间的相互关系或依存关系,并不一定代表因果关系。有时,单凭数字计算可能得出较高的相关系数,这也许是偶然的巧合,如果不作定性分析,就会把虚假相关视为可信的相关。正如有些统计著作中所指出的,捕鲸数量的多少和出生婴儿数字之间很可能算出很高的相关系数,但所得的结论肯定是荒谬的。由此可见,定量分析必须与定性分析相结合。

第四节　回归分析

在社会经济现象中,各种经济变量之间的关系非常复杂,并受到某些随机因素的影响,因此,变量之间存在不确定性的关系,即某一个变量不能唯一地确定其他变量的变动。为了探求经济变量之间的数量变动关系,广泛采用回归分析。

回归分析是研究自变量与因变量之间变动关系的一种数理统计方法。根据观测数据,通过回归分析,可以求出一定的关系式,称为回归方程式,回归方程式确定后,可以根据自变量的数值推测因变量之值。

回归方程式如果是线性的,就称为线性回归方程,否则就称为非线性回归方程。简单线性回归方程是指描述两个变量之间的直线关系的方程式,在回归分析中是应用最广泛的数学形式。这是由于:第一,自然现象或社会经济现象中很多事物之间的关系比较接近于线性模型。第二,在社会经济现象中,存在着许多相互关联的因素,例如每个家庭的消费支出(记作Y),受到许多因素的影响,其中除了家庭所得收入(X_1)之外,还有家庭成员数和年龄结构、消费习惯,等等。又如,产品产量取决于投入的资金、劳动力、各种原材料和技术进步等因素。当研究这些经济现象之间的变动关系时,应该考虑其有关的制约因素。但在实际工作中,往往因客观条件的限制,或者出于研究者的目的,为了突出其中某一个最重要因素,亦即只取某个重要的自变量的数值求出因变量的值。这是研究经济过程中的一种简单的情况,比较容易处理和解释。第三,简单线性回归分析是一般回归分析的基础,多元回归分析或非线性回归分析是从简单回归分析的基本理论发展起来的。

以下将着重讨论两个变量之间的线性回归问题。

一、回归直线的确定

如前所述,根据试验或观测数据绘制散点图,其主要作用就在于形象地描绘两个变量关系的基本形态,以便初步确定关系方程表达式的类型,建立经验回归方程,从而对变量之间的变动关系做进一步的计算和分析。如果图中反映两者之间的关系呈直线趋势,可以初步判定两者之间存在线性关系:

$$Y = a + bX \qquad (8-6)$$

在数学分析中，(8-6)式中的 a、b 之值确定后，直线也就确定了。在回归分析中，a、b 之值确定后，则估计直线的方程可以写作

$$Y_C = a + bX \qquad (8-7)$$

称为 Y 对 X 的直线回归方程，该直线称为回归直线，其中 a 是直线的截距，b 是直线的斜率，称为回归系数。[①] a 和 b 都是待定参数。将给定的自变量 X 之值代入上述方程中，求出估计的因变量 Y 之值，这个估计值不只是一个确定的数值，而是 Y 的许多可能取值的平均数，所以用 Y_C 表示。正如图 8.1 所示，当 X 取某一定值时，Y 有多个可能值，因此，将给定的 X 值代入方程后得出的 Y_C 值，只能看作是一种平均数或期望值，即在 X 为某一定值条件下求得的 Y 的条件期望，记作 $E(Y/X)$。

上述(8-7)式反映了 X 在固定的条件下，Y 的平均状态的变化情况。在 X 和 Y 互为因果关系的资料中，还可以求出另一条回归直线，其回归方程为：

$$X_C = a' + b'Y \qquad (8-8)$$

即 X 对 Y 的直线回归方程。拟合回归直线的主要问题就在于估计待定参数 a 和 b 之值。常用的方法就是最小二乘法。用这种方法求出的回归直线是原有资料的"最佳"拟合直线，这和计算时间数列的长期趋势拟合线一样（参见第五章时间数列长期趋势的测定）。因此该章中的有关公式仍然适用，只要将时间变量的符号 t 改为自变量 X（或 Y）即可。按照正规方程

$$\sum Y = na + b\sum X$$

$$\sum XY = a\sum X + b\sum X^2$$

用行列式解上述方程组，得

$$a = \frac{\begin{vmatrix} \sum Y & \sum X \\ \sum XY & \sum X^2 \end{vmatrix}}{\begin{vmatrix} n & \sum X \\ \sum X & \sum X^2 \end{vmatrix}} = \frac{\sum Y \sum X^2 - \sum X \sum XY}{n\sum X^2 - (\sum X)^2} \qquad (8-9)$$

或

$$a = \frac{\sum Y - b\sum X}{n} = \overline{Y} - b\overline{X} \qquad (8-10)$$

$$b = \frac{\begin{vmatrix} n & \sum Y \\ \sum X & \sum XY \end{vmatrix}}{\begin{vmatrix} n & \sum X \\ \sum X & \sum X^2 \end{vmatrix}} = \frac{n\sum XY - \sum X \sum Y}{n\sum X^2 - (\sum X)^2} \qquad (8-11)$$

---

① 在有些著作中，回归直线的截距 a、斜率 b 都叫作回归系数。

与此对应的 X 对 Y 回归方程中的参数为：

$$b' = \frac{n\sum YX - \sum Y \sum X}{n\sum Y^2 - (\sum Y)^2} \tag{8-12}$$

$$a' = \overline{X} - b'\overline{Y} \tag{8-13}$$

仅当变量 X 和 Y 之间存在严格的函数关系时，由(8-7)式和(8-8)式所确定的两条回归直线才能重合。

仍用表 8-1 中的假设资料为例，计算见表 8-5。

表 8-5　回归直线的确定示例

操作训练时间 X（月）	月产量 Y（件）	X^2	XY	$Y_C = a + bX$	$(Y - Y_C)^2$
3	57	9	171	64.2	51.84
4	78	16	312	75.1	8.41
4	72	16	288	75.1	9.61
2	58	4	116	53.3	22.09
5	89	25	445	86.0	9.00
3	63	9	189	64.2	1.44
4	73	16	292	75.1	4.41
5	84	25	420	86.0	4.00
3	75	9	225	64.2	116.64
2	48	4	96	53.3	28.09
35	697	133	2 554	696.5	255.53

由(8-11)式,得:

$$b = \frac{n\sum XY - \sum X \sum Y}{n\sum X^2 - (\sum X)^2} = \frac{10(2\,554) - (35)(697)}{10(133) - (35)^2} = \frac{1\,145}{105} = 10.9$$

由(8-10)式,得:

$$a = \overline{Y} - b\overline{X} = \frac{\sum Y}{n} - b\frac{\sum X}{n} = 69.7 - 10.9(3.5) \approx 31.5$$

结果得出估计的 Y 对 X 的回归方程式为：

$$Y_C = 31.5 + 10.9X$$

以上是根据 10 个学徒工的技术操作训练的月数（X）和月产量（Y）的样本数据求出的一元一次回归方程，它表明学徒工操作训练时间每增加一个月，月产量平均增加 10.9 件。根据这一方程式，可以就自变量 X 的值估计因变量 Y 的值 Y_C，如表 8-5 中第五栏数字。

现将表中的原有数据及其估计值绘成图形,如图 8.4 所示。

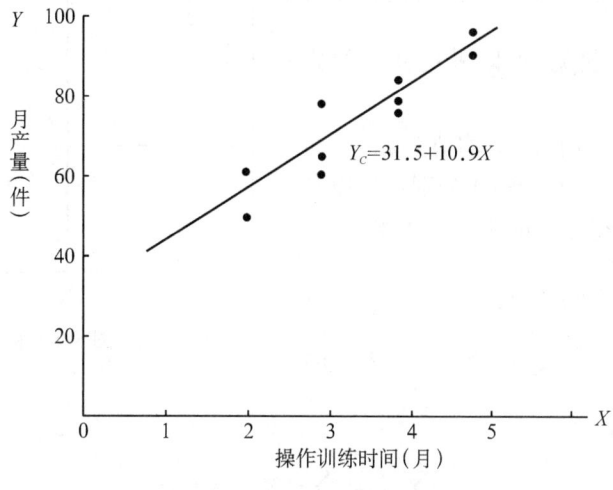

图 8.4　回归线示意图

前面曾经指出,当变量 X 和 Y 互为因果关系时,两个变量可以互换,即可以求出 Y 对 X 以及 X 对 Y 的两条回归直线,根据这两条回归直线的回归系数 b 与 b' 之间公式关系推算,可得:

$$b \cdot b' = \frac{[n\sum XY - \sum X \cdot \sum Y]^2}{[n\sum X^2 - (\sum X)^2] \cdot [n\sum Y^2 - (\sum Y)^2]} = r^2 \qquad (8-14)$$

即

$$r = \sqrt{b \cdot b'} \qquad (8-15)$$

上式表明,相关系数 r 等于两个有关的回归系数的几何平均数,r 的正负取值与 b 和 b' 的正负取值有关。又由

$$r = \frac{n\sum XY - \sum X \cdot \sum Y}{\sqrt{n\sum X^2 - (\sum X)^2}\sqrt{n\sum Y^2 - (\sum Y)^2}}$$

得

$$\frac{\sqrt{n\sum Y^2 - (\sum Y)^2}}{\sqrt{n\sum X^2 - (\sum X)^2}} \cdot r$$

$$= \frac{n\sum XY - \sum X \cdot \sum Y}{\sqrt{n\sum X^2 - (\sum X)^2}\sqrt{n\sum Y^2 - (\sum Y)^2}} \cdot \frac{\sqrt{n\sum Y^2 - (\sum Y)^2}}{\sqrt{n\sum X^2 - (\sum X)^2}} = b$$

即

$$b = r \cdot \frac{S_Y}{S_X}, \text{ 或 } r = \frac{S_X}{S_Y} \cdot b \qquad (8-16)$$

公式(8-15)和(8-16)说明了回归系数 b 与相关系数 r 之间的数量联系,在实际分析中,可利用上述公式相互推算。

二、回归直线参数 a、b 计算的简化

为了简化计算起见,可以采用移轴的方式,如图 8.5 所示。

以变量 X 和 Y 各自的平均值为原点,而以 $x=(X-\overline{X}),y=(Y-\overline{Y})$ 分别代替原来的 X,Y 之值,可以得出新的正规方程组:

$$\sum y = na + b\sum x \quad (8-17)$$

$$\sum xy = a\sum x + b\sum x^2 \quad (8-18)$$

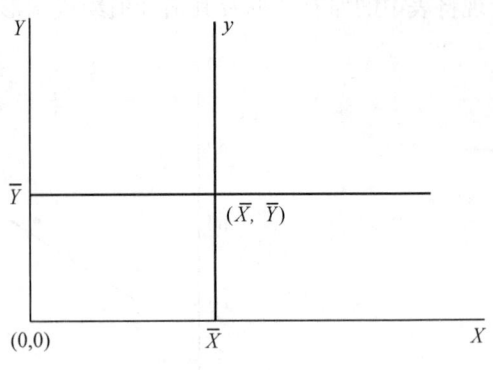

图 8.5 移轴

容易证明:

$$\sum x = \sum(X-\overline{X}) = 0$$

$$\sum y = \sum(Y-\overline{Y}) = 0$$

于是,(8-17)式和(8-18)式分别缩减为

$$0 = na + 0$$

$$\sum xy = b\sum x^2$$

从而 $a=0$,$b=\dfrac{\sum xy}{\sum x^2}$。亦即在新坐标轴中,$a$($Y$ 截距)为 0。按上式计算 b(斜率)时,需要根据观测值逐个求与平均数的离差,相当烦琐。可以进一步加以简化,即:

$$b = \frac{\sum xy}{\sum x^2} = \frac{\sum(X-\overline{X})(Y-\overline{Y})}{\sum(X-\overline{X})^2} = \frac{\sum XY - n\overline{YX}}{\sum X^2 - n\overline{X}^2} \text{①} \quad (8-19)$$

现用表 8-5 中的数字资料代入(8-19)式,得:

$$b = \frac{2\,554 - 10(3.5)(69.7)}{133 - 10(3.5)^2} = \frac{114.5}{10.5} = 10.9$$

与以前计算的结果相同。a 之值仍按(8-10)式求出。

---

① $\sum xy = \sum(X-\overline{X})(Y-\overline{Y}) = \sum XY - \sum X\overline{Y} - \sum Y\overline{X} + \sum \overline{X}\overline{Y}$
$= \sum XY - \overline{X}\sum Y - \overline{Y}\sum X + n\overline{X}\overline{Y} = \sum XY - n\overline{X}\overline{Y} - n\overline{Y}\overline{X} + n\overline{X}\overline{Y}$
$= \sum XY - n\overline{X}\overline{Y}$

$\sum x^2 = \sum(X-\overline{X})^2 = \sum X^2 - 2\overline{X}\sum X - n\overline{X}^2 = \sum X^2 - 2n\overline{X}^2 + n\overline{X}^2$
$= \sum \overline{X}^2 - n\overline{X}^2$

三、回归直线的代表性分析

将建立的回归方程运用于预测之前,需要检验回归方程的代表性,如果回归方程通过统计检验,则可以用方程估计值 Y_C 去推断或预测实际值 Y。检验方程回归系数的拟合优劣程度的统计指标有可决系数、相关指(系)数、估计标准误差等,现分别叙述如下。

(一) 总变差的分解

建立直线回归方程时,我们知道实际观察值是围绕其平均数 $\overline{Y}$ 上下波动的。以最小二乘法所建立的线性模型 $Y_C = a + bX$,由其标准方程可知 $\overline{Y} = a + b\overline{X}$,可见回归直线 $Y_C = a + bX$ 必经过点 $A(\overline{X}, \overline{Y})$,任选一个不在直线上的观察点 $B(X, Y)$,其纵坐标 Y 相对应的估计值为 Y_C,Y_C 即为 C 点 (X, Y_C) 的纵坐标。将上述 A, B, C 三点绘于图 8.6。

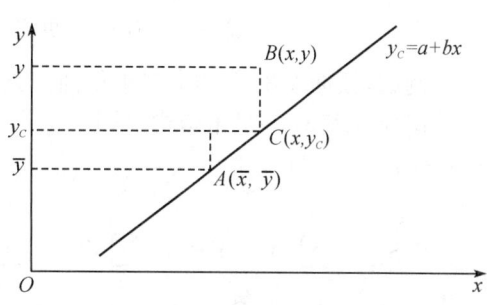

图 8.6 总变差分解图

由图 8.6 可知,观察值 Y 与平均数 $\overline{Y}$ 之间的离差 $Y - \overline{Y}$ 可以分解为:

$$(Y - \overline{Y}) = (Y - Y_C) + (Y_C - \overline{Y})$$

等式两边分别平方得:

$$(Y - \overline{Y})^2 = [(Y - Y_C) + (Y_C - \overline{Y})]^2$$

对每个观察点都进行同样的分解和平方,然后对 n 个观测点的离差平方求和,则有:

$$\sum(Y - \overline{Y})^2 = \sum[(Y - Y_C) + (Y_C - \overline{Y})]^2$$
$$= \sum(Y - Y_C)^2 + \sum(Y_C - \overline{Y})^2 + 2\sum(Y - Y_C)(Y_C - \overline{Y})$$

由最小二乘法的数学基础可以证明:[①]

$$\sum(Y - Y_C)(Y_C - \overline{Y}) = 0$$

因而总变差可以分解为:

$$\sum(Y - \overline{Y})^2 = \sum(Y_C - \overline{Y})^2 + \sum(Y - Y_C)^2 \quad (8-20)$$

根据总变差的因素影响因子关系,将 $\sum(Y - \overline{Y})^2$ 称为总变差,以 S_T 表示,总变差说

---

① $\sum(Y - Y_C)(Y_C - \overline{Y}) = \sum(Y - Y_C)(a + bX + \overline{Y})$
  $= a\sum(Y - Y_C) + b\sum X(Y - Y_C) - \overline{Y}\sum(Y - Y_C)$
  $= 0$

其中:$\sum(Y - Y_C) = 0$,$\sum X(Y - Y_C) = 0$。

明各观察值 Y 与平均值 $\overline{Y}$ 的离差平方和；将 $\sum(Y_C-\overline{Y})^2$ 称为回归变差，以 S_R 表示，回归变差表示估计值 Y_C 与平均值 $\overline{Y}$ 的离差平方和，它说明各个估计值 Y_C 的变动是由于 X 的变动而引起的变动程度，说明 S_R 是由 X 和 Y 的直线回归关系引起的，是可以由回归直线做出解释的部分；将 $\sum(Y-Y_C)^2$ 称为剩余变差，以 S_E 表示，剩余变差是各观察值与估计值的离差平方和，表示各观察值 Y 围绕回归直线 $Y_C=a+bX$ 的变动程度，它是除了 X 对 Y 的线性影响之外的一切随机因素所引起的 Y 的变动，是回归直线所不能解释的部分，即总变差中减去回归变差后的剩余变差（又称残差）。所以(8-20)式可写为：

$$总变差(S_T) = 回归变差(S_R) + 剩余变差(S_E)$$

例如，根据表 8-5 的资料求得回归方程为：$Y_C=31.5+10.9X$，进行总方差分解，有关数据列入表 8-5 最末两栏。则

$$S_E = \sum(Y-Y_C)^2 = 255.53$$
$$S_T = \sum(Y-\overline{Y})^2 = \sum Y^2 - (\sum Y)^2/n = 50\,085 - 48\,580.9 = 1\,504.1$$
$$S_R = S_T - S_E = 1\,504.1 - 255.53 = 1\,248.57$$

计算说明根据表 8-5 资料建立的回归方程，总变差为 1 504.1，其中有 1 248.57 是回归变差，即用回归直线 $Y_C=31.5+10.9X$ 可以做出解释的部分，还有 255.53 是回归直线不能做出解释的部分，即它是 X 以外的随机因素促成的，与 X 无关，为剩余变差。

（二）可决系数和相关指数

总变差是由回归变差和剩余变差两部分构成。其中，回归变差说明回归直线可以做出解释的部分。回归变差占总变差的比重越大，说明观察值离回归直线越近，用自变量 X 通过回归方程求得其相应的 Y_C 值去估计实际值 Y 就越准确，说明 X 与 Y 之间关系越密切，回归直线的代表性越好。因此，回归变差占总变差的比例可以作为一个统计指标，用以衡量 X 与 Y 之间相关关系的密切程度以及回归直线拟合的优劣程度，称之为可决系数，用 R^2 表示。其公式为：

$$R^2 = \frac{S_R}{S_T} = \frac{S_T - S_E}{S_T} = 1 - \frac{S_E}{S_T} \tag{8-21}$$

即：
$$R^2 = \frac{\sum(Y_C-\overline{Y})^2}{\sum(Y-\overline{Y})^2} = 1 - \frac{\sum(Y-Y_C)^2}{\sum(Y-\overline{Y})^2} \tag{8-22}$$

根据表 8-5 的资料可求得 $R^2 = \frac{S_R}{S_T} = \frac{1\,248.57}{1\,504.1} = 0.83$，说明产量变化的 83% 可以由与其相应的训练时间的变化来解释，其余 17% 是由随机因素引起的。

由回归变差占总变差比例的关系可知：当 X 与 Y 完全相关时，对样本的观察值来说，Y 的实际观察值与 Y 的估计值将是一致的，图形上显示所有的观察点都落在回归直线上，此时，剩余变差 $\sum(Y-Y_C)^2=0$，$\sum(Y_C-\overline{Y})^2=\sum(Y-\overline{Y})^2$，$R^2=1$，说明 X 与 Y 之间存在完全直线相关，变量 Y 的变异全部与变量 X 的变异有关，即所有的变差都

可由回归直线解释。反之,当 X 与 Y 完全不相关,表明所有的变差都由随机因素引起,而回归直线不能解释任何变差,则回归变差 $\sum(Y_C-\overline{Y})^2=0$,$\sum(Y-Y_C)^2=\sum(Y-\overline{Y})^2$,$R^2=0$。上述分析表明:$0\leqslant R^2\leqslant 1$。

一般情况下,R^2 的取值介于 0 和 1 之间。R^2 值越大,说明回归直线所解释的回归变差比重越大,则 X 与 Y 的相关关系越密切,回归直线的代表性越好。

将可决系数开平方根,可得相关指数 R

$$R=\pm\sqrt{\frac{\sum(Y_C-\overline{Y})^2}{\sum(Y-\overline{Y})^2}}=\pm\sqrt{1-\frac{\sum(Y-Y_C)}{\sum(Y-\overline{Y})^2}}$$
$$(-1\leqslant R\leqslant +1) \tag{8-23}$$

对于直线相关来说,相关指数 R 等同于直线相关系数 r,其含义基本相同。对于曲线相关来说,R 具有独立的意义。因此,无论是直线相关还是曲线相关,都可以用相关指数来反映变量间相关关系的密切程度。

R 反映变量间的相关程度,其原理及相关程度的划分与 r 基本一致。由于直线相关涉及正相关与负相关之分,因此,R 的符号应与回归系数 b 的符号一致,以表明正相关或负相关。

上例中,$R^2=0.83$,$R=\pm\sqrt{0.83}=+0.91$,因为 b 为 $+10.9$,所以 R 取正值,表明 X 与 Y 之间存在高度正相关关系。根据同一资料,我们已求得 X 与 Y 的直线相关系数 $r=0.91$,可见 $R=r$。这说明在直线相关条件下,以 R 求 r 和利用实际资料求 r 的结果是完全相同的。而当曲线相关时,只能用 R 反映变量间的相关程度。

(三) 估计标准误差

研究两个变量的直线关系时,根据直线回归方程,按给定的自变量之值可以推算出相应的因变量之值,亦即得出估计值 Y_C。而估计值 Y_C 与其对应的实际观测值 Y 之间存在一定的离差,称为估计误差。这种估计误差的大小,可以说明回归方程估计或推算结果的准确程度,同时也可以反映回归直线代表性的大小。

以上所述的 X 与 Y 之间的关系,在散点图上可以拟合一条与各观测点最佳配合的直线。但这些观测点所代表的若干对观测值,是从具有一定关系的很多对变量 X、Y 的总体中抽取的一个样本,所以这样求出的直线称为样本回归直线,它是总体回归直线

$$E(Y)=\alpha+\beta x$$

的估计线。由于总体的真值是未知的,只能以样本回归系数 a、b 作为总体回归系数 α、β 的估计量,以样本回归直线推断总体回归直线的含义。

事实上,根据给定的自变量 X 之值按回归直线分析法估计的 Y 值并不是确定性的,而是有一定程度的变异性,因此需要研究这种估计的准确程度。不言而喻,假使总体中 Y 值比较集中,估计的准确性就高;反之,总体中 Y 值比较离散,则估计的准确性就低。但由于总体的真值是未知的,其离散程度一般也是未知的,因此只能通过样本观测值 Y 对回归直线的离散程度进行估计。

与测定变量数列的标志变异度时采用标准差相类似,在回归分析中,采用估计标准误差这一指标来衡量样本观测值 Y 对回归直线的离散程度:

$$S_{Y \cdot X} = \sqrt{\frac{\sum (Y - Y_C)^2}{n-2}} \qquad (8-24)$$

式中，$S_{Y \cdot X}$ 表示给定 X 值时，Y 观测值分布的标准差，即估计标准误差，也称为回归标准差；下标$(Y \cdot X)$ 主要表示与另一条回归直线计算的标准误差 $S_{X \cdot Y}$ 有所区别。Y 是给定 X 值时的实际观测值。Y_C 是按回归方程 $Y_C = a + bX$ 进行估计的值，是位于回归直线上的点。n 是样本容量，即 X 与 Y 成对出现的数据的数目。公式中采用的自由度数为 $n-2$，这是因为按最小二乘法求解参数 a 和 b，受到两个正规方程的约束，失去了两个自由度。

根据表 8-5 中的资料计算，得

$$S_{Y \cdot X} = \sqrt{\frac{\sum (Y - Y_C)^2}{n-2}} = \sqrt{\frac{255.53}{8}} = 5.65（件）$$

结果表明，回归线估计的月产量的标准误差为 5.65 件。

从(8-24)式 $S_{Y \cdot X}$ 的定义以及上述算例可以看出，估计标准误差是给定 X 值时，Y 实际观测值对其估计值 Y_C 的平均离差。当 $S_{Y \cdot X} = 0$，表示 Y 和 Y_C 完全一致，从散点图上来看，则所有的观测点全部落在回归直线上。显然，这个数值愈小，说明估计值的代表性愈高，观测点愈靠近回归直线，其离散程度愈小。反之，这个数值愈大，表明估计值的代表性愈低，亦即观测点的离散程度愈大。由此可见，估计标准误差不仅是用来说明回归方程估计结果的准确程度，反映回归直线代表性大小的统计分析指标，并且具有统计推断的作用。

公式(8-24)的含义比较明确，其计算过程表明了估计标准误差是用平均误差来表达的。但计算手续相当烦琐，需要逐项计算 $Y - Y_C$ 之值。如果已经求得直线回归方程的参数 a 和 b 之值，就可以直接利用回归方程的数据 $\sum Y^2$、$\sum Y$ 和 $\sum XY$ 计算，其公式如下：

$$S_{Y \cdot X} = \sqrt{\frac{\sum Y^2 - a\sum Y - b\sum XY}{n-2}} \qquad (8-25)^{①}$$

---

① $(n-2)S_{Y \cdot X}^2 = \sum (Y - Y_C)^2 - \sum [Y - (a+bX)]^2 = \sum [Y^2 - 2Y(a+bX) + (a+bX)^2]$
$= \sum [Y^2 - 2aY - 2bXY + a^2 + 2abX + b^2X^2]$
$= \sum Y^2 - 2a\sum Y - 2b\sum XY + na^2 + 2ab\sum X + b^2\sum X^2$

将其中 $na^2 + 2ab\sum X + b^2\sum X^2$ 排成如下的形式：

$na^2 + ab\sum X + ab\sum X + b^2\sum X^2 = a(na + b\sum X) + b(a\sum X + b\sum X^2)$
$= a(\sum Y) + b(\sum XY)$

因此：$(n-2)S_{X \cdot Y}^2 = \sum Y^2 - 2a\sum Y - 2b\sum XY + a(\sum Y) + b(\sum XY)$
$= \sum Y^2 - a\sum Y - b\sum XY$

$S_{Y \cdot X} = \sqrt{\frac{\sum Y^2 - a\sum Y - b\sum XY}{n-2}} = \sqrt{\frac{\sum (Y - Y_C)^2}{n-2}}$

根据表 8-5 中的数据计算,已知:$\sum Y = 697$,$\sum XY = 2554$,$a = 31.5$,$b = 10.9$;再计算 $\sum Y^2 = 50085$。代入(8-25)式,得

$$S_{Y \cdot X} = \sqrt{\frac{50085 - (31.5)(697) - 10.9(2554)}{10 - 2}}$$

$$= \sqrt{\frac{290.9}{8}} = \sqrt{36.36} \approx 6.0 (件)$$

估计标准误差与相关指数可以从不同角度来描述变量间相关的程度,说明回归直线的代表性大小,两者有着一定的联系。

当样本容量 n 很大时,$n - 2 \approx n$,则有:

$$\sum (Y - Y_C)^2 = n S_{Y \cdot X}^2, \quad \sum (Y - \overline{Y})^2 = n \sigma_Y^2$$

从而有

$$R = \sqrt{1 - \frac{\sum (Y - Y_C)^2}{\sum (Y - \overline{Y})^2}} = \sqrt{1 - \frac{S_{Y \cdot X}^2}{\sigma_Y^2}} \tag{8-26}$$

或

$$S_{Y \cdot X} = \sigma_Y \cdot \sqrt{1 - R^2} \tag{8-27}$$

式中:σ_Y^2 可用 S_Y^2 代替,直线相关时,$R = |r|$。

(8-27)式表明:$S_{Y \cdot X}$ 与 R(或 r)可以相互推算,两者均可表示变量间相关关系的密切程度,说明回归直线拟合的优劣程度,但它们的评价数值方向正好相反。R 值越大,$S_{Y \cdot X}$ 值越小,说明相关程度越高,回归线的代表性越好。当 $R = 1$,则 $S_{Y \cdot X} = 0$,说明变量间完全相关;相反,R 值越小,$S_{Y \cdot X}$ 值越大,说明相关程度越低,回归线的代表性越差。当 $R = 0$,则 $S_{Y \cdot X} = \sigma_Y$,这时相关点 X 值无论如何变化,Y_C 的值始终不变,回归直线和 Y 数列的平均线是同一条直线,即 $Y_C = \overline{Y}$,说明变量间完全不相关。

(四)回归估计的置信区间

根据回归方程和估计标准误差,可以进一步用来对因变量 Y 进行估计或推断,其中应用最广泛的就是建立回归估计的置信区间,借以确定回归方程预测或控制 Y 的范围。

按照误差为正态分布的原理,当样本容量 n 大于 30 时,我们可以做以下的假定:

(1) Y 的实际观测值在对应的每个估计值 Y_C 周围都是正态分布的;

(2) 所有的正态分布都具有相同的标准差,即所谓的同方差性。① 以上假定可用示意图表示,如图 8.7。

由样本数据求出估计值(或回归值)的标准误差 $S_{Y \cdot X}$ 以后,可以利用标准化正态分布曲线下的面积查对表,以一定的概率和精确度对总体回归值做区间估计。根据上述两个假定,如果观测值的点子在回归直线两侧呈正态分布,则可以期望:

---

① 在给定的任何 X 值上,Y 分布的 σ^2(即标准差的平方)相等。

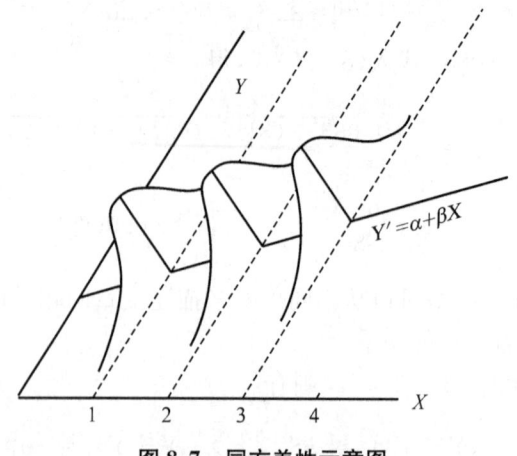

图 8.7　同方差性示意图

(1) 约有 68.3% 的点子落在回归直线 $\pm S_{Y \cdot X}$ 范围内；
(2) 约有 95.5% 的点子落在回归直线 $\pm 2S_{Y \cdot X}$ 范围内；
(3) 约有 99.7% 的点子落在回归直线 $\pm 3S_{Y \cdot X}$ 范围内。

建立置信区间，可以进行区间估计。

例如，根据抽样调查资料，由给定的自变量 $X = X_0$ 来估计或预报因变量 Y 可能取值的范围时，一般采用上述的区间估计。可以预料，利用回归方程估计或预报的 Y 值，当其不超过 $2S_{Y \cdot X}$ 范围时，这种抽样估计或推断的可靠性为 95.5%；确切地说，在这一估计区间包含该估计值的概率为 95.5%。现在以表 8-5 中的资料为例，说明如何建立受过操作训练时间为 2 个月（即给定 $X_0 = 2$）的学徒工的平均月产量的置信区间或预测区间如下：

因为 $Y_C = a + bX_0 = 31.5 + (10.9)(2) = 53.3$ 件，$S_{Y \cdot X} = 6$ 件，则：

$$Y_C + 2S_{Y \cdot X} = 53.3 + (2)(6) = 65.3 \text{ 件（上界）}$$
$$Y_C - 2S_{Y \cdot X} = 53.3 - (2)(6) = 41.3 \text{ 件（下界）}$$

即在 41.3～65.3 件内，包含估计的 Y 值的概率为 95.5%[①]。

在回归分析中，根据给定的 X 值，按回归方程式预计 Y 的数值，一般称之为估计或预测问题。所谓控制问题，就是要求 Y 在某一区间内取值时，相应的 X 值应控制在什么范围内，即计算出控制区间。其方法同上，只要根据已知的 Y 值，由线性回归方程式反求 X 的控制值的上界和下界。

（五）多元线性回归

以上所述的一元线性回归，是一个因变量 Y 由另一个有联系的自变量 X 来估计，但在复杂的经济现象中，有关的自变量往往是多个，因此，一个因变量 Y 要用多个自变量联

---

① 应该指出，这一结果并不精确，因为符合正态分布的置信区间仅仅适用于大样本，本例中所采用的是小样本（$n < 30$），这就涉及 t 分布问题，可以参考数理统计教科书。

合进行估计,才能得出比较满意的结果。例如,产品的成本不仅取决于生产该产品的原材料价格,而且也与产品产量、技术水平、管理水平等因素有关。又如,农作物产量受雨量、温度、施肥量等多个因素的影响。描述一个因变量与两个或两个以上自变量之间的数量关系称为多元线性回归。它是一元线性回归的扩展,在计算上比较复杂,但其基本原理与一元线性回归分析类似。

多元线性回归方程的一般表达式为:

$$Y_C = a + b_1X_1 + b_2X_2 + \cdots + b_kX_k \tag{8-28}$$

为了便于说明起见,当自变量较多而应采用影响因变量的两个主要自变量 X_1 和 X_2 时,其线性回归方程为:

$$Y_C = a + b_1X_1 + b_2X_2$$

式中:Y_C 为二元回归估计值;a 为常数项;b_1 和 b_2 分别为 Y 对 X_1 和 X_2 的回归系数,b_1 表示自变量 X_2 为一定时,由于自变量 X_1 变化一个单位而使 Y 平均改变的数值,b_2 则表示自变量 X_1 为一定时,由于自变量 X_2 变化一个单位而使 Y 平均改变的数值,因此,b_1 和 b_2 称为偏回归系数。

如果有 n 组 Y、X_1 和 X_2 的数据,其主要问题是求参数 a、b_1 和 b_2 之值,能使平方和 $\sum(Y-Y_C)^2$ 具有最小值。求解方法仍用最小二乘法,即分别对 a、b_1 和 b_2 求偏导数,并令函数的一阶导数等于零,得如下三个正规方程:

$$\begin{cases} na + b_1\sum X_1 + b_2\sum X_2 = \sum Y \\ a\sum X_1 + b_1\sum X_1^2 + b_2\sum X_1X_2 = \sum X_1Y \\ a\sum X_2 + b_1\sum X_1X_2 + b_2\sum X_2^2 = \sum X_2Y \end{cases} \tag{8-29}$$

例如,研究消费者对某种商品的需求量(以 Y 表示),主要取决于消费者的收入(以 X_1 表示)和该商品的价格(以 X_2 表示),并假设已掌握如表 8-6 中的资料,就可以按(8-29)式做如下的计算。

将表中算出的数值直接代入(8-29)式,得

$$\begin{cases} 10a + 4\,450b_1 + 40b_2 = 400 \\ 4\,450a + 2\,347\,500b_1 + 16\,250b_2 = 190\,250 \\ 40a + 16\,250b_1 + 180b_2 = 1\,475 \end{cases}$$

表 8-6 二元线性回归方程计算表

需求量 Y(千克)	每人月平均收入 X_1(元)	商品价格 X_2(元)	X_1^2	X_1X_2	X_1Y	X_2^2	X_2Y
50	500	3	250 000	1 500	25 000	9	150
40	300	5	90 000	1 500	12 000	25	200
40	600	4	360 000	2 400	24 000	16	160

续表

需求量 Y(千克)	每人月平均收入 X_1(元)	商品价格 X_2(元)	X_1^2	$X_1 X_2$	$X_1 Y$	X_2^2	$X_2 Y$
35	250	4	62 500	1 000	8 750	16	140
25	150	6	22 500	900	3 750	36	150
30	200	5	40 000	1 000	6 000	25	150
45	650	3	422 500	1 950	29 250	9	135
50	500	2	250 000	1 000	25 000	4	100
55	700	2	490 000	1 400	38 500	4	110
30	600	6	360 000	3 600	18 000	36	180
400	4 450	40	2 347 500	16 250	190 250	180	1 475

解上述联立方程组,得: $a \approx 57.15$, $b_1 \approx 0.01$, $b_2 \approx 5.44$。[①]于是,估计的二元线性回归方程为:

$$Y_C = 57.15 + 0.01 X_1 - 5.44 X_2$$

根据假设的小样本数据得出的上述关系式表明,在观测资料范围内,当 X_2 不变,需求量将随着消费者收入的增加而有所增加(b_1 是正值);当 X_1 不变,则需求量随着价格的上涨而减少(b_2 为负值)。

必须指出,以上所述的一元或二元线性回归方程,通常都是根据一定范围内的样本数据计算得出的,因此只适用于该范围内的内插预测或估计。如果超出这个范围以外进行外推预测,得出的估计值 Y_C 往往是无效的。因为超出了给定范围时,原来估计的回归方程具有较大的不肯定性,很可能不再反映客观实际情况,仍用原有的回归方程进行外推预测,其结果当然是不可信的。

(六) 化曲线方程为直线方程

在社会经济现象中,有时两个变量之间的关系并不都是线性关系,为了符合客观实际情况,有必要选择适当的曲线进行拟合。曲线拟合的主要步骤:(1)根据有关专业知识还不能从理论上来确定 X 与 Y 之间的函数关系时,就要根据实际观测资料绘制散点图,从散点的分布状态和特征,选择适当的曲线来拟合这些观测数据。(2)确定函数类型后,进一步就要确定待拟合函数中的未知参数。(3)确定未知参数最常用的方法仍是最小二乘法,但需要先通过变量变换,化曲线方程为直线回归方程,然后再用以前所述的方法确定方程中的参数之值。

用变量变换的方法可以将某些对应关系较复杂的函数化为简单的线性函数,亦即化曲线为直线,这在实际运用中有重要的意义。现在以常见的指数曲线型为例,主要用来说明变量变换的方法。

[①] 在多元回归分析中,对计算出的各项参数数值是否有效(即是否有显著意义),应进行显著性检验,可以参阅经济计量学等著作。

当自变量 X 作等差的增大或减小时,因变量 Y 随之而作等比的增大或减小,则按指数函数拟合曲线是合适的,其回归方程为

$$Y_C = ab^X \qquad (8-30)$$

其中:a 和 b 是待定参数,自变量 X 是参数 b 的指数,Y_C 代表相应的估计值。[①]

对(8-30)式两边取对数,于是有

$$\lg Y_C = \lg a + X \lg b$$

设 $\lg Y_C = Y'_C$,$\lg a = a'$,$\lg b = b'$,则(8-30)式化为

$$Y'_C = a' + b'X \qquad (8-31)$$

可见,通过变量变换,指数曲线回归方程化为一元线性回归方程。于是,根据下述正规方程求解 a' 和 b' 之值:

$$\begin{cases} na' + b'\sum X = \sum y' \\ a'\sum X + b'EX^2 = EXY' \end{cases} \qquad (8-32)$$

其中 $Y' = \lg Y$。由 a'、b' 之值容易求出 a、b 之值。

现在以 10 个同类企业生产某种产品的月产量与单位产品成本的资料为例,说明如下:

表 8-7 指数曲线方程化为一元线性回归方程计算表

月产量 X(千件)	单位产品成本 Y(元)	X^2	$Y' = \lg Y$	$\sum XY'$	$Y'_C = \lg Y_C$	Y_C
5	8.0	25	0.903 1	4.515 5	0.887 7	7.72
8	7.5	64	0.875 1	7.000 8	0.840 0	6.92
12	6.4	144	0.806 2	9.674 4	0.776 4	5.97
18	4.5	324	0.653 2	11.757 6	0.681 0	4.79
20	3.8	400	0.579 8	11.596 0	0.649 0	4.45
25	3.3	625	0.518 5	12.962 5	0.569 7	3.71
28	3.2	784	0.505 1	14.142 8	0.522 0	3.32
30	3.1	900	0.491 4	14.742 0	0.490 2	3.09
32	3.0	1 024	0.477 1	15.267 2	0.458 4	2.87
35	3.0	1 225	0.477 1	16.698 5	0.410 7	2.57
213	45.8	5 515	6.286 6	118.357 3	—	45.32

---

① 这一回归方程也是在一定条件下的"最佳"拟合曲线,和第五章时间数列中研究现象发展趋势之一的指数曲线类似,所不同的就是该指数曲线中的参数 b 的指数为 t,代表时间的编号次序数。

根据表 8-7 计算得出：$n=10$，$\sum X = 213$，$\sum X^2 = 5\,515$，$\sum Y' = 6.286\,6$，$\sum XY' = 118.357\,3$。代入正规方程得：

$$\begin{cases} 10a' + 213b' = 6.286\,6 \\ 213a' + 5\,515b' = 118.357\,3 \end{cases}$$

解上述联立方程，得：

$$a' = 0.967\,2 \quad b' = -0.015\,9$$

$$Y'_C = a' + b'X = 0.967\,2 - 0.015\,9X$$

这就是通过变量变换求得的直线方程，将 X 之值代入上式即得 Y'_C 的相应数值，如表 8-7 中第 6 栏所示。

最后，分别求得 a' 和 b' 的反对数，得：

$$a = 9.272\,6 \quad b = 0.964\,0$$

从而，指数曲线回归方程为

$$Y_C = ab^X = 9.272\,6 \cdot (0.964\,0)^X$$

分别将 X 值代入上式，即得与 X 相对应的 Y_C 之值，见该表中最后一栏数字。（Y_C 之值亦可由 Y'_C 直接求反对数得出，但由于计算误差，可能与表 8-7 中列出的数字略有出入。）

根据表 8-7 中的数据以及上述方程计算结果绘制的散点图和拟合的指数递减曲线，如图 8.8 所示。从图中可以看出，各个观察点并不都在这条曲线上，表现出不同程度的正负离差，这可以归因于其他因素影响的结果，但从所有观察点的分布来看，近似于指数递减曲线。因此，拟合的这条曲线反映单位产品成本随着产量的增加而递减的基本趋势。

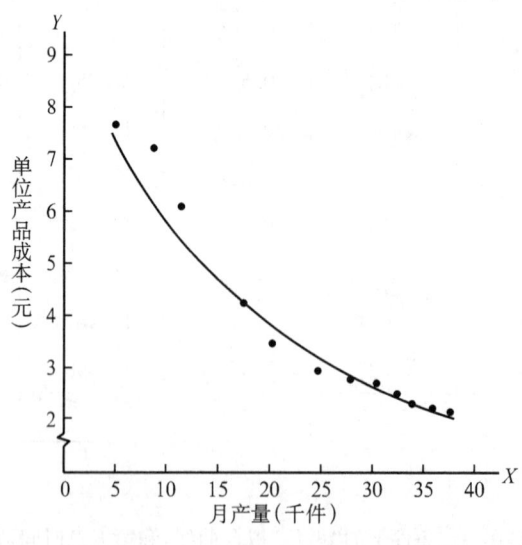

图 8.8

以上说明指数曲线回归方程的变换,一般采取对数的方法。下面以第五章中所述的抛物线型为例,说明将二次曲线回归方程化为二元线性回归方程的变量变换方法。已知二次曲线(抛物线)回归方程为：

$$Y_C = a + bX + cX^2$$

如果设 $X_1 = X$, $X_2 = X^2$,则

$$Y'_C = a + bX_1 + cX_2$$

从而二次曲线回归方程化为包含两个自变量的二元一次线性回归方程。

其他类型的曲线,基本上可以参照上述两种变量变换的方法,化为线性回归方程计算处理。这类问题在数理统计教程中都做了介绍,不再赘述。

第九章 统计推算和预测

第一节 统计推算和预测的意义及其原则

统计在研究社会经济现象发展过程时,要用各种综合指标描述其数量特征和数量关系,都是以实际统计调查资料为基础的。但由于社会经济现象是复杂多变的,不可能或者没有必要都直接进行统计调查,这就需要对社会经济现象及其发展变化进行科学的统计推算和预测。

统计推算和预测就是以实际统计资料为基础,根据社会经济现象的特点、内在联系和发展规律,运用各种统计方法,间接地推算和预测社会经济现象及其发展变化的数量表现与趋势。

统计推算有静态和动态两类,前者是指在一定时期内的推算,后者是指根据过去和现在的资料推算未来。通常,动态推算称为预测,而对以往和现在尚未掌握的资料进行推算,称为统计推算或估算。无论是预测或是统计推算,其共同点都是从已知推算未知,所以有很多方法彼此是可以通用的。

在统计研究工作中,统计推算和预测有以下几个方面的作用:

(一)运用一种现象的数量关系推算另一种现象的数量表现

由于各种现象之间存在着相互联系、相互制约的关系,统计可以根据有关的实际资料和现象之间的对应关系,间接地推算所需的统计资料。例如,根据工商税务机关的资料推算个体经济的生产额和营业额,根据生活费用指数推算货币购买力指数等。

(二)从局部的统计资料推断总体的数量特征

对于错综复杂的社会经济现象,由于条件的限制,不可能或不必要进行全面调查时,统计可以根据局部与整体、特殊和一般的关系,利用抽样或典型资料推断总体的数量指标。例如,在人口普查中,根据抽查发现的重复和遗漏的人口数比例,订正人口总数;在工业产品质量检验中,用抽样总体的产品合格率或废品率代表全部产品的质量;又如,根据典型户的调查资料推断全体居民家庭收支情况等。

(三)对未来发展趋势进行科学预测,增强科学预见性

事物的发展是有规律性的,因此,根据已知资料推算未知数量表现是可能的。例如,统计根据过去和现在的实际资料,对国民经济计划完成情况进行预测分析;对生产经营情况的预测分析;对社会经济现象发展趋势的预测分析等。

统计推算和预测与实际的统计调查具有密切的联系。统计调查资料是统计推算预测的基础,统计推算和预测可以补充实际调查资料的缺口或不足。开展统计推算和预测工作,充分运用统计资料,进一步反映社会经济现象的数量特征和发展趋势,这对于进行判断,做出决策,拟订规划,编制计划和安排工作,都具有重要的意义。

统计推算和预测虽然是以实际统计资料为基础,是从现象的相互联系和内在规律出发的。但社会经济现象的相互联系和内在规律是十分复杂的,因此推算或预测它们之间的数量关系难免要产生一定的误差。为了使其误差减少到最低限度,保证推算或预测结果能满足统计研究的要求,进行推算或预测时应遵循下列几个基本原则:

(一)根据马列主义理论,全面研究所要推算或预测的事物之间的相互联系关系,判明其中是否存在真正的而不是虚假的联系,这种联系是否稳定,能否数量化,有无可比性等。

(二)坚持实事求是的精神,以准确的实际调查资料为依据

为此,应认真查证核实调查资料是否准确可靠,资料的内容、指标的口径等是否与所要推算的现象相适应,以取得可靠的推算数字。

(三)根据研究目的、客观情况和资料特点,选择适当的推算和预测方法

推算和预测的方法是多种多样的,每种方法各自适用于不同的对象和情况,情况起了变化,方法也要做相应的改变。特别是政策的变化,对经济的发展影响很大,往往会造成预测失实。因此,在实践中应不断研究和改进预测方法,缩小预测误差,提高预测质量。同时,可以将几种方法结合起来应用,对结论进行分析比较。

此外,进行模型外推定量测定时,要遵循连贯的原则和类推的原则。连贯的原则是指事物的发展按一定的规律进行,贯彻始终,即事物的未来与发展与其过去和现在的发展没有质的变化。类推的原则是指事物必须有某种相对稳定的结构,这种结构可以用一定的数学模型加以模拟,从而可以根据设定的模型,类比现在,推测未来。因此,如果出现某些突然变化的资料,没有确定的变动方向,带有很大的偶然性因素,这种资料就属于没有一定结构的资料,很难或者不应据以进行预测。

第二节 统计推算的基本方法

统计推算是根据各种关系推算有关指标数值,或者根据非全面调查资料推算总体有关指标数值的方法。其方法是多种多样的,兹将常用的基本方法介绍如下:

一、进度预计分析法

进度预计分析是在基层单位的生产实践中用得较多的一种短期预计推算方法,亦即根据以往的生产发展的规律性，结合考虑有关因素的作用，分析月度、季度或年度所能达到的生产水平，从而预计能否完成该月、季、年的计划。例如，设某企业本年1~11月份生产某种产品2 200吨，12月上、中两旬实际开工17天，生产该种产品130吨，平均日产7.6吨，下旬预定开工9天，考虑到下旬将采取有利的技术措施和分析了职工的积极性，估计日产量可以提高到8吨。根据以上资料，可以预计推算：

(1) 12月份产量将达到 $130 + (8 \times 9) = 202$ 吨

(2) 全年产量将达到 $2\,200 + 202 = 2\,402$ 吨

进度预计分析法根据长时间的统计资料，并开展调查研究和细致的分析工作，来预计估算短时间内可能达到的结果，以利于保证完成或超额完成计划。

二、比例推算法

比例推算就是利用已知某一时期、某一地区或某一单位的某种指标与其有关的指标比例关系，推算其他类似时期、地区或单位的同类指标数值，或者从局部资料的比例推算总体的指标数值。用作推算的比例有结构相对数、指数、换算系数、利用率等。

比例推算法是统计推算中应用最广泛的一种方法。例如，我国工业总产值按不变价格计算时，由于不变价格已改变了五次（1952年、1957年、1970年、1980年、1990年），在不变价格变更前后时期的总产值，需要用换算系数加以推算。一般是在不变价格变动的这一年，如以1981年为例，就要用两种不变价格计算该年的总产值，然后对比计算换算系数：

$$换算系数 = \frac{1981年按1980年不变价格计算的总产值}{1981年按1970年不变价格计算的总产值} \tag{9-1}$$

例如我国1981年的工业总产值按1970年不变价格计算为5 198.83亿元，按1980年不变价格计算为5 177.67亿元，则全国工业总产值不变价格换算系数为：

$$换算系数 = \frac{5\,177.67}{5\,198.83} = 0.996$$

上述换算系数实质上就是价格指数。已知1980年按1970年不变价格计算的总产值为4 992.43亿元，则换算成按1980年不变价格计算的总产值为：$4\,992.43 \times 0.996 = 4\,972.46$ 亿元。

又如在企业的经营管理中，应用企业财务统计资料进行"盈亏分界点（转折点）"推算：

$$企业的利润(P) = 销售收入(S) - 固定成本(F) - 变动成本(V) \tag{9-2}$$

对盈亏分界点（S_0）而言，某种产品的成本（费用）与收入相抵，无盈亏，亦即 $P=0$，所以

$$S_0 - (V + F) = 0$$

由于变动成本V与产量有关，因此在盈亏分界点处的变动成本为VS_0/S，代入上式得：

$$S_0 - \left(V\frac{S_0}{S} + F\right) = 0$$

移项整理：

$$S_o\left(1-\frac{V}{S}\right)=F$$

则

$$S_0=\frac{F}{1-\dfrac{V}{S}} \qquad (9-3)$$

利用上述公式，可以研究销售量、价格、固定成本、变动成本和利润等因素之间的数量关系，根据有关资料，可以进行推算和预测。例如，某商店1995年10月份的固定成本为5 000元，变动成本为65 700元，销售收入为73 000元，代入(9-3)式得：

$$S_0=\frac{F}{1-\dfrac{V}{S}}=\frac{5\,000}{1-\dfrac{65\,700}{73\,000}}=\frac{5\,000}{1-0.9}=50\,000(\text{元})$$

计算结果表明，在变动成本占销售额的比重不变的条件下，该商店的销售额必须保持在50 000元以上，如果低于这一水平就要亏损，高于这一水平就可以获得利润。

此外，可以利用结构相对数或比重进行推算。例如工业部门根据原材料利用率推算需要购买的原材料数量，饮食行业根据原料的出品率推算需要购买的原料数量等。

不论采取结构相对数、换算系数，还是采用利用率等进行推算，都必须注意推算依据的有关统计资料要有同类性，而在两个互相推算的时期、地区和单位的经济条件都要有一定的可比性。

三、因素推算法

社会经济现象的许多因素是有内在联系的。因素推算法就是根据社会经济现象内部各因素之间的联系，从已知因素的统计资料推算未知因素指标数值的方法。应用这种方法时，首先要进行理论分析，考察影响社会经济现象内部的各个因素，正确地确定各因素之间的数量关系。凡是在数量上彼此有相乘或相除的关系，就可以用已知的统计资料推算某项因素的指标数值。例如：

$$\text{工业总产值}=\text{职工人数}\times\text{全员劳动生产率} \qquad (9-4)$$

$$\text{商品零售额指数}=\text{商品零售量指数}\times\text{零售价格指数} \qquad (9-5)$$

$$\text{货币购买力指数}=\frac{1}{\text{职工生活费指数}} \qquad (9-6)$$

四、平衡推算法

社会经济现象之间的相互关系，不仅可以表现为各个因素相互联系的关系，而且可以表现为某种收支方面的平衡关系。平衡推算法就是根据社会经济现象之间客观存在的平

衡关系,从已掌握的实际统计资料,推算某项指标数值的方法。例如商业企业的商品流转现象之间存在如下的收支平衡关系:

$$期初商品库存＋本期商品购进＝本期商品销售＋期末商品库存 \quad (9-7)$$

利用上述平衡关系,只要掌握其中任何三个指标数值,即可推算另一个指标数值。

又如,应用下述公式和有关资料,可以推算本年居民商品购买力:

$$本年居民商品购买力＝年初货币结存＋本年货币收入＋本年货币流入－本年购买\\文化生活服务等支出－本年货币流出－年末货币结存$$
$$(9-8)$$

应用平衡估算法时,要求平衡关系式中的各个项目不发生重复或遗漏现象,而且计算口径要一致,以保证推算指标数值的准确性。

五、依存关系推算法

依存关系推算法就是根据现象之间在数量上存在的某种相互依存关系,由已知的资料推算有关的未知资料的方法。例如,商业企业规模的大小与流通费用率之间存在着一定的数量关系。如果通过调查,得出某地区的有关资料如表 9-1 所列,则假使已知该地区某商店本月销售额为 22 万元,可以推知其流通费用率为 5.8% 左右。

表 9-1 依存关系推算表

每月销售额(万元)	商店数	平均流通费用率(%)
4 以下	8	9.5
4～16	5	6.6
16～28	4	5.8
28 以上	2	5.5

必须指出,采用这种方法进行推算时,要求利用的依存关系比较密切(即要求其相关系数在 0.8 左右),而且这种关系要有相当的稳定性。

六、插值推算法

插值推算法也是一种比例推算的方法,它根据若干已知项目对应关系的统计资料,推算未知项目的对应关系的数值;或者根据时间数列和变量数列中的已知对应数值推算数列中的未知对应数值。这种补缺统计资料的推算法主要有内插推算法、线性插值法和拉格朗日插值法。

(一) 内插推算法

为了插补历史资料,根据时间数列的变动情况,采用不同方法推算个别时期所缺的资料。如果原数列每期基本上按等比速度增长,可以利用平均发展速度推算逐期所缺的数字

资料。例如,已知某地区 1985 年的工业总产值为 8 175 万元,1990 年为 20 000 万元,则

$$\overline{X} = \sqrt[n]{\frac{a_n}{a_0}} = \sqrt[5]{\frac{20\,000}{8\,175}} = 1.196 \text{ 或 } 119.6\%$$

根据平均发展速度 119.6%,可以依次推算 1986—1989 年的工业总产值。例如

$$1986 \text{ 年工业总产值} = 8\,175 \times 1.196 = 9\,777.3(万元)$$

如果原数列每期基本上按等差速度增长,可以用平均增长量推算。

例如在上例中,工业总产值每年平均递增:

$$\frac{20\,000 - 8\,175}{5} = 2\,365(万元)$$

依此可以推算出其中各年所缺的工业总产值:

1986 年:8 175 + 2 365 = 10 540(万元)
1987 年:10 540 + 2 365 = 12 905(万元)
1988 年:12 905 + 2 365 = 15 270(万元)
1989 年:15 270 + 2 365 = 17 635(万元)

(二)线性插值法

根据一个地区或单位的某种比例关系推算类似地区或单位的有关数值时,一般可以直接应用以前所述的比例推算法。如果掌握两个地区或单位有关的数量对应关系的资料,推算另外一个地区或单位对应的未知资料,就要采用线性插值法。

由于两个有关的数量对应关系,可用一定的函数 $Y = f(X)$ 表示。根据 $Y = f(X)$ 上的两点 (X_0, Y_0) 和 (X_1, Y_1),可以唯一地确定一个直线方程 $Y = G(X)$ 的原理,则两点式的直线方程为:

$$\frac{Y - Y_0}{X - X_0} = \frac{Y_1 - Y_0}{X_1 - X_0}$$

整理后即得:

$$Y = Y_0 + \frac{Y_1 - Y_0}{X_1 - X_0}(X - X_0) \tag{9-9}$$

利用上述直线方程 $Y = G(X)$,可以推算 X_0 与 X_1 之间任何 X 点的对应值,近似地代替 $Y = f(X)$ 的数值,这种方法称为线性插值法。

例如,已知某地区甲乙两个企业 1996 年加工某种产品的产量和生产费用资料如下:

表 9-2 线性插值法算例

企业	产量 X(吨)	生产费用 Y(千克)
甲	300	60
乙	420	78

该地区同类企业丙的年产量为 360 吨，缺少生产费用资料，可用线性插值法求出其生产费用近似值为：

$$Y = 60 + \frac{78-60}{420-300} \times (360-300) = 69(千元)$$

上述计算结果可以分为两个部分，第一部分是按甲企业的生产量和生产费用的比例推算的，第二部分是按甲、乙两企业的生产量和生产费用差额的比例推算的。因此，这种推算方法一般要比只按一个企业的有关资料进行比例推算更接近实际。另一方面，这种方法只利用两点的对应值求出 $Y = f(X)$ 的近似值，由于这两点的对应值本身不免受到各种偶然因素的影响，所以线性插值的结果也存在误差。

(三) 拉格朗日插值法

如果已经掌握有对应关系的两个数量指标 X 和 Y 的若干对数据，推算某项对应的未知资料时，可以采用拉格朗日插值法，它是线性插值多项式的推广。

线性插值多项式为：

$$\begin{aligned}
Y &= Y_0 + \frac{Y_1 - Y_0}{X_1 - X_0}(X - X_0) \\
&= \frac{Y_0(X_1 - X_0) + (Y_1 - Y_0)(X - X_0)}{X_1 - X_0} \\
&= \frac{Y_0 X_1 + Y_1 X - Y_1 X_0 - Y_0 X}{X_1 - X_0} \\
&= Y_0 \frac{X - X_1}{X_0 - X_1} + Y_1 \frac{X - X_0}{X_1 - X_0}
\end{aligned} \tag{9-10}$$

拉格朗日多项式为：

$$\begin{aligned}
Y = L(X) = &Y_0 \frac{(X-X_1)(X-X_2)\cdots(X-X_n)}{(X_0-X_1)(X_0-X_2)\cdots(X_0-X_n)} \\
&+ Y_1 \frac{(X-X_0)(X-X_2)\cdots(X-X_n)}{(X_1-X_0)(X_1-X_2)\cdots(X_1-X_n)} \\
&+ Y_2 \frac{(X-X_0)(X-X_1)(X-X_3)\cdots(X-X_n)}{(X_2-X_0)(X_2-X_1)\cdots(X_2-X_n)} \\
&+ Y_3 \frac{(X-X_0)(X-X_1)(X-X_2)(X-X_4)\cdots(X-X_n)}{(X_3-X_0)(X_3-X_1)(X_3-X_2)\cdots(X_3-X_n)} + \cdots
\end{aligned} \tag{9-11}$$

如果已经掌握其两项以上实际的对应资料时，就可以用上式计算对应于 X 点的未知数 Y 的近似值。

例如，假设某部门历年投资额和相应的产量资料如下：

表 9-3 拉格朗日插值法算例

	投资额 X(亿元)	产量 Y(万吨)
0	1	12
1	2	30
2	5	95
3	7	168
4	9	234

当投资额为 8 亿元,可以推算其相应的产量。代入上式：

$$Y = L(X) = 12 \times \frac{(8-2)(8-5)(8-7)(8-9)}{(1-2)(1-5)(1-7)(1-9)}$$

$$+ 30 \times \frac{(8-1)(8-5)(8-7)(8-9)}{(2-1)(2-5)(2-7)(2-9)}$$

$$+ 95 \times \frac{(8-1)(8-2)(8-7)(8-9)}{(5-1)(5-2)(5-7)(5-9)}$$

$$+ 168 \times \frac{(8-1)(8-2)(8-5)(8-9)}{(7-1)(7-2)(7-5)(7-9)}$$

$$+ 234 \times \frac{(8-1)(8-2)(8-5)(8-7)}{(9-1)(9-2)(9-5)(9-7)}$$

$$= 12(-0.094) + 30(0.2) + 95(-0.438) + 168(1.05) + 234(0.281)$$

$$= 205.42 (万号)$$

以上所述的插值推算法的应用,都要假定在所研究的范围内 X 值的变化没有特殊或突然因素的影响,所以这些方法只能在正常条件下用来推算。只要符合上述条件,这些方法也可以用来推测实际资料范围以外的数值。例如,试用投资额 12 亿元代替原来的 X（即 8 亿元）,可按上述拉格朗日多项式预测相应的产量,亦即进行外推。

七、抽样推算法

抽样推算法就是根据样本资料推断所需的总体资料。推算的方法如第七章抽样调查中所述,即根据已得的样本资料直接推算,或者用修正系数法来修正补充全面调查的资料。

第三节 统计预测的一般问题

一、统计预测与经济预测

预测就是根据事物过去和现在的情况,采用科学的方法,推测事物将来的变化和发展趋势,作为调节行动的依据或者进行决策的前提条件。当前,科学的预测技术正在继续发展,涉及的方面十分广泛。例如社会预测、经济预测、科学预测、技术预测和军事预测等等。这些预测都是预测方法的应用,属于实质性预测。统计预测研究如何以实际统计资料为依据,运用各种统计手段以取得比较准确的预测结果的原则和方法,亦即研究预测的方法论。就社会经济统计学而论,主要研究经济领域中的统计预测。

经济预测按照范围的大小,可以分为宏观经济预测和微观经济预测。前者如人口预测,国民经济发展趋势预测,财政金融预测等;后者主要是指一个企业范围各种经济活动的预测,如对本企业生产情况的预测,财务成本方面的预测,或本单位发展前景的预测等。经济预测按所测时间的长短,可以分为近期预测(一年以内)、短期预测(二年以内)、中期预测(二年至五年)和长期预测(五年以上)。近期预测可以为经营管理决策提供信息,短期预测可以为编制短期计划服务,中、长期预测有利于长期计划的编制。按照经济预测的性质,可以分为定性预测和定量预测。前者是对事物的发展趋势、可能出现的情况和问题的预测,主要侧重于事物的性质;后者是对事物的数量变化的预测,数量关系和数量表现是预测的主要内容。此外,经济预测还有静态预测和动态预测,还有点值预测(点估计)和区间预测。

统计预测主要是为上述各种经济预测提供所需的统计方法论,使经济预测科学化。同时,由于统计预测以实际统计资料为依据,以经济理论为指导,以数学模型为手段,所以又成为一种科学的分析方法,在统计分析中占有重要的地位。开展统计预测,使统计工作不再停留在对历史事实的数量描述方面,而能面向未来,进行统计推断,大大提高了统计认识的能力,充分发挥统计服务和统计监督的作用。

二、统计预测的步骤

如同其他统计工作一样,统计预测也应有计划、有步骤地按照一定的程序进行。应用统计方法进行预测,一般要经历以下几个步骤:

(一) 确定预测的目的,广泛搜集所需的资料

预测的目的必须密切联系实际,需要明确而具体,它在一定程度上直接影响预测工作的效率和预测结果的质量。所以,确定预测的目的是进行预测工作必须首先解决的重要问题。

科学的预测是从实际出发的,因此确定目的后,就要按照目的和要求,广泛搜集所需的资料,包括历史资料和现实资料,同时还要注意对具体情况的了解和掌握。

(二) 对统计资料进行审核和调整,并进行初步分析

认真审核搜集的统计资料的可靠性与完整性,对于不完整和不合适的资料进行必要的推算补缺或调整,以保证资料的准确性、完整性和可比性,为下一步预测工作奠定良好的基础。同时,综合运用各种统计分析方法,对经过审核和调整后的资料进行初步分析,揭示事物的内在联系及其发展规律性,以便对所研究的现象有一个系统而全面的了解,有时可以借助于统计图形,观察资料结构的性质,作为选择合适的数学模型的依据。

(三)选择预测模型和预测方法,确定预测公式

预测模型和预测方法是多种多样的,应该从多方面进行权衡,从中选择适当的模型和相应的方法。选择时,一般要考虑预测所要达到的目的和要求,预测对象的性质和情况,预测准确度的要求,预测资料的情况等等。其中最主要的是要针对不同预测对象和一定的资料,既要选择合适的预测模型,又要选择相应的预测方法。一定的预测模型与相应的预测方法相结合,就形成预测公式。

(四)进行预测

根据选定的预测公式和掌握的统计资料,计算出公式中有关的参数值,然后应用有参数的预测公式进行预测。

(五)分析预测的结果,改进预测工作

预测的结果与实际情况一般总是有一定的差距,存在预测误差,即观察值与对应的预测值的离差。预测误差的大小反映预测的准确程度,所以要从各方面研究分析产生误差的原因,为改进预测工作提供依据。如果预测误差超出了允许的范围,就要检查影响预测对象变动的各种因素是否发生了重大的变化,以便针对实际情况,设法改进预测模型和相应的方法。有时,也可以采用几种预测方法对同一对象进行预测,以提高预测的可靠性。

第四节 统计预测的基本方法

社会经济现象的情况复杂,类型多样。为了适应不同的对象和情况以及具体的预测目的和要求,在实践中产生了许多不同的预测方法。

有些常用的预测方法已在动态数列、指数、抽样调查等有关章节中做了介绍。本章第二节中阐述的从现象的相互联系中进行推算的方法如比例推算法、因素推算法、拉格朗日插值法等,也可以作为外推预测的方法。本节主要介绍时间数列的预测方法。

时间数列预测是将预测项目的历史统计资料按时序先后排列起来,分析该序列的变化趋势和规律,从而预测其未来发展的方向。

时间数列预测只考虑现象随时间变化的信息,而不考虑其他因素的影响,因此时间数列预测的前提应是现象变化的相对稳定,这样才能根据历史资料的规律进行预测。

根据前面时间数列因素分解的理论,对因素构成不同的时间数列应采用不同的预测方法:(1)不存在长期趋势和季节变动的时间数列,宜采用平滑方法预测。(2)存在长期趋势但不含季节变动的时间数列,可采用趋势线外推方法预测。(3)同时存在长期趋势和季节变动的时间数列,则应采用趋势季节模型方法预测。现分述如下。

一、平滑预测方法

(一) 移动平均法

移动平均法既可用于时间数列的修匀,也可用于时间数列的预测。它又可分为简单移动平均法和加权移动平均法。

1. 简单移动平均法。它是从时间数列中选取包括本期在内的最近若干期的数据,计算其简单算术平均数作为下一期的预测值,预测时期逐期后移,则所用的数据也相应下移。计算公式为:

$$\hat{Y}_{t+1} = \frac{Y_t + Y_{t-1} + Y_{t-2} + \cdots + Y_{t-n+1}}{n} \quad (9-12)$$

式中:本期为 t 期,预测的下一个时期为 $t+1$ 时期;Y_t 为 t 期的实际数,$\hat{Y}_{t+1}$ 为 $t+1$ 时期的预测值;n 为计算移动平均数的时间长度,例如按 3 个时期或 5 个时期计算,则 n 分别为 3 或 5。

移动平均是局部平均,反映的是短时期的平均水平,作为预测值使用。对于一个长期稳定、而短期有波动的资料,可以采用移动平均法,计算的结果见表 9-4。

表 9-4 移动平均法计算

月份	时期编号	实际销售额（万元）	3个月的移动平均值	5个月的移动平均值
1	$t-10$	11		
2	$t-9$	12		
3	$t-8$	13		
4	$t-7$	14	12.0	
5	$t-6$	13	13.0	
6	$t-5$	14	13.3	12.6
7	$t-4$	17	13.7	13.2
8	$t-3$	17	14.7	14.2
9	$t-2$	16	16.0	15.0
10	$t-1$	19	16.7	15.4
11	t	22	17.3	16.6
12	$t+1$	—	19.0	18.2

按最后三个月的移动平均值计算,$t+1$ 期即 12 月份的销售额预测值为:

$$\hat{Y}_{t+1} = \frac{16+19+22}{3} = 19 (万元)$$

按最后五个月的移动平均值计算,则 12 月份的预测值为:

$$\hat{Y}_{t+1} = \frac{17+17+16+19+22}{5} = 18.2(万元)$$

按不同的时间长度计算的移动平均值并不相同,因此,按 3 个时期还是按 5 个时期计算预测值,应根据实践经验判断。一般地说,如果预测期数值受近期数值的影响比较大,则计算移动平均值的时间长度以短一些为宜。

2. 加权移动平均法。上述移动平均值的计算,将近期和远期数值的影响同等看待,亦即各月的权数是相同的,因此称为简单移动平均法。这种方法没有考虑近期数值的影响较大这一因素,如果所取的时间长度又相当长,则对实际变化的反应不够灵敏,因此预测的准确度较差。为了消除这种缺点,可以加大近期数值对移动平均值的影响,亦即采用加权平均,这种方法叫作加权移动平均法。通常,对远期数值选取较小的权数,对近期数值选取较大的权数。计算公式为:

$$\hat{Y}_{t+1} = \frac{Y_t X_t + Y_{t-1} X_{t-1} + Y_{t-2} X_{t-2} + \cdots + Y_{t-n+1} X_{t-n+1}}{X_t + X_{t-1} + X_{t-2} + \cdots + X_{t-n+1}} \tag{9-13}$$

例如在上例中,按 3 个时期计算加权移动平均值,假定其权数为 $X_t = 3$,$X_{t-1} = 2$,$X_{t-2} = 1$,则 $t+1$ 期即 12 月份的预测值为

$$\hat{Y}_{t+1} = \frac{22 \times 3 + 19 \times 2 + 16 \times 1}{3+2+1} = \frac{120}{6} = 20(万元)$$

从反映实际销售额发展趋势来看,3 个时期的加权移动平均值比简单移动平均值的准确度稍高一些。

采用移动平均法,对于各期的实际销售额进行平均,将使偶然性变化的影响程度降低,因此对销售状况进行短期预测是合适的。如果实际销售状况呈现稳定上升、稳定下降或周期性变动等的趋势,采用简单移动平均就会产生较大的误差,如图 9.1 所示。

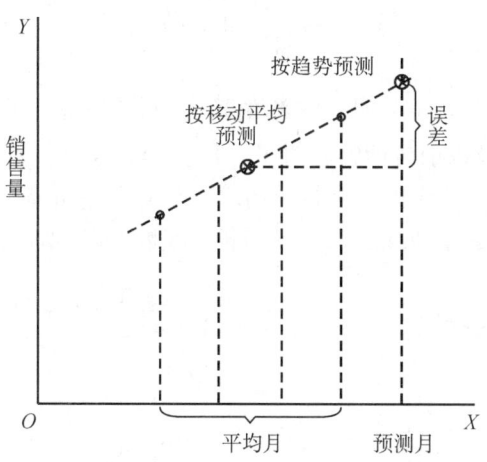

图 9.1 移动平均预测示意图

(二) 指数平滑法

指数平滑法是统计预测中广泛使用的一种方法,它是加权移动平均法的进一步改进和发展。该方法根据对权数递增快慢的要求,选择权数 $\alpha(0\leqslant\alpha\leqslant 1,\alpha$ 又称平滑系数),对本期实际值 Y_t 和本期预测值 $\hat{Y}_t$ 加权平均来推算下一期预测值 $\hat{Y}_{t+1}$ 的一种预测方法。计算公式为:

$$\hat{Y}_{t+1} = \alpha Y_t + (1-\alpha)\hat{Y}_t \qquad (9-14)$$

上式也可以表示为:

$$\hat{Y}_{t+1} = \hat{Y}_t + \alpha(Y_t - \hat{Y}_t) \qquad (9-15)$$

该式的意义是:下一期预测值是本期预测值加上 α 乘以本期的预测误差。因为在本期预测误差中,一部分是由于现象发展中的本质因素变动所引起,这部分误差需在下一期预测中加以调整,其余部分一般认为是因偶然性因素影响所引起,不必给予调整。α 值反映并确定了预测误差中需调整的比例大小。以上介绍的指数平滑法称为一次指数平滑法。

指数平滑法具有递推的性质,其展开式为:

$$\begin{aligned}\hat{Y}_{t+1} &= \alpha Y_t + (1-\alpha)\hat{Y}_t \\ &= \alpha Y_t + \alpha(1-\alpha)Y_{t-1} + (1-\alpha)^2 \hat{Y}_{t} \\ &= \alpha Y_t + \alpha(1-\alpha)Y_{t-1} + \alpha(1-\alpha)^2 Y_{t-2} + \alpha(1-\alpha)^3 Y_{t-3} \\ &\quad + \cdots + \alpha(1-\alpha)^{t-1}Y_1 + (1-\alpha)^t \hat{Y}_1 \end{aligned} \qquad (9-16)$$

当 t 很大时,式中最后一项 $(1-\alpha)^t \hat{Y}_1$ 接近于 0,可略去,则上式可表示为:

$$\hat{Y}_{t+1} = \sum_{i=0}^{t-1} \alpha(1-\alpha)^i Y_{t-i} \qquad (9-17)$$

从展开式中可以看出,$t+1$ 期的预测值 $\hat{Y}_{t+1}$ 就是以 α,$\alpha(1-\alpha)$,$\alpha(1-\alpha)^2$,$\cdots$,$\alpha(1-\alpha)^{t-1}$ 为权数,t 期及以前各期实际值 Y_t,Y_{t-1},Y_{t-2},$\cdots$,Y_1 的指数加权平均数,且近期权数比远期权数大。式中的各项权数构成一个无穷递缩等比数列,首项为 α,公比为 $(1-\alpha)<1$,其等比公约数逐期减少。设 S 为各项权数之和,则:

$$S = \sum_{i=0}^{t-1}\alpha(1-\alpha)^i = \alpha\left[\frac{1-(1-\alpha)^t}{1-(1-\alpha)}\right] = 1-(1-\alpha)^t$$

当 $t \to \infty$

$$\lim_{t\to\infty} S = \lim_{t\to\infty}[1-(1-\alpha)^t] = 1 \qquad (9-18)$$

这说明指数平滑法采用的指数权数具有一个重要性质:当观察数据很多时,其权数之和接近于 1。

运用指数平滑法预测,首先要解决好平滑系数 α 的取值和初始值 $\hat{Y}_1$ 的确定,因为选取不同的 α 值和 $\hat{Y}_1$ 值,会得到不同的预测结果。

平滑系数 α 值的大小直接影响权数 $\alpha(1-\alpha)^i$ 按指数规律衰减的速度。α 值越大,权数递减速度越快,则近期值作用增强,远期值作用减弱,强调近期信息的作用。当 $\alpha=1$ 时,则下一期的预测值就等于本期的实际值。反之,α 值越小,权数递减速度就越慢,呈平滑递减趋势,使各期值的作用平均化,相当于简单移动平均。因此在确定 α 值时,应先分析时间数列的变动特点。如时间数列波动较小或受偶然性因素影响较为明显,α 应取较小值(如 $0.1\sim0.3$);如时间数列波动较大,受趋势因素影响较为明显,α 应取较大值(如 $0.6\sim0.8$);当难以判断时,可选用几个 α 值试算比较,从中选出使预测误差为最小的 α 值。

初始值 $\hat{Y}_1$ 的选择可根据资料项数的多少来确定。当资料项数很多时,经过多次反复平滑运算后,初始值的影响已很小,一般可取第一期的实际值 Y_1 作为初始值;当资料项数较少时,初始值的影响则较大,可取最初几期或研究时期以前一段时间数据的平均值作为初始值。

例如,根据表 9-5 的资料,分别计算各月的指数平滑预测值,并预测 12 月份的产值(取 $\alpha=0.6$,$\hat{Y}_1=98$,假定为上年各月产值的平均值)。

表 9-5　一次指数平滑法预测示例表

月份	实际产值 Y(万元)	预测值 $\hat{Y}_{t+1} = \alpha \hat{Y}_t + (1-\alpha)\hat{Y}_t$(万元)
7	100	98
8	95	$0.6\times100+0.4\times98=99.2$
9	110	$0.6\times95+0.4\times99.2=96.68$
10	125	$0.6\times110+0.4\times96.68=104.67$
11	140	$0.6\times125+0.4\times104.67=116.87$
12		$0.6\times140+0.4\times116.87=130.75$

根据上表资料也可按(9-16)式预测 12 月份的产值:

$$\hat{Y}_{12} = \alpha Y_{11} + \alpha(1-\alpha)Y_{10} + \alpha(1-\alpha)^2 Y_9 + \alpha(1-\alpha)^3 Y_8 + \alpha(1-\alpha)^4 Y_7 + (1-\alpha)^5 \hat{Y}_7$$

$$=0.6\times140+0.6\times0.4\times125+0.6\times0.4^2\times110$$

$$+0.6\times0.4^3\times95+0.6\times0.4^4\times100+0.4^5\times98$$

$$=130.75(万元)$$

与上述计算结果相同。

指数平滑法既有其优点也有其局限性,主要表现在:

(1) 需储存的数据少。只要掌握本期预测值就可预测下一期,而以前所有观察值的作用均包含在被保留的这个预测值中了,比之其他预测方法,它能节约大量的储存空间。

（2）权数 α 的确定科学合理。不仅符合外推预测的要求：即对近期值给以较大权数，对远期值给以较小权数，而且通过对 α 值的不同设定，可有效地控制预测结果的准确程度。

（3）它只适宜进行逐期预测，不能作远期预测。因为它是一种递推预测方法，只能逐期进行。

（4）对具有长期趋势和季节变动的时间数列，不宜直接运用一次指数平滑法进行预测。

（5）该方法容易造成预测值滞后于实际值的情况。因为 $t+1$ 期的预测值 $\hat{Y}_{t+1}$ 是根据 t 期的实际值 Y_t 和预测值 $\hat{Y}_t$ 计算的，它只是 t 期的调整预测值，并没有考虑 $t+1$ 期的实际情况，在时间上滞后了一期，就会产生一定的预测误差。

指数平滑法除了可直接用于外推预测外，也可以作为估计直线或曲线趋势模型参数的方法。如前所述，一次指数平滑法适用于时间数列有一定波动，但没有明显的长期递增或递减趋势的情况。若存在趋势因素，则要进行调整，可采用二次或三次指数平滑法。

二次指数平滑是在一次指数平滑的基础上再进行一次平滑，使数列的变动更加平滑来观察其是否存在线性趋势。如为直线型，则计算二次指数平滑值进行直线趋势拟合及预测；如仍未显示线性趋势，则在二次指数平滑的基础上再进行一次平滑，即三次指数平滑，并计算三次指数平滑值进行曲线趋势拟合及预测。设 $S_t^{(1)}$，$S_t^{(2)}$ 和 $S_t^{(3)}$ 分别为 t 期的一次、二次和三次指数平滑值，则：

$$S_t^{(1)} = \alpha Y_t + (1-\alpha) S_{t-1}^{(1)} \qquad (9-19)$$

$$S_t^{(2)} = \alpha S_t^{(1)} + (1-\alpha) S_{t-1}^{(2)} \qquad (9-20)$$

$$S_t^{(3)} = \alpha S_t^{(2)} + (1-\alpha) S_{t-1}^{(3)} \qquad (9-21)$$

式中的 $S_t^{(1)}$ 相当于一次指数平滑法中 $t+1$ 期的预测值 $\hat{Y}_{t+1}$，但这里不是作预测之用，而是作为第 t 期的平滑值即修匀值。

二、趋势线外推预测方法

就是根据时间数列的实际资料所呈现的变动趋势及发展规律，选定一条合适的趋势直线或曲线，然后运用各种方法求出该趋势线方程，作为外推预测的依据。

进行趋势线外推预测，首先要分析时间数列发展趋势的类型，以确定拟合何种趋势线。其次，可运用分段平均法、最小二乘法及指数平滑法等，求出所配合的趋势线方程，这些方法可以用来估计直线或曲线趋势方程中的参数，以上内容已在前面有关章节做了介绍，不再重复了。最后，根据求得的趋势线方程即可进行预测。

例如，根据表 5-17 资料，用最小二乘法求得的直线趋势方程为：

$$Y_C = 69.8 + 2.6t \quad （方程原点在 1988 年年中）$$

根据上述方程，可以推算时间数列中缺少项目的数值，插补短缺的历史资料，这种方法叫作内插法。同时,利用这一直线方程,延长趋势直线,可以预测时间数列未来发展趋势的数值,这种方法就是外推法。例如,要预测 1995 年的原盐产量,只要将时间指标序号 $t=7$ 代入方程,则预测的趋势值为:

$$\hat{Y}_{1995} = 69.8 + 2.6 \times 7 = 88(万吨)$$

又如,根据表 5-21 资料,用最小二乘法求得的指数曲线趋势方程为:

$$Y_C = 144.3(1.204)^t$$

将 $t=4$ 代入方程,则可求得某市 1998 年人口数的预测值为:

$$\hat{Y}_{1998} = 144.3 \times 1.204^4 = 303.23(万人)$$

下面介绍一种趋势拟合预测的方法——三点法。

三点法类似于分段平均法,不同的它是用加权平均代替简单平均,而且不用全部资料计算。

三点法的基本原理是,根据曲线方程有三个参数(直线两个),可从时间数列首、中、尾分别取 3 项或 5 项数据,(若数列项数 $n<15$,取三项,$n>15$,取 5 项)其权数由近至远,3 项分别为 3、2、1,5 项分别为 5、4、3、2、1,计算出首、中、尾各段的三个加权算术平均数,作为趋势线上的三个数据点(直线用首尾两个平均数)。为使三点之间的间隔相等,n 应为奇数,若 n 为偶数,可去掉数列的最初一项。将三个数据点代入选定的趋势线方程中,可推导出该方程参数的估计公式,就可求得参数。

设 R、S、T 分别代表首、中、尾三段的加权算术平均数,n 为时间数列项数(奇数),$d=(n+1)/2$,$Y_i(i=1,2,\cdots,n)$ 为数列各项数据,则 3 项加权算术平均数为:

$$\begin{cases} R = \dfrac{1}{6}(Y_1 + 2Y_2 + 3Y_3) \\ S = \dfrac{1}{6}(Y_{d-1} + 2Y_d + 3Y_{d+1}) \\ T = \dfrac{1}{6}(Y_{n-2} + 2Y_{n-1} + 3Y_n) \end{cases} \tag{9-22}$$

5 项加权算术平均数为:

$$\begin{cases} R = \dfrac{1}{15}(Y_1 + 2Y_2 + 3Y_3 + 4Y_4 + 5Y_5) \\ S = \dfrac{1}{15}(Y_{d-2} + 2Y_{d-1} + 3Y_d + 4Y_{d+1} + 5Y_{d+2}) \\ T = \dfrac{1}{15}(Y_{n-4} + 2Y_{n-3} + 3Y_{n-2} + 4Y_{n-1} + 5Y_n) \end{cases} \tag{9-23}$$

若拟合抛物线趋势方程:$Y_C = a + bt + ct^2$,可将三个平均点 $(\bar{t}_1, R)$,$(\bar{t}_2, S)$ 和 $(\bar{t}_3, T)$ 分别代入抛物线方程联立求解,可求得参数 a、b、c 的计算公式为:

$$3\text{项平均}\begin{cases} c = \dfrac{2(R+T-2S)}{(n-3)^2} \\ b = \dfrac{T-R}{n-3} - \dfrac{3n+5}{3}c \\ a = R - \dfrac{7}{3}b - 6c \end{cases} \quad (9-24)$$

$$5\text{项平均}\begin{cases} c = \dfrac{2(R+T-2S)}{(n-5)^2} \\ b = \dfrac{T-R}{n-5} - \dfrac{3n+7}{3}c \\ a = R - \dfrac{11}{3}b - 15c \end{cases} \quad (9-25)$$

例如,对某地区历年茶叶收购量资料采用三点法拟合二次曲线,计算数据见表 9-6,进行预测。

从表 9.6 中可知 $n = 11 < 15$,故取 3 项加权平均,依照上述公式计算参数 a、b 和 c 如下:

$$c = \frac{2(R+T-2S)}{(n-3)^2} = \frac{2\times(124.3+294.5-2\times160.7)}{(11-3)^2} = 3.04$$

$$b = \frac{T-R}{n-3} - \frac{3n+5}{3}c = \frac{294.5-124.3}{11-3} - \frac{3\times11+5}{3}\times(3.04) = -17.2317$$

$$a = R - \frac{7}{3}b - 6c = 124.3 - \frac{7}{3}(-17.2317) - 6\times3.04 = 146.27$$

表 9-6 三点法拟合二次曲线算例

年别	t	产量 Y_i (吨)	权数 W_i	$W_i Y_i$	每三年合计	每三年加权平均 (R,S,T)
1984	1	101	1	101		
1985	2	120	2	240	746	$R = 124.3$
1986	3	135	3	405		
1987	—	138	—	—	—	
1988	5	154	1	154		
1989	6	150	2	300	964	$S = 160.7$
1990	7	170	3	510		
1991	—	190	—	—		
1992	9	234	1	234		
1993	10	285	2	570	1 767	$T = 294.5$
1994	11	321	3	963		

得二次抛物线预测方程式为:

$$Y_C = 146.27 - 17.23t + 3.04t^2$$

预测 1998 年茶叶产量,即求 $t = 15$ 时 Y 的理论预测值 Y_C,其结果为:

$$Y_C = 146.27 - 17.23 \times 15 + 3.04 \times 15^2$$
$$= 571.82(吨)$$

三、趋势季节模型预测方法

如果现象的发展趋势存在着一种混合型的变动,即现象的发展一方面有长期趋势变动,另一方面又存在着季节变动。对这种混合型的现象进行外推预测时,应同时考虑长期趋势和季节变动的双重影响。为此,可以配合趋势季节模型进行预测。即先测定时间数列发展的长期趋势,可采用最小二乘法等多种方法对时间数列拟合直线或曲线趋势方程,求出时间数列的趋势预测值。其次,从原数列中将长期趋势剔除后求出季节变差或季节比率。最后,依据加法模型和乘法模型思路,用季节变差或季节比率对趋势值进行调整合成,求出趋势季节模型预测值。公式为:

$$\hat{Y}_t = \hat{T}_t + SV \tag{9-26}$$

$$\hat{Y}_t = \hat{T}_t \times SI \tag{9-27}$$

式中:$\hat{Y}_t$ 为 t 期(季或月)趋势季节模型预测值,$\hat{T}_t$ 为 t 期(季或月)趋势预测值,SV 为季节变差,SI 为季节比率。

我们仍用"时间数列"章中表 5-22A 的算例,对某企业从 1990 年第 3 季至 1994 年第 2 季共 16 个季度的销售量资料用最小二乘法配合直线趋势方程,得:

$$\hat{T}_t = 12.5 + 0.294t$$

我们仍沿用表 5-22D 中计算的季节变差(SV)和表 5-22E 中计算出的季节比率(SI),并把 SV 和 SI 作为季节变动标准,运用(9-26)、(9-27)式计算并预测 1995 年 4 个季度的销售量见表 9-7。

表 9-7 趋势季节模型预测算例

预测年	季别	t	趋势预测值 $\hat{T}_t = 12.5 + 0.294t$ (千件)	季节变差预测		季节比率预测	
				季节变差 SV(千件)	预测值 $\hat{Y}_t = \hat{T}_t + SV$	季节比率 SI(%)	预测值 $\hat{Y}_t = \hat{T}_t \times SI$
1995 年	1 季	19	18.086	-6.25	11.836	56.28	10.179
1995 年	2 季	20	18.380	-3.75	14.630	75.24	13.829
1995 年	3 季	21	18.674	3.75	22.424	126.52	23.626
1995 年	4 季	22	18.968	6.25	25.218	141.96	26.927

运用趋势季节模型进行预测,需要掌握季(月)的趋势值,而实际上,长期趋势的测定常常是以年度资料为依据的,这就需要将求得的年趋势方程转换为季或月的趋势方程,以求得各季(月)的趋势值。对原点定在数列的第一年(即第一年 $t=0$),用最小二乘法计算出来的年直线趋势方程,可用下列公式变换:

$$\text{季变换} \hat{T}_t = \frac{a_\text{年}}{4} - 1.5\left(\frac{b_\text{年}}{16}\right) + \frac{b_\text{年}}{16}t \,(t\text{ 为季度序号}) \tag{9-28}$$

$$\text{月变换} \hat{Y}_t = \frac{a_\text{年}}{12} - 5.5\left(\frac{b_\text{年}}{144}\right) + \frac{b_\text{年}}{144}t \,(t\text{ 为月份序号}) \tag{9-29}$$

转换的基本原理是：将年方程截距 a 除以 4，改为季方程的截距 a，同样将年方程的斜率 b 和年度序号 t 分别同除以 4，即共除以 16，转化为季方程的斜率 b 和季度序号 t。此外，还需将方程原点从年方程的第一个年的年中间点（6月底）移到季方程的第一个季的季中间点（2月中）。由于方程原点前移 1.5 个季度，使方程截距减小了 1.5 个 $b_\text{年}/16$，故要将此数从截距 a 中减去。将上述过程综合起来，就得到公式（9-28）。同理，月方程的转换，只要将 a、b、t 均分别除以 12，并将年方程原点（6月底）移至该年度的 1 月中，因前移 5.5 个月，故要从截距 a 中减去 5.5 个 $b_\text{年}/144$，即可得公式（9-29）。有了上述变换的季（月）资料，再加上季节变动的测定，就可以将两者结合起来进行趋势季节模型的预测。

第五节　预测误差分析

从以上所述的几种常用而又较为简便的预测方法来说，可以肯定，运用一定的数学模型描述社会经济现象发展的基本趋势，以数学方法作为研究现实、探求规律、预测未来，是行之有效的工具。但也应该看到，根据一定事实为基础的数学方程作为预测的工具，总是假定有关的社会经济环境和生产技术条件未发生重大的特殊变化，情况相对稳定，因而预测可能得出比较准确的结果。事实上，社会经济现象的变化是错综复杂的，很难完全按照设定的模型去发展，因而预测的结果可能与未来的实际情况会有所偏离，产生预测误差，即观测值与预测值的离差（$e_i = Y_i - \hat{Y}_i$）。

预测误差的大小反映预测准确程度的高低，所以有必要在长期连续不断的预测实践中，对预测误差进行分析研究，找出预测误差的变动规律，查明原因，改进预测公式，提高预测的质量。

由于预测误差本身是一种变量，需要采用统计方法进行分析，计算预测误差的综合指标。测定一系列预测误差的综合指标有以下三种：

1. 平均绝对误差

$$\text{MAE} = \frac{1}{n}\sum |e_i| \tag{9-30}$$

2. 均方误差

$$\text{MSE} = \frac{1}{n}\sum e_i^2 \tag{9-31}$$

3. 均方根误差

$$\text{RMSE} = \sqrt{\frac{1}{n}\sum e_i^2} \qquad (9-32)$$

在选用预测方法时要结合多方面的情况来考虑,不能以预测误差指标数值的高低作为评价的唯一标准。因为影响预测误差大小的因素很多,既有预测模型、预测方法的特点和适用问题,又有历史资料的可靠性和完整性问题,还有计算中可能出现的差错以及判断的错误,甚至情况发生了重大的变化等等。

通常,计算的预测误差是以一个样本资料为依据的。由样本资料估计模型的参数值,得出预测方程,根据预测方程进行外推,取得所需的预测值。这种预测称为点预测。其预测值有抽样误差。根据点预测值推断总体的真实预测值时,必须考虑预测的抽样误差,计算在一定概率保证下的误差范围,这就是区间预测,预测值 $\hat{Y}_i$ 的置信区间为:

$$\hat{Y}_i \pm t(\text{RMSE}) \qquad (9-33)$$

式中的 t 为概率度,大样本资料用正态分布概率度,小样本则用 t 分布概率度。

附录一 随机数字

53 74 23 99 67	61 32 28 69 84	94 62 67 86 24	98 33 41 19 95	47 53 53 38 09
63 38 06 86 54	99 00 65 26 94	02 82 90 23 07	79 62 67 80 60	75 91 12 81 19
35 30 58 21 46	06 72 17 10 94	25 21 31 75 96	49 28 24 00 49	55 65 79 78 07
63 43 36 82 69	65 51 18 37 88	61 38 44 12 45	32 92 85 88 65	54 34 81 85 35
98 25 37 55 26	01 91 82 81 46	74 71 12 94 97	24 02 71 37 07	03 92 18 66 75
02 63 21 17 69	71 50 80 89 56	38 15 70 11 48	43 40 45 86 98	00 83 26 91 03
64 55 22 21 82	48 22 28 06 00	61 54 13 43 91	82 78 12 23 29	06 66 24 12 27
85 07 26 13 89	01 10 07 82 04	59 63 69 36 03	69 11 15 83 80	13 29 54 19 28
58 54 16 24 15	51 54 44 82 00	62 61 65 04 69	38 18 65 18 97	85 72 13 49 21
34 85 27 84 87	61 48 64 56 26	90 18 48 13 26	37 70 15 42 57	65 65 80 39 07
03 92 18 27 46	57 99 16 96 56	30 33 72 85 22	84 64 38 56 98	99 01 30 98 64
62 95 30 27 59	37 75 41 66 48	86 97 80 61 45	23 53 04 01 63	45 76 08 64 27
08 45 93 15 22	60 21 75 46 91	98 77 27 85 42	28 88 61 08 84	69 62 03 42 73
07 08 55 18 40	45 44 75 13 90	24 94 96 61 02	57 55 66 83 15	73 42 37 11 61
01 85 89 95 66	51 10 19 34 88	15 84 97 19 75	12 76 39 43 78	64 63 91 08 25
72 84 71 14 35	19 11 58 49 26	50 11 17 17 76	86 31 57 20 18	95 60 78 46 75
88 78 28 16 84	13 52 53 94 53	75 45 69 30 96	73 89 65 70 31	99 17 43 48 76
45 17 75 65 57	28 40 19 72 12	25 12 74 75 67	60 40 60 81 19	24 62 01 61 16
96 76 28 12 54	22 01 11 94 25	71 96 16 16 88	68 64 36 74 45	19 59 50 88 92
43 31 67 72 30	24 02 94 08 63	38 32 36 66 02	69 36 38 25 39	48 03 45 15 22
50 44 66 44 21	66 06 58 05 62	68 15 54 35 02	42 35 48 96 32	14 52 41 52 48
22 66 22 15 86	26 63 75 41 99	58 42 36 72 24	58 37 52 18 51	03 37 18 39 11
96 24 40 14 51	23 22 30 88 57	95 67 47 29 83	94 69 40 06 07	18 16 36 78 86
31 73 91 61 19	60 20 72 93 48	98 57 07 23 69	65 95 39 69 58	56 80 30 19 44
78 60 73 99 84	43 89 94 36 45	56 69 47 07 41	90 22 91 07 12	78 35 34 08 72
84 37 90 61 56	70 10 23 98 05	85 11 34 76 60	76 48 45 34 60	01 64 18 39 96
36 67 10 08 23	98 93 35 08 86	99 29 76 29 81	33 34 91 58 93	63 14 52 32 52
07 28 59 07 48	89 64 58 89 75	83 85 62 27 89	30 14 78 56 27	86 63 59 80 02
10 15 83 87 60	79 24 31 66 56	21 48 24 06 93	91 98 94 05 49	01 47 59 38 00
55 19 68 97 65	03 73 52 16 56	00 53 55 90 27	33 42 29 38 87	22 13 88 83 34

续表

53 81 29 13 39	35 01 20 71 34	62 33 74 82 14	53 73 19 09 03	56 54 29 56 93
51 86 32 68 92	33 98 74 66 99	40 14 71 94 58	45 94 19 38 81	14 44 99 81 07
35 91 70 29 13	80 03 54 07 27	96 94 78 32 66	50 95 52 74 33	13 80 55 62 54
37 71 67 95 13	20 02 44 95 94	64 85 04 05 72	01 32 90 76 14	53 89 74 60 42
93 66 13 83 27	92 79 64 64 72	28 54 96 53 84	48 14 52 98 94	56 07 93 89 30
02 96 08 45 65	13 05 00 41 84	93 07 54 72 59	21 45 57 09 77	19 48 56 27 44
49 83 43 48 35	82 88 33 69 96	72 36 04 19 76	47 45 15 18 60	82 11 08 95 97
84 60 71 62 46	40 80 81 30 37	34 39 23 05 38	25 15 35 71 30	88 12 57 21 77
18 17 30 88 71	44 91 14 88 47	89 23 30 63 15	56 34 20 47 89	99 82 93 24 98
79 69 10 61 78	71 32 76 95 62	87 00 22 58 40	92 54 01 75 25	43 11 71 99 31
75 93 36 57 83	56 20 14 82 11	74 21 97 90 65	96 42 68 63 86	74 54 13 26 94
38 30 92 29 03	06 28 81 39 38	62 25 06 84 63	61 29 08 93 67	04 32 92 08 09
51 28 50 10 34	31 57 75 95 80	51 97 02 74 77	76 15 48 49 44	18 55 63 77 09
21 31 38 86 24	37 79 81 53 74	73 24 16 10 33	52 83 90 94 76	70 47 14 54 36
29 01 23 87 88	58 02 39 37 67	42 10 14 20 92	16 55 23 42 45	54 96 09 11 06
95 33 95 22 00	18 74 72 00 18	38 79 58 69 32	81 76 80 26 92	82 80 84 25 39
90 84 60 79 80	24 36 59 87 38	82 07 53 89 35	96 35 23 79 18	05 98 90 07 35
46 40 62 98 82	54 97 20 56 95	15 74 80 08 32	16 46 70 50 80	67 72 16 42 79
20 31 89 03 43	38 46 82 68 72	32 14 82 99 70	80 60 47 18 97	63 49 30 21 30
71 59 73 05 50	08 22 23 71 77	91 01 93 20 49	82 96 59 26 94	66 39 67 98 60

附录二　正态概率表

t	$F(t)$	t	$F(t)$	t	$F(t)$	t	$F(t)$	t	$F(t)$
0.00	0.0000	0.31	0.2434	0.62	0.4947	0.93	0.6476	1.24	0.7850
0.01	0.0080	0.32	0.2510	0.63	0.4713	0.94	0.6528	1.25	0.7887
0.02	0.0160	0.33	0.2586	0.64	0.4778	0.95	0.6579	1.26	0.7923
0.03	0.0239	0.34	0.2661	0.65	0.4843	0.96	0.6629	1.27	0.7959
0.04	0.0319	0.35	0.2737	0.66	0.4907	0.97	0.6680	1.28	0.7995
0.05	0.0399	0.36	0.2812	0.67	0.4971	0.98	0.6728	1.29	0.8030
0.06	0.0478	0.37	0.2886	0.68	0.5035	0.99	0.6778	1.30	0.8064
0.07	0.0558	0.38	0.2961	0.69	0.5098	1.00	0.6827	1.31	0.8098
0.08	0.0638	0.39	0.3035	0.70	0.5161	1.01	0.6875	1.32	0.8132
0.09	0.0717	0.40	0.3108	0.71	0.5223	1.02	0.6923	1.33	0.8165
0.10	0.0797	0.41	0.3182	0.72	0.5285	1.03	0.6970	1.34	0.8197
0.11	0.0876	0.42	0.3255	0.73	0.5346	1.04	0.7017	1.35	0.8230
0.12	0.0955	0.43	0.3328	0.74	0.5407	1.05	0.7063	1.36	0.8262
0.13	0.1034	0.44	0.3401	0.75	0.5467	1.06	0.7109	1.37	0.8293
0.14	0.1113	0.45	0.3473	0.76	0.5527	1.07	0.7154	1.38	0.8324
0.15	0.1182	0.46	0.3545	0.77	0.5537	1.08	0.7199	1.39	0.8355
0.16	0.1271	0.47	0.3616	0.78	0.5646	1.09	0.7243	1.40	0.8385
0.17	0.1350	0.48	0.3688	0.79	0.5705	1.10	0.7287	1.41	0.8415
0.18	0.1428	0.49	0.3759	0.80	0.5763	1.11	0.7330	1.42	0.8444
0.19	0.1507	0.50	0.3829	0.81	0.5821	1.12	0.7373	1.43	0.8473
0.20	0.1585	0.51	0.3899	0.82	0.5878	1.13	0.7415	1.44	0.8501
0.21	0.1663	0.52	0.3969	0.83	0.5935	1.14	0.7457	1.45	0.8529
0.22	0.1741	0.53	0.4039	0.84	0.5991	1.15	0.7499	1.46	0.8557
0.23	0.1819	0.54	0.4108	0.85	0.6047	1.16	0.7540	1.47	0.8584
0.24	0.1897	0.55	0.4177	0.86	0.6102	1.17	0.7580	1.48	0.8611
0.25	0.1974	0.56	0.4245	0.87	0.6157	1.18	0.7620	1.49	0.8638
0.26	0.2051	0.57	0.4313	0.88	0.6211	1.19	0.7660	1.50	0.8664
0.27	0.2128	0.58	0.4381	0.89	0.5265	1.20	0.7699	1.51	0.8695
0.28	0.2205	0.59	0.4448	0.90	0.6319	1.21	0.7737	1.52	0.8715
0.29	0.2282	0.60	0.4515	0.91	0.6372	1.22	0.7775	1.53	0.8740
0.30	0.2358	0.61	0.4581	0.92	0.6424	1.23	0.7813	1.54	0.8764

续表

t	$F(t)$	t	$F(t)$	t	$F(t)$	t	$F(t)$	t	$F(t)$
1.55	0.8789	1.76	0.9216	1.97	0.9512	2.36	0.9817	2.78	0.9946
1.56	0.8812	1.77	0.9233	1.98	0.9523	2.38	0.9827	2.80	0.9949
1.57	0.8836	1.78	0.9249	1.99	0.9534	2.40	0.9836	2.82	0.9952
1.58	0.8859	1.79	0.9265	2.00	0.9545	2.42	0.9845	2.84	0.9955
1.59	0.8882	1.80	0.9281	2.02	0.9566	2.44	0.9853	2.86	0.9958
1.60	0.8904	1.81	0.9297	2.04	0.9587	2.46	0.9861	2.88	0.9960
1.61	0.8926	1.82	0.9312	2.06	0.9606	2.48	0.9869	2.90	0.9962
1.62	0.8948	1.83	0.9328	2.08	0.9625	2.50	0.9876	2.92	0.9965
1.63	0.8969	1.84	0.9342	2.10	0.9643	2.52	0.9883	2.94	0.9967
1.64	0.8990	1.85	0.9357	2.12	0.9660	2.54	0.9889	2.96	0.9969
1.65	0.9011	1.86	0.9371	2.14	0.9676	2.56	0.9895	2.98	0.9971
1.66	0.9031	1.87	0.9385	2.16	0.9692	2.58	0.9901	3.00	0.9973
1.67	0.9051	1.88	0.9399	2.18	0.9707	2.60	0.9907	3.20	0.9986
1.68	0.9070	1.89	0.9412	2.20	0.9722	2.62	0.9912	3.40	0.9993
1.69	0.9090	1.90	0.9426	2.22	0.9736	2.64	0.9917	3.60	0.9996
1.70	0.9109	1.91	0.9439	2.24	0.9749	2.66	0.9922	3.80	0.9998
1.71	0.9127	1.92	0.9451	2.26	0.9762	2.68	0.9926	4.00	0.9999
1.72	0.9146	1.93	0.9464	2.28	0.9774	2.70	0.9931	4.50	0.99999
1.73	0.9164	1.94	0.9476	2.30	0.9786	2.72	0.9935	5.00	0.999999
1.74	0.9181	1.95	0.9488	2.32	0.9797	2.74	0.9939		
1.75	0.9199	1.96	0.9500	2.34	0.9807	2.76	0.9942		